KB053074

페미니즘은 전쟁이 아니다

우리는 왜
젠더 전쟁에서
자유로워져야
하는가 ?

페미니즘은 전쟁이 아니다

Women *VS*
Feminism

조안나 윌리엄스 지음
유나영 옮김

별글
별처럼 빛나는글

헌사

너무나도 많은 이들이 내가 이 책을 쓸 수 있도록 돕고 격려해주었다. 그 모든 분들에게 감사하지만, 그중에서도 특히 내 주장에 동의하지 않는데도 도와준 분들에게 더욱 감사하다. 에메랄드 출판사와, 특히 필리파 그랜드Philippa Grand와 함께 일하는 과정은 즐거웠다. 요즘에는 장르를 쉽게 구분할 수 없는 책에 대해 기꺼이 위험을 무릅쓰려는 출판사가 거의 없고, 나는 운 좋게 필리파를 만나기 전까지는 이 프로젝트를 포기할 준비를 하고 있었다. 또 다른 뜻밖의 행운은 찰스 코흐 재단Charles Koch Foundation의 프로그램 코디네이터인 데이비드 스나이더David Snyder와 연락하게 된 것이다. 데이비드는 내가 방해받지 않고 글을 쓸 수 있도록 긴 시간을 배려하며 특권을 허락한 재단에서 지원금을 받을 수 있게 도와주었다. 그는 내가 진행하던 방향에 대해 단 한 번도 영향력을 행사하려고 하지 않으면서 나의 진척사항에 관심을 보였다.

내가 교육 편집자로 근무하는 온라인 잡지 〈스파이크Spiked〉는 내게 매일 영감을 줄 뿐만 아니라 이 책에 소개된 아이디어들을 시험해볼 플랫폼을 제공했다. 성별에 따른 임금 격차, 강간 문화, 페미니즘, 성별의 의미에 대해 스파이크에 기고한 기사들은 내가 이 책을 쓰는 데 원동력이 되었다. 스파이크의 모든 사람들에게 감사한다는 말씀을 드리고 싶지만, 그중에서도 특히 비브 리건Viv Regan의 격려와 신뢰에 대해 감사하고 싶다. 아이디어 연구소의 클레어 폭스Claire Fox는 내가 만나본 사람 중 롤 모델로 삼게 된 몇 안 되는 인물 가운데 하나로, 내게 변함없는 지지를 보내주었다. 이 보잘것없는 책이 기대에 부응하기를 바랄 뿐이다.

데이비드 디도David Didau, 개리스 스터디Gareth Sturdy, 브리드 헤히르Bríd Hehir, 얀 맥바리시Jan Macvarish는 내가 납득하기 위해 가장 고군분투했던 문제들을 이해하는 데 도움을 주었을 뿐 아니라, 이 책에 그들의 말을 간행할 수 있도록 허락해주었다. 많은 사람들이 내가 제시한 아이디어에 대해 논의하고 토론했다. 루이스 버튼Louise Burton과 케빈 루니Kevin Rooney는 교육에 관한 귀중한 피드백과 예시들을 제공했다. 캠버 샌즈Camber Sands의 캐러밴에 모였던 친구, 동료, 동지들이 그들의 관점이 내 생각에 상당한 영향을 미쳤음을 다음 페이지를 통해 알게 되기를 바란다. 특히 엘리 리Ellie Lee, 프랭크 푸레디Frank Furedi, 샐리 밀라드Sally Millard의 지적, 정치적 통찰력에 감사한다. 내 사고에 미치는 그들의 영향력은 너무나 지대하다. 헬렌 윌리엄스Helen Williams와 패트릭 웨스트Patrick West 모두 훌륭한 초안 독자로 판명되었고, 내가 타협의 조짐을 보였을 때 내 확신에 대해 용기를 가질 수 있도록 나를 설득했다. 그 둘 모두에게 감사한다.

솔직히 말하자면, 특별히 이 책은 한 사람의 조언이 없었다면 존재하지 않았을 것이다. 다른 그 누구보다도 나에게 영감을 주고 격려해준 사람은 제니 브리스토Jennie Bristow였다. 제니와 나눈 모든 대화는 내 주장을 좀 더 명확하게 생각할 수 있도록 자극했으며, 더욱 깊이 연구하고 고찰할 수 있도록 내 가정에 의문을 제기했다. 제니가 내 사고思考에 미친 영향의 정도는 이 책의 모든 장점으로 생생하게 드러난다. 제니의 지적 수준은 나보다 앞서 있으며, 나는 항상 그녀를 따라잡기 위해 노력하고 있다. 이 책의 약점은 내가 여전히 걸어가야만 하는 노정路程의 흔적들이다.

좀 더 개인적인 언급을 하자면, 특히 두 명의 친구들, 제럴딘 나이츠Geraldine Knights와 루시 아브라함Lucy Abraham에게 감사를 표하고 싶다. 이 두 훌륭한 여인들과 함께 가족과 일, 그리고 여성이 된다는 것의 영광스러운 혼란스러움을 함께 나눌 수 있다는 사실은 언제나 나의 기분을 한결 나아지게 만들었다. 내 자녀들인 조지George, 해리Harry, 플로렌스Florence는 그들이 짐작하는 것보다 더 내게 의미가 있다. 나는 20년이 넘게 짐 부쳐Jim Butcher와 삶을 공유했고, 그의 사랑은 나를 나라는 존재 그 자체로 만들어주었다. 짐의 모든 것에 감사한다. 마지막으로 이 책의 모든 섹션을 쓰면서 나는 여성이 내 마음 한 구석에서 사랑, 힘 그리고 가장 잔인한 결단력의 최고의 유형의 전형이라고 생각했다. 시어머니 헬렌 부쳐Helen Butcher, 여동생인 레슬리Lesley, 알렉스Alex, 헬렌Helen, 그리고 어머니 샬롯 윌리엄스Charlotte Williams에게 이 책을 바친다.

서문

페미니즘을 비판하기란 쉽지 않았다. 영국 최초
의 여성 총리가 재임한 시대에 자란 어린 시절, 나는 페미니
즘이 중요하다는 사실을 확실히 인식하고 있었다. 나는 엄
마가 주신 빨랫줄 그림과 '가사 노동 비용'이라는 슬로건이
새겨진 배지를 차고 다녔다. 내 침실 벽에는 두 아기가 기저
귀를 열심히 들여다보고 있는 그림엽서가 붙어 있었고, 거
기에는 '아! 그래서 우리 월급이 차이가 나는 거구나!'라고
적혀 있었다. 남자와 여자가 술을 마시는 그림이 있는 티셔
츠도 있었다. '남자의 뇌는 여자의 뇌보다 무겁다.'라고 말하
는 막대 모양의 남자가 다음 그림에서는 먼저 머리를 땅에
떨구고 있었다. 나는 단 한 번도 여성이 남성이 해낸 모든
것들을 할 수 있다는 사실에 대해 의심해본 적이 없었고 따
라서 페미니스트가 되었다.

대학교 1학년 때, 단 한 번도 시위에 참가해본적은 없었지만 '우리의 밤을 돌려 달라Take Back the Night'라는 시위에 사용될 플래카드 제작을 도왔다. 밤에 홀로 걷는 것에 대한 공포심은 전혀 기억나지 않는다. 그러나 이제 나는 시위에 대한 거부가 나 자신을 희생자로 간주해야 한다는 말에 대한 최초의 이의 제기였다고 기꺼이 말할 수 있게 되었다. 사실 나는 페미니즘의 이 새로운 방향성에 대해 싫증이 났기 때문에 비판적이지 않았다. 나는 내 영문학 학위의 일환으로 셰익스피어, 초서, 디킨스보다 줄리아 크리스테바Julia Kristeva, 엘렌 식수Helene Cixous, 뤼스 이리가레Luce Irigaray, 토릴 모이Toril Moi와 같은 문학 평론가들의 작품에 훨씬 더 익숙해졌다. 비평은 '성性 차별주의 방관'으로 축소되었고, 저자가 남성이든 여성이든, 글을 이번 세기에 쓰든 17세기에 쓰든 그 여부는 중요하지 않은 것처럼 보였다. 우리의 목표는 글 안에 담긴, 명백히 여성 혐오적인 가정을 드러내는 것이었다. 단순하게 좋은 비평이라고 인정하는 것은 학문적인 접근으로서 충분치 못하게 생각되었다.

· 페미니즘에 대한 의문

맨 처음 공개적으로 페미니즘에 대한 의문을 실토했을

때 나는 깜짝 놀랐다. 출산 휴가 후 복직을 위한 시도로 나는 지역 대학에서 교육학 석사 학위를 시작했다. 한 주 동안 우리는 여학생에게 힘을 실어주고, 과학에 관심을 갖게 하고, 대학에 진학하도록 장려하는 프로젝트에 대해 배웠다. 가치 있고 인상적인 내용이었지만, 한 가지 인정되지 않은 문제가 있었다. 여학생들이 남학생들보다 학교에서 10년이 넘게 뛰어났다는 것이었다. 내가 개인 지도 교수에게 이 문제를 제기했을 때, '남학생들이 여학생들보다 더 잘할 때 우려를 표명한 사람은 아무도 없었다.'라는 말을 들었다. 그래서 나는 이것이 아마도 잃어버린 세월에 대한 여학생들의 역사적인 복수라고 생각했다. 어쩌면 현재의 페미니즘이 의미하는 바는 그것이었을지도 모른다.

그다음 주에 우리는 가정 폭력에 대한 인식을 높이고 궁극적으로 가정 폭력을 예방하기 위한 학교 계획에 관해 배웠다. 어린이들은 토론과 역할극 같은 다양한 활동에 참여해야 했으며, 각각 '여성과 여자아이들은 가정에서 늘 위험했고, 그들의 아버지와 남편, 형제는 폭력적인 가해자이다.'라는 동일한 메시지를 전달했다. 나는 당시 세 살, 그리고 한 살이 된 내 아들들을 생각했다. 나는 내 아이들을 가정 폭력에 대해 알지 못하도록 보호하고 싶었다. 나는 그 가해자들이 그들의 본질적인 성性, 남성성男性性과 어떻게든 연관되어 위험하고 선천적으로 위협적인 범죄를 저질렀다는 결과에 충격을 받았다.

페미니즘이 학교에서 뒤처진 남학생들을 무시하고, 여학생들에게 반 친구들의 절반뿐만 아니라 가족 구성원들까지도 두려워하라고 말하는 것을 의미한다면, 그것은 내가 전혀 원하는 바가 아니었다. 나는 이 말을 크게 할 생각이 없었다. 그 말이 내 입 밖으로 나오기 전까지 내가 무슨 생각을 하고 있었는지조차 몰랐다. 하지만 내 발언에 대한 타인의 태도로 받은 충격은 생생하게 기억이 난다. 나의 개인 지도 교수와 학우들은 모두 똑같이 몸서리를 쳤다. '하지만 당신은 여자예요!' '당신은 페미니즘으로 이득을 봤잖아요!' '페미니즘은 단순 평등만을 의미할 뿐이에요! 물론 당신은 평등을 믿겠지만요!'

학생으로서 우리는 비판적 사고의 중요성을 배웠지만, 페미니즘의 방향성과 페미니즘 교육의 중요성에 도전하는 것은 명백하게 너무나도 먼 단계였다. 비판적이라는 것은 페미니스트 관점을 사용한다는 의미였다. 페미니즘을 의심한다는 의미가 아니었다. 나는 그 특정 수업에서 의도된 학습 결과가 무엇인지 기억할 수 없다. 그러나 마치 숙제 같은

메시지는 확실했다. 바로 페미니즘을 비판하는 데 있어서는 '그렇게 말하면 안 되는 것이었다!'

• 페미니즘을 비판하는 글쓰기의 어려움

그 이후로 나는 공개 석상에서 연설을 하고 많은 젊은 여성들의 삶의 현실과 점점 동떨어져가는 듯한 페미니즘에 의문을 제기하는 논문을 썼다. 결론적으로, 나는 페미니즘에 대한 비판이 유발하는 감정의 힘을 모르는 사람은 아니다. 하지만 4세대 페미니즘(제4파 페미니즘)과 상호교차성 페미니즘에 직면할수록, 그 악영향에 대해 확신하게 되었다. 앞으로 이 책에서 살펴볼 내용처럼, 오늘날 우리가 겪고 있는 페미니즘은 남성을 악마로 만들고 여성들에게 잘못된 피해의식을 심어줌으로써 여성을 비하시키는 듯 보인다. 이러한 생각에 도전하겠다는 결심은 내가 커다란 흥미를 안고 이 책을 쓰기 시작했음을 의미했다. 언제나 페미니즘에 관심이 있었던 여성으로서 나는 이 주제에 관한 책을 쓰는 것이 쉬우리라고 생각했다. 어쩌면 심지어 재미있겠다고도 생각했던 것 같다.

나의 허세는 오래가지 않았다. 페미니즘에 대한 비판은 여성의 삶에 대한 평가와 분리될 수 없음을 곧 깨달았다. 이론적으로 여성은 그 어느 때보다 잘하고 있으며, 특히 젊을수록 남성보다 나았다. 그러나 현실에서 느껴지는 감정들은 달랐다. 페미니즘에 대한 지속적이고 높은 인기는 현재와 같이 삶에 대한 불만의 감정을 드러낸다. 여성이 이루어낸 진보는 과거에 여성들이 겪은 억압과 관련해서만 이해될 수 있다. 마찬가지로 오늘날 학교, 직장, 가정에서의 여성의 경험은 남성의 삶과 함께 볼 때에만 의미가 있다. 이에 대해 쓰는 것은 수월하지 않았다. 문제는 바로 어디에서 시작하고 끝맺을지를 알아야 한다는 것이었다.

페미니즘도 여성의 삶도 하나의 일관된 서사로 전개되지 않았다. 서로 다른 여성들은 세상을 매우 다르게 경험한다. 페미니즘은 새로운 시대의 다양한 문제들을 강조하면서 매번 분화되고 다양해졌다. 페미니즘이 한 방향으로 진보하는 것처럼 보이는 것은 다른 영역과 좌충우돌하며 맞춰진다. 한 권의 책에는 서론, 본론, 결론이 있어야 하며, 이러한 필요성은 반박을 없애고 논쟁의 미묘한 차이를 무시하려고 하는 위험을 무릅써야 한다. 나는 나보다 훨씬 더 많은 학문적 신뢰도를 갖추고 있는 페미니스트 학자들이 많다는 사실을 굉장히 잘 알고 있으며, 단지 구체적으로 여기저기 찔러보며 문제를 연구하는 데 내 모든 경력을 바쳤다.

이 책을 쓰는 동안 나의 허세는 겸손으로 누그러들었다. 이 책에 담긴 내용에서 21세기 '여성 문제'에 대한 확실한 답을 의도한 것이 아니다. 대신, 여성의 삶에 대한 현재의 합의로 보이는 것을 꿰뚫고, 오늘날 페미니즘의 방향과 목적에 관한 의문을 제기하기를 희망하는 일련의 주제별 에세이라고 하겠다.

차례

1부
오늘날 여성의 삶

①장 성공을 위한 교육 … 24

2부
사적인 관계, 공공의 관심사

3부
과거와 현재의 페미니즘

⑧장 할머니 세대의 페미니즘이 아니다 … 258

⑨장 개인은 정치적이다 … 308

(10장) 여성으로 산다는 것 … 356

(11장) 우리에게는 여전히
페미니즘이 필요한가? … 387

1부

오늘날 여성의 삶

1장

성공을 위한 교육

학교는 젠더 전쟁의 최전선에 있다. 웨스트 런던에 소재한 세인트 폴 여학교는 영국 최고의 사립학교 중 하나다. 부모의 재력만으로는 입학을 보장할 수 없기 때문에, 대학 진학 희망자들은 경쟁적인 시험을 통과해야만 한다. 출신 학생들은 유명한 배우, 작가, 학자 및 의원을 포함한다. 2017년 2월 세인트 폴은 여학생들이 남학생의 이름을 택하고 남학생의 복장을 입을 수 있게 해주는 새로운 '성 정체성 프로토콜gender identity protocol'을 발표한 후 뉴스거리가 되었다. 16살부터 여학생들은 교사들이 그들을 남학생으로 언급하거나 성 중립적인 대명사를 사용하여 부르도록 요구할

수 있게 되었다. 한 보고서는 현재 10명의 학생들이 새로운 지침을 이용하기를 바란다고 시사했다.[1]

세인트 폴은 더 진보적인 독립 기숙사 학교인 브라이턴 대학Brighton College을 따라 잡고 있다. 1년 전, 브라이턴 대학은 트랜스젠더 학생을 수용하기 위해 남녀 성별을 구별하는 교복을 폐지한다고 밝혔다.[2] 학교가 발표한 성명서에는 '공립학교는 일반적으로 보수주의의 요새로 여겨지지만 브라이턴 대학은 틀을 깰 때가 되었다고 생각한다.'라고 언급되어 있다. 한편 영국의 전국 교원 연합회National Union of Teachers 회의의 대표단은 트랜스 젠더와 동성 관계 문제에 대해 만 2세 어린이를 대상으로 교육할 것을 촉구하는 동의를 가결시켰다.[3] 미국 대학에서는 일부 수업의 학생들이 자신을 소개할 때, 선호하는 성性 대명사를 사용해달라는 부탁을 받았으며, 성性 중립 화장실의 설치에 관한 논쟁은 전국적인 논란이 되었다. 1998년 스웨덴에서는 학교에서의 성性 고정 관념에 대한 이의 신청이 법적으로 필수 사항이 되었다.[4] 교사들은 성차별적인 전제가 퍼지는 것을 막기 위해 성性 중립 대명사인 '헨hen'을 사용하라는 권고를 받았다.

과거에는 사회화와 강압의 결합으로 여학생들은 남학생들과 동일한 교육적 기회에 대한 접근을 거부당했다. 여학생들은 학문의 전 범위를 연구할 가능성이 거의 없었다. 여학생들의 시험 결과는 낮았고, 남학생들과 같은 비율로 대학에 진학하지 못했다. 페미니스트들은 여학생들을 위해 기대치가 낮은 학교와 교사들에게 성공적으로 도전했고, 오늘날 이 장에서 보여 주듯이, 매우 다른 광경이 등장하게 되었다. 교육의 모든 단계에서 여학생들은 이제 남학생들보다 성과가 뛰어나지만, 페미니즘이 교육에 미친 영향은 줄어들 기미가 보이지 않는다.

교육은 교사, 선거 운동가 및 정책 입안자가 차세대에 영향을 주고 사회를 형성하는 핵심 분야로 점점 더 주목 받고 있다. 이와 같이 국가 정부는 기술 훈련, 기업가 정신 및 사회적 유동성과 같은 일련의 경제적, 정치적 목표에 대한 책무를 학교에 맡긴다. 학교가 아이들에게 성性과 관계, 건강한 식습관, 인터넷 안전, 환경 인식, 예산 및 기타 여러 가지 문제에 대해 가르치는 것을 커리큘럼에 넣음으로써 해결할 수 없는 문제가 없는 것처럼 보일 수 있다. 교과 지식을 가르치는 것은 더 명백한 가치로 인해 모호해지며, 그 최전선에는 페미니즘이 있다. 학교 교육은 아이들이 새로운 방식으로 성별과 성에 대해 생각하도록 장려하는 것과 관련된 정치적 목표를 떠맡아 왔다. 이 장은 페미니즘이 교육에 미친 영향을 탐구하고 오늘날 여학생의 교육적 성공이 의미하는 바를 묻는다.

• 남학생보다 뛰어난 여학생

여학생들은 학창시절 남학생들보다 뛰어나다. 여성의 지위 또는 사회 내의 양성평등의 수준과 관련 없이 전 세계 모든 곳에서 거의 모든 과목과 모든 수준에서 더 많은 시험을 통과하는 것은 여학생들이다.[5] 이것은 최근의 현상은 아니다. 미국과 영국에서 여학생들은 25년 이상 남학생들보다 훨씬 더 뛰어났다. 이 경우는 여학생들이 남학생들보다 근소한 차이로 잘 하고 있는 것을 의미하지 않는다. 여학생들이 훨씬 더 앞서가고 있으며 현재 일부 영국 대학에서는 남성보다 여성 학부생의 수가 2배나 많다.[6] 반면 미국에서는 모든 학사 학위의 60% 이상이 여성에게 주어진다.[7]

성별 학업 성취도 격차는 아동이 거의 학교를 입학 하자마자 발생한다. 영국 어린이들은 7세에 읽기, 쓰기, 말하기와 듣기, 수학 및 과학 교과에 대한 전국 교육 과정 평가를 받는다. 여학생들은 읽기, 쓰기, 말하기와 듣기, 수학 및 과학의 모든 영역에서 학업 성취도 격차를 보이며 남학생들보다 뛰어나다. 남학생들은 수학과 과학 분야에서 최고 수준에 도달하는 데 있어 더 나은 성적을 보인다.[8] 학생들이 16세가 될 즈음에 여학생들은 고교 자격 검정 시험(영국과 웨일즈의 GCSEs)에서 남학생들보다 훨씬 더 좋은 성과를 보인다. 2016년에 이 연령대의 남녀 간 학업 성취도 격차는 8.9%로 10년이 넘는 기간 동안에 가장 컸다. GCSE를 치른 여학생의 71.3%가 최소 C등급을 받은 것에 비해 남학생들의 경우 62.4%에 불과했다. 16세 때의 성공은 많은 여학생들을 18세에 A레벨을 받기 위한 학업 경로를 따르게 만들고 시험은 대학 입학과 가장 밀접한 관련이 있다. 이것은 영국만 해당되는 것이 아니다. 미국에서도 여학생들이 고등학교 졸업장을 받을 가능성이 더 높다. 2014년 캘리포니아주에서 84.7%의 여학생이 고등학교를 졸업 한 반면 남학생은 77.1%에 불과했다.[10]

학업의 성공은 남성보다 더 많은 여성이 대학에 진학하는 결과를 낳는다.[11] 성별은 가족 소득보다 대학에 진학하고 졸업할 가능성과 더 밀접한 관련이 있다. 미국 브루킹스 연구소Brookings Institute의 연구에 따르면 '최근 코호트(인구 통계에서 통계 인자를 공유하는 집단) 사이의 대학 진학 및 졸업에서의 여성이라는 이점은 소득 분배 1분위와 2분위의 학생들 간에 상응하는 격차의 약 절반에 해당한다.[12]

영국에서는 1992년에 처음으로 대학에서 여학생이 남학생보다 많아지기 시작했으며, 그 이후로도 매년 같은 상황이 유지되었다. 2015년 영국의 젊은 여성들은 남성보다 35% 더 대학에 진학할 가능성이 높았으며, 학생의 57.5%가 여성이었다.[13] 현재 수의학 및 의학 과목과 같은 일부 수업에서는 75% 이상의 학생들이 여성이다. 게다가 여성들은 끝까지 포기하지 않고 연구를 마치고 남성보다 더 좋은 성과를 낼 가능성이 높다. 79%의 여성이 최소 2.1학점을 받지만 남성의 70%만이 높은 점수를 받는다.[14] 중요한 것은 이 격차가 사전 학업 성취도 수준이 정확하게 동일한 대학 입학자들의 성적을 비교할 때도 존재한다는 것이다. 미국 여성들은 남성보다 훨씬 더 많이 대학에 진학하며 더 나은 성적을 얻는다. 여성들은 중퇴할 확률이 적고 더 높은 학점을 받을 가능성이 더 크다. 2008년 미국 대학은 여성에게 더 많은 박사 학위를 수여했으며, 이 현상은 매년 뒤이어 계속 유지되고 있다.[15] 2015년에 미국에서 대학원 학위를 취득한 여성 수는 135명 대 100명으로 남성 수를 압도했다.[16]

• 극적인 변화

여학생의 교육적 성과는 비교적 단기간 동안 경이로운

변화를 겪었다. 1980년대 후반까지는 학업에서 더 높은 성취를 보였던 것은 남학생들이었으며 대학 진학도 남성들이 더 많이 했다. 20세기 후반까지, 남학생과 여학생은 거의 동일한 교육을 받지 못했다. 아동이 성인으로서 이끌어 낼 수 있는 삶에 대한 가정은 남학생과 여학생이 다른 과목을 공부한다는 것을 의미한다는 것이었다. 남학생들은 목공예 또는 금속 가공을 공부한 반면, 여학생들은 일부 교과목과 함께 아내와 어머니로서의 미래 역할에 필요한 것으로 여겨지는 가사 일을 배웠다. 여학생들이 고등 교육을 계속 받거나 경력을 쌓을 것이라는 기대는 거의 없었다.

여성들은 비록 중산층에 국한되었지만 제 제2차 세계대전 이후 수십 년 동안 고등 교육의 확대에 따라 처음으로 대학에 진학하기 시작했다. 1970년까지 여성은 영국 재학생의 약 30%를 차지했다. 이 시기에 학생이었던 일부 여성들은 대학에 있을 수 있는 권리를 종종 공개적으로 의문을 제기한 기성세대 남성 학자들의 '끝없는 조롱'을 보고한다. 이것은 여성이 완수한 연구를 인정하지 않고, 세미나 토론 참석 수락을 거절하거나 강의실에서 비웃음을 당하게 하는 것일 수도 있다. 혁명을 위한 투쟁은 여성의 교육으로의 접근을 제한하는 실질적인 제약이 아닌 남성과 여성인 가족,

친구, 교사와 강사의 태도와의 길고 힘든 싸움이었다. 페미니스트 운동가들은 여학생들을 위한 교육 기회를 개선하기 위해 고군분투했으며 그들의 성공은 오늘날 우리가 보는 여학생들의 향상된 성과를 보면 명백하다.

오늘날 대부분의 서구 국가에서는 소년과 소녀가 동등한 교육의 기회를 가져야만 하는 것이 당연한 것으로 간주된다. 남학생과 여학생은 평균적으로 다른 과목에서 더 좋은 성과를 낼 수도 있고 어떤 과목을 다른 과목보다 선호 할 수도 있지만, 학생들을 성별에 따라 특정 수업에서 제외시키지 않는 경향이 있다. 마찬가지로, 같은 성별을 가진 학생만으로 이루어진 학교는 여전히 존재하지만, 그 학교들은 미국의 교육과정이나 필수 과목을 가르치며, 일반적으로 전국적으로 인정되는 시험으로 학생들을 입학시킨다. 남학생과 여학생들이 같은 학교에서 나란히 앉아 같은 주제를 배울 수 있다는 것이 대부분 받아들여지고 있다.

1980년대에 여학생들은 학교에서 남학생들보다 우수한 성적을 거두기 시작했고, 점점 더 고등 교육을 계속 받았다. 이때부터 교육 환경은 매우 빠르게 변화했다. 미국에서 대학 학위를 가진 여성의 비율은 1970년에서 2014년 사이에 11.2%에서 40.0%로 증가했다.[17] 변화의 속도는 논평자와 교육자 모두가 뒤쳐졌음을 의미한다. 여학생들을 소수자와 소외된 집단으로 간주하는 데 익숙했기 때문에, 남학생들보다 우수한 여학생들의 새로운 현실은 전통적인 페미니스트 서사에 불편한 도전을 안겨주고 있다. 이에 대해 많은 운동가들은 고유의 권리를 두 배로 더 주장하거나 물리학과 컴퓨터 과목과 같이 여학생들이 남학생들에 비해 아직 기량을 발휘하지 못하는 것으로 여겨지는 보다 구체적인 영역을 찾았다. 남학생들의 성취도가 낮은 것에 대한 공포의 형태로 이 지배적인 내러티브에 대한 반발이 나타나기 시작했다. 결과적으로 남학생과 여학생의 교육성과에 대한 공정한 평가는 확립하기 어렵다.

• 성적이 낮은 남학생들

2016 년 7월 영국의 자선 단체인 세이브 더 칠드런Save the Children은 기억을 환기시키는 제목의 보고서인 '잃어버린 소년들The Lost Boys'을 발간했으며, 이 보고서는 학업을 시작할 때 기본적인 조기 언어 기술에서 여학생들에게 상당이 뒤쳐지는 영국의 남학생들에게 '잠재적으로 충격적이고 평생에 걸친 결과'를 드러내려고 노력했다. '남학생들은 학교에 입학 할 때까지 소녀들보다 거의 두 배 뒤쳐질 확률이 높

다.'라는 사실을 강조했다.[18]

한 그룹은 백인 노동 계급 소년들과 같은 특별한 관심을 불러 일으켰다. 2016년에 무상 급식(요약하자면 매우 낮은 소득의 가정을 위한 무상 급식이나 주州 혜택인)을 받는 영국계 백인 소년들의 26%만이 학업 성공의 지표인 영어와 수학을 포함한 5개 영역에서 최고 GCSE 성적을 달성했다. 이는 무상 급식을 받는 흑인 소년의 40%와 다른 모든 학생의 63%와 비교된다. 남성 문제와 관련된 언론인이자 남성과 소년 연합Men and Boys Coalition의 설립자인 마틴 도브니Martin Daubney는 가난한 백인 남학생들을 '신新교육적 하층민'으로 묘사한다.

반면 미국에서 뒤처지고 있는 남학생들은 흑인 소년들이다. 전미교육협회NEA가 실시한 연구에 따르면 흑인 학생의 42%가 열악한 학교에 다니고 있으며 성적이 저조하고 흑인 학생들은 백인 학생들보다 학교에서 정학 또는 퇴학당하는 확률이 3배 더 높다. 흑인과 히스패닉계의 남학생들은 특수 교육 프로그램에 등록 된 학생의 약 80%를 차지한다. 흑인 남성은 학생 인구의 9%를 차지하지만, '정신 지체'로 분류된 전체 학생의 20%를 구성한다. NEA의 2011년 보고서인 '시간과의 싸움: 흑인 남학생 교육Race Against Time:

Educating Black Boys'은 '흑인 남학생 중 절반 이하만이 고등학교를 제때 졸업하고 흑인 남성의 11%만이 학사 학위를 취득한다.'라고 강조했다.[19]

여학생들이 학교에서 남학생들보다 성적이 뛰어나고 더 많은 여학생들이 고등 교육을 받기 시작한 후 처음 몇 십 년 동안 남학생들의 학업 성취도가 상대적으로 하락하는 것에 대해서는 거의 주목을 받지 못했다. 여학생들은 그저 역사적 불의를 시정하고 언제나 정당하게 그들의 것이어야 했던 기회를 이용하는 것으로 간주되었다. 남학생들의 성취도가 저조한 것에 대해 우려하는 것은 주의를 딴 데로 돌리고 여학생들의 역량을 빼앗으려는 계략으로 여겨졌다. 오늘날에도 남학생들의 성취도가 저조한 경우가 종종 있다. 영국 정부는 2014년에 다음과 같이 언급했다. '백인 "노동자 계급"의 학력 미달 문제는 남학생들에게만 국한된 것이 아니다. 남녀 모두에 대한 관심이 필요하다.' 도브니Daubney는 '남학생들은 권력의 회랑에서 정치적 동맹이 거의 없었다. 아무도, 우리의 낙제한 남학생들을 신경 쓰지 않는 것 같다.'고 언급했다.[20] 리즈 베켓 대학Leeds Beckett University의 인지 심리학 교수인 기스버트 스퇴트Gijsbert Stoet 박사는 다음과 같이 동의한다. '남학생들이 뒤처지는 것에 관해서, 실제 스캔들은 이것이 스캔들이 아니라는 것이다.'라고 그는 주장한다. 우리는 지난 30년간 여학생들이 남학생들에게 뒤처졌을 때의 격렬한 항의만을 떠올릴 수 있다.

가장 최근에, 도브니와 같은 옹호를 받아 학교에서의 '남학생에게 친화적인' 교육과 남성 역할 모델의 필요성에 관심이 집중되었다. 뉴욕에 기반을 두고 2015년에 시작된 프로젝트 중 하나는 3년 동안 1,000명의 남성 색채 교사를 모집하는 것을 목표로 한다. 영국의 대학 입학 서비스 기관인 UCAS의 최고 교육 책임자 메리Mary Curnock Cook는 고등 교육에서 남성이 분명히 '실종'된 것에 대한 우려를 제기했다. 한때 여학생들의 교육성과에만 초점을 맞춘 참여 확대 운동은 서서히 남학생들에게 관심을 돌리기 시작했다.

여학생들이 과학을 공부하도록 장려하기 위해 디자인 되었던 잘 정립된 프로젝트와는 달리, 남학생을 목표로 한 캠페인은 단편적이고 예산이 부족한 경향이 있다. 더욱이 우려가 되는 것은 그러한 계획을 주도하는 가정들이다. 예를 들어 에든버러 대학의University of Edinburgh의 Educated Pass 제도는 지역 축구 클럽과의 연계를 통해 대학에 남학생들을 '끌어들이는 것'을 목표로 한다.[21] 모든 남학생들이 축구에 관심이 있다는 가정이 있을 뿐만 아니라, 고등교육 그 자체만으로는 흥미진진하지 않으며, 남학생들은 축구에 관한 대화를 통해 '낚여야 한다'는 견해가 분명히 있다. 고등 교육이 그 자체로 흥미롭지도 않고 축구에 관한 대화를 통해 남학생들을 '속일' 필요가 있다는 견해가 분명히 존재한다.

• 가장 지적인 성性

학업 성취의 격차가 커짐에 따라 성별과 지능간의 연관성을 이끌어내려는 시도에 새로운 자극이 되었다. 지능에 대한 생물학적 설명은 한때 남성의 더 큰 뇌 크기에 초점을 맞추었지만 오늘날에는 완전히 반대로 신경과학자들은 남성의 뇌보다 더 일찍 발달하는 여성의 뇌를 주목한다. 미시간 주립 대학Michigan State University의 연구원들은 2살 정도의 어린 여아들의 인지능력이 뛰어나다는 증거를 발견했으며, 2세에서 7세 사이의 소녀들이 일반 지능 검사에서 소년들보다 더 우수한 성과를 보였다.[22] 이러한 조기 이점은 정규 교육 과정을 받는 내내 함께 하는 것으로 알려져 있다.

생물학적 전환은 성별의 차이를 '고정적인' 것으로, 지능을 신장이나 눈 색깔과 같이 측정하고 기록할 수 있는 선천적인 특성으로 간주한다. 그러나 아무도 눈 색깔과 지능의 연관성을 진지하게 모색하려 하지 않는 반면, 성별과 지능 간의 상관관계를 찾고 발견한다. 어떤 사람들은 캠브리지 대학의 심리학자인 사이먼 배런코언Simon Baron-Cohen처럼 오래된 고정 관념을 되찾고 있다. 그는 다음과 같이 주장한다. '여성의 뇌는 주로 공감을 위해 단단히 고정되어 있으며, 남성의 뇌는 주로 시스템을 이해하고 구축하기 위해 고정되어 있다.'[23]

코델리아 파인Cordelia Fine은 성性 차이의 배후에 있는 과학에 대한 탁월한 폭로에 대해 다음과 같이 지적했다. '우리가 잡지, 신문 기사, 서적, 때로는 저널에서 읽은 신경 과학적 발견은 본질적으로 다른 두 개의 뇌에 대한 이야기를 들려주는데, 이것이 남녀 간의 영원하고 변하지 않는 심리적 차이를 만든다.'[24] 불행하게도, 파인의 설명처럼, 뇌의 차이와 성별에 따른 사고 및 행동 방식이 깔끔하게 나타나지만 그러한 주장은 단지 다수 의견에 대한 과학적 권위를 반영할 뿐이다. '우리가 현대 과학의 흔적을 따라갈 때 우리는 놀랍게도 수많은 차이, 가정, 불일치, 빈약한 방법론, 신념의 비약 등을 발견하게 된다.'라고 파인은 반박한다. 신경 과학자들의 문제는 '우리가 발달시키고 작동하는 문화는 우리의 정신 깊숙한 곳에 도달하는 것을 즐긴다.'는 것이다.[25] 오늘날 아이들이 성장하고 있는 세상은 여학생들이 남학생들보다 뛰어나다고 가정하는 세상이며, 놀랄 것도 없이 이것이 바로 많은 연구자들이 발견한 것이다.

지능을 선천적으로 타고난 것과 성별에 의한 것으로 이해하는 것은 지능의 추상적 개념을 개인이 인식하고 있는 것과 사회가 공적으로 가치 있게 여기고 보상하는 것으로부터 분리시킨다. 아기는 학습 잠재력을 가지고 태어날 수도 있지만, 부모, 교사 그리고 결국은 개인 스스로가 이 잠재력을 키울 때까지 거의 알지 못한다. 신경 생리학자인 루스 블라이어Ruth Bleier는 지능에 관해서, '생물학은 가능성을 정의한다고 말할 수는 있지만 결정하지는 못한다. 그것은 결코 무관하지 않지만 결정적이지도 않다.'라고 주장한다.[26] 즉, 개인이 자신을 발견한 경험과 상황, 그리고 그러한 상황에 어떻게 대처 할지를 선택하는 것은 누군가의 지능에 커다란 영향을 미친다.

• 무엇이 측정되고 계산되는가?

상식은 학문적 성공, 시험 성과 및 지능 사이의 연관성을 시사하는 것처럼 보이지만 시험이 시험 문제에 답을 하는 능력 이상을 측정하는 경우일 수도 있다. 학문적 성공은 과목, 학교 및 문화에서 서로 다른 것을 의미한다. 그것은 기대를 따르고, 사실을 외우고 기억하며, 창의적이고 독창적으로 사고하거나 논리적으로 문제를 해결할 수 있는 능력을 의미할 것이다. 시험의 성공으로 측정되는 것이 변화함에 따라, 아이들 역시 성공할 것으로 간주된다.

시간이 지남에 따라 교사와 국가 교육 시스템이 가치를 매기고 평가하는 특성, 기술 및 지식이 변화했다. 영국에서 여학생들은 전통적인 시험이 학년 내내 달성하는 교과 과정에 더 중점을 둔 새로운 형태의 평가로 대체되기 시작했을 때 남학생들보다 우수한 성적을 내기 시작했다. 선천적이고 성별에 따른 지능에 대한 믿음은 이 새로운 '여성화 된' 접근 방식이 여학생들에게 유리하다는 견해로 이어질 것이다. 마스덴 파인Masden Pine은 당시 스펙테이터The Spectator(영국 런던에서 발행되는 시사여론 주간지)에 이 견해를 작성했다.

구舊시험 — O-레벨, A-레벨 및 최종 학위는 남학생들이 잘하는 자질에 대해 보상하는 경향이 있다. 즉, 이 시험들은 여학생들에게 유리한 꼼꼼하고 일관적이며 상세한 것에 주의를 기울이는 자질보다는 위험을 감수하고 큰 그림을 파악하는 것을 선호했다. 마지막 기회에 모든 것을 걸고 기를 쓰고 공부하는 높은 위험을 감수하고 9개의 문제 중 4개 이하를 시도해야 했던 예전의 O-레벨 시험은 남학생들의 것이었다. 그것을 대체한 GCSE는 측정 기준을 체계적인 준비에 훨씬 더 중점을 두고 시간이 지남에 따라 지속적으로 평가했다. GCSE가 여학생들의 공부하는 방식을 대표하기 때문에 변화가 일어난 이후에 여학생들이 더 잘 해낸 것은 놀라운 일이 아니다.[27]

그러나 흥미롭게도, 교육적 성과의 성별 격차는 학교 평가 방법에 근본적인 변화를 주지 않은 전 세계 다른 국가에서 거의 동일한 부분에서 드러나기 시작했다. 미국 철학자이자 '사실주의 페미니스트'인 크리스티나 호프 소머스Christina Hoff Sommers는 그녀의 저서인 '소년은 어떻게 사라지는가The War Against Boys'에서 '1985년 남학생들과 여학생들은 거의 비슷한 속도로 APAdvanced Placement(고교 심화 학습 과정)를 강의를 들었다. 1990년경, 여학생들은 남학생들을 앞지르고 절대 뒤처지지 않았다.'라고 언급했다.[28] 우리는 왜 남학생들이 여학생들보다 뒤처지기 시작했는지 설명하기 위해 단순히 평가 방법을 바꾸는 것 그 이상을 분명히 볼 필요가 있다.

여학생들의 학업 향상에 관한 한 가지 설명은 1980년대에 일어난 경제적 변화, 특히 1980년에 영국, 그리고 1년 후 미국을 강타한 경기 침체와 함께 시작된 전통적으로 남성 주도형의 수많은 직업들의 붕괴를 들 수 있다. 새롭게 부상한 서비스 중심 경제는 여성들이 제공해야 하는 기술을 선호했다.

어쩌면 처음으로, 그 어느 때보다 많은 소녀들이 학업 성공으로 그들에게 제공되는 보상을 볼 수 있었다. 한나 로진 Hanna Rosin은 '남성의 종말The End of Men'에 이렇게 적었다. '1967년, 고교 졸업장을 가진 미국 남성의 97%가 일을 하고 있었다. 2010년에는 고작 76%만이 일을 하고 있었다.'[29] 어쩌면 어떤 소녀들은 결혼과 아이들이 더 이상 경제적으로 살아갈 수 있는 미래를 제공하지 않는다는 것을 깨달았을 수도 있다.

호프 소머스는 1980년대 후반으로 거슬러 올라갈 수 있는 또 다른 발전을 지적한다. 그것은 새로운 '치유적 감수성therapeutic sensibility'으로 그녀는 '거의 모든 형태의 경쟁을 거부하고 다정하고 협력적인 분위기의 양육을 지지하는 것'으로 설명한다. 이것은 학교 교육의 강조와 이 시기에 일어난 교사의 역할에 대한 광범위한 변화(훈육에서 보살핌, 지식의 전수에서 기술과 가치 양성)를 가리킨다. 보살핌과 협력에 대한 보상은 소녀들이 아주 어린 나이부터 보여주는 사회화되는 행동 패턴을 강화시킨다. 한편 호프 소머스는 학교 교육에 대한 이 새로운 접근법은 '남학생들을 지루하게 하고 소외시키는 확실한 방법'이라고 말한다.[30] 이러한 맥락에서 영국의 고도의 고정된 시험에서 벗어나려는 움직임은 이보다 더 광범위한 '치유적 감수성'을 반영한 것으로 이해될 수 있으며, 여학생들의 성공 증대에 기여하는 많은 요인들 중 하나이다.

• 성별에 따른 기대

아주 어린 아이들의 지능을 측정하는 것은 뇌의 타고난 특성보다 그들이 태어난 이래로 가족이나 태어난 환경으로부터 받은 자극에 대해 훨씬 더 많은 것을 알려주고 있다. 부모, 교사, 아이들 스스로의 기대치는 아이들의 자신의 지능에 대한 인식, 자신감 및 새로운 도전을 향해 움직일 것에 대한 의지에 영향을 미친다. 켄트 대학 University of Kent에서 실시 된 연구에 따르면 소녀들은 4세 때부터 자신들이 소년들보다 더 영리하고 성공적이며 열심히 하고 있음을 인지한다고 한다. 7세 또는 8세 즈음 소년들이 이 견해를 공유하게 되고 소년들도 소녀들이 자신들보다 더 똑똑하다고 생각한다.[31] 반면 다른 연구 프로젝트는 6세 때까지 소녀들은 탁월함은 남성의 특성이라고 믿는다고 시사한다.[32] 이 연구는 성 고정관념의 부정적인 영향을 지적하기 위해 실행된 것이었겠지만 아이러니하게도 성공을 달성하기 위해 열심히 해야 할 필요가 있다는 소녀들 사이의 관점, 궁극적으로는 보상을 받는 장점을 강화시켰다.

성별에 따른 기대는 여학생들이 그들을 위해 마련된 높은 기준에 부합하여 자기 충족 예언이 되는 반면, '남학생은 남학생일 뿐'이라는 형편없는 결과에 대한 변명이 될 수 있다. 사회학자 프랭크 푸레디Frank Furedi는 '많은 교사들과 학부모들은 남학생들이 당연히 교실에서 산만해지고 여학생들보다 집중력이 떨어지고 지적 호기심이 덜하다는 전제를 받아들인다.'라고 주장한다.[33] 남학생들에 대한 낮은 기대치는 특히 독서에 있어서 명백하다. 전前 중등학교의 역사 학과장은 한 문학 교사가 남학생들이 자신의 아버지가 독서를 즐기는 모습을 보는 것이 얼마나 중요한지를 강조하는 학부모 회의에 참석했던 것을 회상했다. 그 회의에 참석했던 사람들에게 한 조언은 '아버님들은 그냥 읽는 시늉만 하시면 됩니다!'였다. 남자들이 진정으로 독서를 즐길 수 있다는 생각은 분명히 상상할 수 없는 것이었다.

아이들은 다른 사람들이 그들에게 기대하는 것을 확인하는 데 매우 능숙하며 여학생들에 대한 우리의 기대가 바뀌었기 때문에 그들의 교육적 성공도 마찬가지로 변화했다. 이 사례의 한 예는 최상위 수학에서의 남성의 유리함이 '사상 최저로 줄어들었다.'는 것을 보여주는 최근의 연구다.[34] 시험 결과의 분석은 이 분야의 남학생들보다 성취도가 낮은 여학생들에 대한 오랜 가정이 더 이상 당연한 것으로 간주 될 수 없음을 시사한다. 수학자 한나 프라이_{Hannah Fry}는 그 연구에서 '우리는 수학을 남성의 과목으로 보는 문화적 경향이 있고 여학생들은 스스로 자신이 수학적으로 무능력하다고 생각하도록 사회화되었다.'라고 언급했다. 그러나 그녀는 '남학생과 여학생의 수학 성적의 차이는 보편적이지 않다. 아시아와 중동에서는 여학생들이 종종 남학생들보다 월등하다.'며 말을 이었다. 그것은 수학을 여학생들에게 가르치는 데 있어서 우리가 가진 문제는 타고난 능력의 차이보다는 문화적인 문제임을 암시한다.[35] 한 가지 결론은 남성의 우수한 수학적 능력의 근본적 원인은 타고난 지능보다는 사회적, 문화적 요인에 달려 있었다는 것이다. 이것은 수학에서 남아 있는 성별 달성 격차가 결국 완전히 사라질 수 있음을 의미한다. 우리는 성별이 교육 성취에 어느 정도 영향을 미친다는 것을 알 수 있지만 이것이 생물학적 인과 관계라기보다는 문화적 요인과 훨씬 더 관련이 있으며 학업 성공에 대한 많은 설명 중 하나 일 뿐이다.

• 과장된 성性

성의 프리즘을 통해 교육의 성공과 실패를 설명하는 것은 상식인 것처럼 보인다. 이 장에서 제시한 시험 합격과 대학 입학에 관한 모든 자료는 성별과 성취도와의 연관성을 가리키지만, 그렇다고 해서 성별이 학업 성취도를 결정짓는 가장 큰 요인이 될 수 있다는 의미는 아니다. 교사에서 작가이자 유명한 교육 블로거로 전환한 데이비드 디도David Didau는 '성별이 성취와 관련이 없다는 것을 시사하는 것이 아니며, 어쩌면 우리가 믿고 싶은 것보다 훨씬 더 적은 영향을 미칠지도 모른다.'라고 말한다.[36]

디도와 인터뷰를 했을 때 그는 성별과 성취도 사이의 연결 고리를 긋는 것이 '그럴듯해 보이고 데이터가 정말 명백한 것 같기 때문에 솔깃하다. 평균적으로 여학생들은 남학생들보다 월등히 뛰어나다.'라고 말했다. 그는 계속해서 다음과 같이 말한다. '남학생들의 학업 성취 미달 "패턴"은 우리가 성에 대해 생각하는 방식 때문에 설득력이 있다. 여학생들은 얌전하고 열심히 하며 분별력이 있다. 남학생들은 아직 미성숙하고 제멋대로이며 쉽게 지루해 한다. 하지만 모든 교사들과 부모들이 말하듯이 이것은 우리가 현실에 대해 생각하지 못하게 하는 단순한 고정관념이다.' 디도는 실제로는 성별과 거의 관련이 없는 성별과 성취도의 명백한 관계에 대해 많은 이유가 있을 수 있으며, 특히 생물학적 범주로서의 성과 더 구체적인 관련이 있다고 설명한다. '데이터를 해석하는 데 있어서, 연구자가 찾고자 하는 통계를 추측할 수 있다. 그렇다고 해서 성별과 성취도 간의 연관성이 없다는 의미는 아니지만, 연구자가 왼손잡이와 또는 집 전화번호 간의 관련성을 찾아냈다면, 유사한 상관관계를 발견했을 수도 있다.'[37]

1986년 페미니스트 작가 줄리엣 미첼Juliet Mitchell은 '1962년에 여성에 관한 주제를 연구하기 시작했을 때, 남녀의 차이를 파악하는 것은 사실상 불가능했으며 그것이 교육 분야에서 얼마나 어려운 일이었는지 기억한다.' 고 언급했다. 모든 것이 사회 경제적 그룹으로 나뉘어졌지만 오늘날은 그 반대가 되었다. 남성과 여성의 차이에 관한 정보를 얻는 것은 쉽지만 사회적 계급 성과와 직위에 관한 정보는 얻지 못한다.'[38] 1980년대 후반에 등장한 학업 성취 격차가 전혀 새로운 것은 아니었지만, 지금 시점에서 미첼과 같은 운동가들과 연구원들의 압박의 결과로 학업 성공과 성별과의 상관관계가 처음으로 시작되었다.

누가 대학에 가는지를 자세히 살펴보면 성별과 교육적 성공 사이의 연관성이 과장되었다는 것을 알 수 있다. 예를 들어, 성별 참여 격차가 가장 큰 학과의 그룹인 의학과 관련된 과목들은 대학 캠퍼스에서 상대적으로 새로운 범주다. 전통적으로, 간호 및 작업 요법, 여성이 많은 직업들은 학사 학위의 전문직이 아니었다. 병원에서 훈련을 받고 대학 내에서 재배치한다는 것은 한순간에 많은 여성들이 대학생이 된다는 것을 의미했다. 마찬가지로 내 인생에서 초등학교 교사는 대학 학위가 필요하지 않았으며 정부 정책이 이를 요구할 때, 이전에 교원 양성소에 다녔을 여성들은 대학생이 되었다. 의학과 교육에 관련된 과목들이 고등 교육 통계에서 제외되면 '남성과 여성의 고등 교육을 받는 학생의 총수'의 격차는 약 281,000에서 34,000으로 줄어든다.[39] 여성은 여전히 전통적인 학문 분야에서 남성보다 많지만 그 차이는 훨씬 심하지 않다.

디도는 행동과 참여는 성별보다 교육적 성공을 훨씬 정확하게 예측할 수 있는 두 가지 요인이며 이를 통해 우리는 또 기대하기 시작한다고 주장한다. 여학생들의 성공에 관해서 그는 '평가되고 있는 것은 타고난 차이가 아니라 오히려 문화적 기대감일 것이다. 교사와 부모는 여학생들이 잘하고 높은 기준을 정할 것을 기대하지만, 남학생들에게는 겨우 애를 써가며 할 것을 기대한다. 이것은 자기 충족 예언이 되고 남학생들은 사람들이 자신들에 대해 가지고 있는 낮은 기대치를 충족시킨다.'라고 주장한다. 반면 여학생들은 지능과 관련이 없는 행동에 대해 높은 보상을 받을 수 있다. 이를 설명하기 위해 디도는 시험 채점자가 글씨체의 영향을 받고, 결국 깔끔한 필체로 높은 점수를 받은 지원자들이 여학생일 가능성이 더 높은 정도를 보여주는 연구에 대해 이야기한다. 필체는 생물학보다 문화적 기대와 더 밀접한 관련이 있는 특성의 좋은 예시가 된다고 디도는 설명한다. '여학생들은 이런 점에서 서로 깔끔하게 글을 쓰고 그들의 또래와 집단에서 칭찬을 받는 반면, 남학생들은 엉망진창인 글을 거의 자부심의 상징으로 볼 가능성이 더 높다.'

• 여학생의 성공은 축하할 가치가 있는가?

깔끔한 필기와 좋은 행동에 대한 강조는 학교에서의 여학생들의 성취도가 실제로 어떤 의미인지를 묻는다. 교육이 무엇인지에 대한 인식의 변화가 있을 때 여학생들의 학교 교육에 많은 관심이 집중되었다. 1850년 NLCS_{North London Collegiate School}(북 런던 대학교)를 설립 한 프란시스 메리 버스_{Frances Mary Buss}와 같은 최초의 여학교 설립자들은 여학생들이 남학생들과 동일한 교육 기회를 갖기를 원했다. 그들은 이것이 동일한 주제 지식에 대한 접근을 의미한다는 것을 분명히 했다. 9장에서 더 자세히 살펴보겠지만, 오늘날 지식의 추구와 전달을 위한 수단으로서 교육에 대한 개념은 문제가 되고 있다. 커리큘럼은 더 이상 '위대한 서적'이라고 인정된 문헌에서 나오지 않는 대신 다른 그룹이 강의 계획서에 그들이 선호하는 사안을 포함시기 위한 논쟁 때문에 경쟁을 하게 된다.

교수법은 항상 페미니즘과 여성의 권리에 관한 아이디어에 의해 지배된 직업이었으며 수십 년 동안 교실에서의 실행에 영향을 미쳤다. 제2차 페미니즘이 본격적으로 시작되기 시작한 시점은 교육의 역할, 특히 사회 계급, 인종 및 성 불평등을 재생산하는 데 교육되는 지식에 의문을 제기하는 광범위한 움직임과 일치했다. '아동 중심적'이고 진보적인 학습을 하려는 많은 움직임이 있었다. 교육은 직접적인 지시보다는 아동 발달에 더 중점을 두게 되었다. 전통적인 커리큘럼과 교수 방법을 거부하는 것은 페미니스트 사상을 앞세운 교육에 대한 가치 중심적인 접근법을 위한 여지를 탄생시켰다. 교사들은 여학생들이 충분한 학문적 잠재력을 성취하지 못하게 하는 성별에 기반한 가정에 마땅하게 의문을 제기하기 시작했다. 그러나 여학생들이 더 많은 성취를 이뤄내기 시작했을 때 그것은 다른 가치관과 기준을 가진 다른 교육적 맥락에 처해 있었다.

이 장의 시작 부분에서 언급했듯이, 교육은 고용 가능성과 연관이 있고 사회 문제를 다루는 다양한 도구적 목적에 관심을 갖게 되었다. 여학생들의 성취는 이 새로운 유형의 교육과 관련된 명시적이고 암묵적인 규칙을 준수하는 것이 더 낫다는 것을 나타내는 것일 수 있다. 남학생들보다 여학생들은 여전히 훨씬 더 순응하고 '착하게' 사회화가 되어 있다. 이것은 교사, 그리고 대학 강사가 그들에게 먼저 기대한 행동 규범을 더 잘 나타낼 수 있게 만든다. 나는 네 살짜리 내 딸이 학교에서 돌아오던 날을 기억하고 있다. 아이의 점퍼는 거대한 스티커로 장식되어있다. 딸은 선생님이 자기에게 '얌전히 앉아 있었네.'라고 말씀하셨다고 이야기했다. 나는 마음이 조금 가라앉았다. 내 아이가 학교에서 자기의 시간을 '얌전하게 앉아 있는 것'을 목표로 알고 있는 것을 바라지 않았다.

수업 중에 '얌전히 앉아 있기'보다 뛰어다니기를 선택한 내 아이의 반에 있는 남학생들은 아마 그러한 상을 받지 못했을 것이다. 호프 소머스는 '여학생들은 착한 행동과 학교 환경에 대한 적응으로 많은 학문적 혜택을 얻는다.'라고 언급한다.[40] 고등 교육을 받을 때쯤이면 학생들은 더 이상 착하게 앉아 있는 것에 대한 보상을 받지 못한다. 그러나 조별 작업, 출석 및 참여에 대해 주어지는 점수는 유사한 행동 특성을 보상한다. 오늘날 여학생들은 시험 합격을 좀 더 늘릴 수 있지만 이를 달성하기 위해 과거의 학생들처럼 특정 주제에 자신을 몰입시키거나 엄청나게 많은 것을 알도록 기대되지 않는다. 대신, 교육의 성공은 성실, 노력과 충실함에 달려 있다. 이러한 규정을 따르는 것에 대한 특권은 감정의 영역으로 흘러들어간다. 왕따 반대 계획과 성性과 관계에 대한 수업, 역사와 문학 수업은 모두 학생의 공감적이며 정서적으로 올바른 반응을 요구한다. '정서를 파악하고 읽을 수 있는 능력'을 이해하고 보여주는 것은 지식의 체계를 숙달하는 것보다 학생의 자아 감각을 전부 쏟아붓게 하는 것이 될 수 있다.

• 가치교육

지식의 가르침은 단지 새로운 기술의 집합뿐만 아니라 페미니즘이 핵심인 새로운 가치로 대체되었다. 학교에서 페미니즘은 아주 명백하게 가르쳐진다. 역사 강의의 일부나 시민권 또는 정치 과정의 주제가 아닌 아동이 준수해야 할 분명한 일련의 관행으로 간주된다. 교사에 의해 작성된 수업 계획은 최연소 아동들에게 페미니즘이 어떻게 가르쳐질 수 있는지 보여준다. 어떤 이는 '서아프리카에서 여성의 권리와 음악에 관한 이 일련의 수업을 통해 여성의 권리에 대한 세계적인 견해뿐만 아니라 음악적 감동도 소개할 수 있다.'라고 제안한다. 이러한 사례 연구와 음악 영상을 사용하여 지리, 리듬 및 음악이 평등을 위한 투쟁에서 여성과 소녀들의 목소리를 높이는 방법을 탐구한다.[41]

페미니즘을 가르치는 것은 긍정적인 역할 모델의 홍보와 교실에서의 책, 포스터 및 전시 선택을 통해 전통적인 성 고정 관념을 해결하는 것을 의미한다. 교사들은 '여학생들을 위한 긍정적인 자아상을 확립하는 것이 교육의 구조로 만들어질 필요가 있다.'라고 조언한다.[42] 영국의 전국 교사 연합National Union of Teachers은 '독서를 통한 성 고정관념에 도전하기'에 대한 조언을 출판했다. '많은 남녀가 사회적 압력에 의해 그들에게 주어진 한정된 역할에 제약을 받는다고 느끼지만, 소녀와 소년은 아주 어린 나이부터 남성성 및 여성성의 한정된 이상화된 모습을 따를 것으로 기대된다.'라고 언급한다.[43] 결과적으로, 그 조언은 '소녀와 소년이 즐기고 열망하는 것에 대한 전통적인 아이디어 중 일부에 도전하고 아동이 자신의 개인 정체성 확립을 모색하려고 할 때 긍정적인 역할 모델로 행동하는 캐릭터가 있는 책'을 권장한다.

물론 다양한 독서 자료를 아동에게 제공하는 것은 환영받아야 한다. 그러나 아동의 독서 선택을 정치화하고 전통적인 성 역할을 폄하하는 것은 독서에 대한 애정을 심어주지는 않을 것 같다. 예를 들어, 아주 어린 아이들을 대상으로 한, 한 권의 책에서 '아빠가 "개가 발레를 하지 않는다."고 말씀하실 때 무엇을 의미하시는 걸까? 왜 그렇게 생각하시는 것 같니?'라고 제안한 논의점이 있다. 예를 들어, 아빠가 이전에 발레를 하는 개를 만난 적이 없거나 개가 하는 일과 하지 않는 일에 대해 진부한 생각을 가지고 있기 때문일 수도 있다. 솔직히 이것뿐만 아니라 유별난 개들은 발레를 하지 않는다! 더 중요한 것은 모든 반의 어린아이들 중에서도 발레를 사랑하는 소녀들과 그렇지 않은 소년들이 있다는 것이다. 발레가 소년을 위한 것이 아니라고 생각하는 아빠도 있을 수 있다. 사실, 이 수업은 그러한 견해에 정확하게 도전하는 것을 목표로 한다. 그러나 정치적으로 선의의 교사들이 가정과 부모의 견해와 가치관을 비판하는 것은 교육에서 벗어나 명백한 정치적 전망을 선전하는 방향으로 학교의 과제를 크게 바꾼다.

여학생들은 나이를 먹으면서 페미니즘에 관한 책의 방향성이나 과학 기술 분야에서 여성의 경력을 홍보하는 워크숍의 대상이 될 수 있다. 일상 속의 성차별Everyday Sexism의 저자 로라 베이츠Laura Bates와 같은 연사는 종종 학교 집회의 연설자로 초청된다. 교사가 개인, 사회 및 건강 교육 수업에 사용할 수 있는 한 가지 자료는 베이츠가 출연한 비디오를 포함하는데, 그는 '일상 속의 성차별적인 행동과 심지어 성폭행까지도 제지를 받지 않고 보고되지 않는 경우가 얼마나 자주 발생하는지를 강조하기 위해 일상 속의 성차별 프로젝트 시작하게 되었다.'라고 말한다. 단편 영화에서 '여성들은 일상적인 성차별주의에 대한 괴로운 이야기를 전하고 우리 모두에게 권하여 반박을 함으로써 그 차별을 그만두게 한다.'[44] 이 장에서 보여 지듯이 여학생들이 남학생들보다 학교에서 훨씬 더 잘하고 있는 시점에, 수업 시간을 이용하여 여성 피해자의 메시지를 강조하고, 남성 우월주의는 세상에 대해 특별한 견해를 아동들에게 주입시키기 위해 교육을 이용하고 있다.

아동의 가장 사적인 생각과 그들의 개인 의식에 영향을 미치고자 하는 욕구는 교사들에게 주어진 성차별적 언어 사용과 행동에 대한 공식적인 지침에서 분명하다. 지침 중 하나는 이렇게 명시한다.

우리는 성 정체성에는 스펙트럼이 있으며 성별이 소년 소녀들, 그리고 남성과 여성, 2가지 보다 더 넓다는 것을 알고 있다. 성차별주의는 소년 소녀들을 특정 방식으로 자신을 표현해야만 한다고 믿게 만들기 때문에 이것은 성 고정관념이 도움이 되지 않고 피해를 끼친다는 근거 중 하나가 된다. 트랜스포비아(트랜스젠더 혐오자)와 호모포비아(동성애 혐오자)는 이것 때문에 생길 수 있다. 그러나 이 지침의 주안점은 소녀와 젊은 여성의 행복과 열망에 부정적인 영향을 방지하고 성차별주의, 성 고정관념과 성차별주의자와 성적인 언어를 확인하고 이의를 제기하는 데 있다.[45]

교사의 역할은 아동들의 가치관, 생각 및 언어가 하나의 특정 이데올로기적 견해와 일치하도록 규제를 하는 것이 되었다. 미국의 초등학교 교사는 '그것은 여학생들을 위한 것이다.' 또는 '남학생들을 위한 것이다.'와 같은 잘못된 이분화를 강화시키는 역할을 하는 말을 삼가는 것이 좋다. 남녀공학에 시간을 할애하도록 허용해야 하는데, 일부 연령대는 자신들의 의지에 따라 한쪽 성별만을 위한 상호작용을 선택하기도 한다.[46] 모든 성인이 성별에 '스펙트럼이 있다.'라고 믿는 것은 아니며, 모든 사람들이 소녀와 젊은 여성들이 자신들의 행복과 열망에 특별한 관심을 요구한다고 믿는 것은 아니다. 아동들이 놀이터에서 상호작용 중 발생한 정치적 실수에 대해 규제하는 것은 아동들의 독립적인 사고 개발 능력을 대단히 침해하는 것이다.

학교에서 페미니즘을 명시적으로 홍보하는 것은 어린 나이부터 자신들이 불이익을 받고 있다고 배우는 여학생들에게 도움이 되지 않는다. 남성성에 대한 경멸은 남학생들이 단순히 자신이 남자라는 사실에 죄책감이나 수치심을 느끼게 되기 때문에 더 심각한 악영향을 끼칠 수 있다.[47]

· 과학 분야에서의 여성

여학생들은 일반적으로 남학생들보다 학교에서 성적이 좋기 때문에 적어도 시험 합격이라는 점에서 페미니스트들은 얼마 남지 않은 남학생들이 여전히 우세함을 보이는 과목들에 집중한다. 과학 기술 분야 과목에서의 여학생들의 상대적으로 저조한 성적은 많은 관심을 불러일으킨다. 과학은 '여성 문제'라고들 말한다.[48] 그러나 16세의 영국 여학생들은 모든 과학 과목에서 남학생들을 능가한다. 18세에는 남학생들이 수학과 화학에서 1% 미만으로 여학생들보다 성적이 뛰어나지만, 여학생들은 더 나아가 수학, 생물학, 컴퓨터 과학과 물리에서 성적이 더 뛰어나다.[49]

대학에서는 물리학과 전기 공학에 특히 관심이 집중되고 있는데, 영국 대학 여성 학부생의 20% 미만이 물리학과 전기 공학에 관심을 쏟고 있다. 그러나 광범위한 과목에서의 차이는 뚜렷하지 않다. 과학 학사학위를 공부하는 학생의 약 55%가 남성이고, 45%는 여성이다.[50] 이러한 통계에서도 과학 분야에서의 여성의 성취를 과소평가한다. 의학 및 수의학 같은 계통의 과목에서 여성은 학생의 75% 이상을 차지한다.[51] 이러한 경쟁 직업 과목에서 여성의 진보는 과학 분야에서의 경력으로 이어지기 때문에 중요하다. 의학 및 수의학 과정의 남성 부족은 거의 문제로 간주되지 않는다.

이미 학부 수준의 과학을 공부하고 과학 분야에서 경력을 쌓은 여성의 수는 여성과학기술인 양성사업WISE, Women into Science and Engineering과 같은 높은 수준의 캠페인으로 끝나지 않았다. 영국의 대학들은 평등 문제 단체the Equality Challenge Unit의 아테나 스완Athena Swan 계획을 통해 감독되는 과학에 대한 양성평등 헌장 마크를 얻기 위해 노력하고 있다.[52] 대학들은 '과학, 기술, 공학, 수학, 의학 분야에서 여성의 경력을 향상시키는 것'에 대한 헌신을 인정하는 것을 목표로 하는 이러한 수여에 상당한 자원을 쏟아 부었으며, 그 거대한 진입을 간과하는 동안 여성들은 최근 수십 년 간 과학 연구, 조사 및 교육을 해왔다. 오늘날 이러한 배경은 문제를 찾기 위한 해결책으로 보일 수 있다.

• 문제를 만드는 해결책

　나는 물리학 교사인 가레스 스터디Gareth Sturdy와 그가 과학을 공부하는 여학생을 더 많이 확보하는 것을 목표로 한 계획에 대해 논의했다. 그는 나에게 파인만의 입자 다이어그램을 기반으로 보석을 만드는 학생들을 포함하는 '여학생 친화적'으로 특별히 고안된 정식 과목이 아닌 별도의 물리학 동아리에 대해 이야기했다. 핀홀 카메라를 이용해서 셀카도 찍을 수도 있고 많은 케이크를 먹을 수 있는 것은 당연했다. 스터디는 '이러한 동아리는 대개 착하고 선의를 가진 교사들에 의해 주도되는 경우가 많다.'며 빠르게 언급했다. 그리고 이러한 동아리가 굉장히 성공적이며 '이러한 활동들이 홍보가 되면 더 많은 여학생들이 나타나서 결과적으로 몇몇 학교에서는 16세가 지나서도 계속해서 물리학을 공부하는 여학생의 수가 크게 증가한 것으로 나타났으며 특히 강력한 여성 롤 모델이 있는 경우 그러했다.'라고 말했다.[53]

　스터디의 고민은 그 동아리가 그 주제의 성격에 관해 보내는 메시지와 관련이 있다. '물론 케이크나 보석을 만들거나 정답에 대해 초콜릿을 나눠주면 더 많은 학생들을 유치할 것이다. 그러나 이런 것들이 단지 속임수일 뿐이고 학생들이 항상 지적으로 많은 것을 얻지 못할 위험이 있다. 그런 활동들이 이미 그러한 물리학을 더 성별화 시키기 시작하면 문제가 된다. 하루가 끝날 즈음, 여학생들이 보석과 케이크가 관련되어있을 때만 물리학을 한다면 그들은 그 과목에 적합한 후보자들이 아니다.'

　여학생들을 과학에 입문시키기 위한 학교 캠페인들이 의도치 않게 성에 대한 고정 관념을 재생산하는 반면, 고등 교육에서 가장 심각한 문제가 되는 과학에서 여성이 직면하는 문제에 대한 지속적인 인식의 제고는 젊은 여성들에게 이 분야에서 경력을 추구하면 편견과 적대감에 직면해야 한다는 잘못된 인상을 줄 위험이 있다. 더 아이러니하게도, 아테나 스완과 같은 성평등 상을 신청하는 데 필요한 서류 작업과 감사를 완료한 사람들은 대부분 여성들인데, 아마 도 그때는 남성 동료들이 연구 논문을 쓰고 보조금을 신청할 때일 것이다.

• 압박감을 느끼는 여학생들

여학생들은 남학생들보다 더 많은 상장을 가지고 학교를 졸업할 가능성이 있지만 이 성공은 점점 더 대가를 치르는 것처럼 보인다. 불안이나 우울증, 자해를 일으키는 정신 건강 문제를 알리는 여성과 여학생들의 수에 대한 우려가 커지고 있다. 이 중 많은 부분이, 성인들에 의한 아동, 특히 여학생들을 취약한 것으로 보고 정신 질환의 프리즘을 통해 일상의 감정을 해석하려는 의도를 통해 분명히 설명된다. 그러나 교육의 성공과 관련하여 교사와 친구들의 기대에 부응하기 위해 여학생들이 과거보다 더 많은 압박을 받고 있는 경우도 있을 수 있다. 여성과 정신 건강에 관한 문제는 4장과 5장에서 보다 자세하게 알아 볼 것이다.

학교 성공을 위해 지불해야 할 더 많은 대가는 나중에 생길 수 있다. 여학생들의 근면함과 순종적인 면이 대학과 월급이 좋은 전문직을 보장하는 데 도움이 되기는 하지만, 장기적으로는 덜 유익할 수 있다. 여성은 유능하고 부지런한 직원이 되지만 일부 직업의 경우 높은 수준으로 발전하려면 리더십, 위험 감수 및 자기 홍보 요소를 요구할 수 있다. 이것은 여학생들이 교육을 통해 사회화된 바로 그 자질인 경향이 있다.

• 학교로 돌아가다

직장을 넘어서, 어머니가 된 여성은 교실에서 빨리 자신을 찾을 수 있다. 우리가 4장에서 좀 더 자세하게 살펴보면, 오늘날의 부모들은 자녀의 교육과 관련하여 훨씬 더 큰 역할을 할 것으로 기대된다. 많은 학교에서는 부모가 자녀를 제 시간에 학교에 데려다주고 부모님과의 저녁 시간에 정기적으로 출석하는 것에서부터 독서 및 시간표를 감독하는 것에 이르기까지 모든 것에 대한 부모의 의무를 명시하는 '가정 학교 파트너십 동의서' 또는 '계약서'에 가입할 것을 요구한다.

성性 관계 및 건강한 식습관에 대해 가르치는 것과 같이 전통적으로 학부모가 수행 한 많은 업무를 학교가 맡기는 하지만, 학교는 학부모들이 독서 교육, 숙제 검사에 대한 더 큰 책임을 질 것을 기대한다. 부모는 자녀가 학교에서 성공하기를 원하고 부모의 의견이 학교와 교사만큼 교육의 성패를 결정한다는 것을 받아들이기 때문에 이러한 기대는 효과가 있다. 육아에 대한 주요 책임은 학교에 의해 종종 '주요 양육자' 입장이 되는 여성들에게 불균형해지는 경향이 있다. 다음으로 학교는 어머니의 의무를 자신의 자녀를 사랑하고 키우며 돌보는 것 이상으로 확장시킨 자녀의 교육에 대한 정기적인 헌신을 반드시 포함해야한다고 가정한다.

• 결론

성별 성취도 격차는 수세기에 걸친 제한된 교육 기회를 성공적으로 뒤집은 여학생들과 함께 확고하고 성장하는 것처럼 보이며 이젠 남학생들의 성취도와 동등할 뿐만 아니라 모든 수준에서 그들보다 뛰어나다. 여학생들은 이전보다 학교에서 더 잘하고 있으며 젊은 여성들은 동시대의 남성들보다 훨씬 더 많은 시험 합격과 학위 증명서를 기록하고 있다. 이 성공은 그들이 취업하는 데 더 나은 위치를 차지하게 만든다. 그러나 시험 결과는 여성을 해방시키는 데에만 적용된다. 여학생들은 어린이를 특정 가치로 사회화하는 핵심 현장으로 간주되는 교육 시스템에서 남학생들보다 우수한 성적을 거두었다. 많은 교사들은 아이들이 다르게 사회화되면 성 불평등이 근절 될 수 있으며 이것이 특정 주제 지식을 가르치는 것보다 더 중요한 목표라고 가정한다. 언어 사용과 행동이 규제될 때, 학교에서 잘하는 것은 엄격한 정서적인 대가를 요구할 수 있으며 평생 의 순종으로 여성을 구속할 위험이 있다.

가장 최근에 남학생들의 성취도가 저조한 것에 관심을 가지게 되었고, 교육은 젠더 전쟁에서 중요한 전장이 되었다. 소녀와 소년은 단순히 '제자' 또는 '학생'일 수는 없지만 학교 초기부터 자신의 성별을 나타내야 한다. 이것은 단기적으로 남학생들보다 여학생들에게 더 많은 도움이 되는 것처럼 보일 수 있지만, 장기적으로는 아무에게도 도움이 되지 않는다. 무엇보다, 학교와 대학을 통해 젠더 전쟁을 벌이는 것은 교육에 악영향을 미친다.

2장

직장에서의 여성

고급 잡지, 광고용 신문, 웹 사이트, 책과 텔레비전 다큐멘터리는 모두 직장에서 여성의 경험을 논할 때 동일한 이야기를 하는 것처럼 보인다. 우리는 삶이 '여전히 일하는 여성을 위한 투쟁'이며 '미국 여성 10명 중 4명은 직장에서 차별에 직면해 있다.' '직장에서의 성 불평등은 임금 격차 그 이상이다.'라는 말을 듣는다. 모든 일하는 여성들은 장애물, 차별, 부당한 공격에 직면해 있는 것 같다. 여성들은 회의에서 자신들에 대해 말하고 남성들보다 더 적은 보수를 받고('manterruptions'-남성에 의한 말 끼어들기, 가로채기 등 여성에 대한 불필요한 방해를 뜻하는 신조어,

man+interruption), 여성들의 아이디어로 공을 세운 다음('bropriation'-여성의 아이디어를 남성의 공으로 삼는 행위를 뜻하는 신조어, bro+appropriation) 커피를 타달라고 요청하는 (아마도 요구라고 주장하겠지만?) 자신과 동등한 지위의 남성들보다 더 적은 보수를 받는다.

그러나 통계를 살펴보면 교육에서 여성의 성취는 직장으로 이어지는 것으로 나타났다. 이전보다 더 많은 여성이 고용될 뿐만 아니라 전문직에 들어가고 더 많은 일자리도 얻게 되었다. 이 장에서 우리는 오늘날 직장에서 여성의 경험을 고찰하고, 수치상의 성공과 개탄스러운 내러티브 사이의 현실을 캐내어 무엇이 실제로 직장 여성과 남성을 방해하고 있는지 고려해보자.

• 더 많은 여성들이 직장에서 일을 하고 있다

여성의 삶은 그들이 학교를 떠나는 순간 비굴한 채로 멈추지 않는다. 교육에서 이루어진 여학생들의 진보는 직장에서의 기회 증대와 병행된다. 영국과 다른 많은 선진국에서는 그 어느 때보다 많은 여성들이 유급 직업에 종사하고 있다. 2016년 7월, 16-64세 영국 여성의 70% 가까이가 집밖에서 일을 했으며, 기록이 시작된 이래 가장 높은 수치이다.[54] 부양 자녀가 없는 여성 졸업생의 경우 거의 90%까지 증가했다.[55] 영국과 미국 모두에서, 여성은 현재 총 노동 인구의 절반 이하를 차지하고 있으며, 영국은 46%[56], 미국은 47%를 차지하고 있다.[57] 역사적으로 여성 근로자 수의 증가는 극적인 경제 변화뿐만 아니라 실제 사회의 변화도 나타낸다. 즉, 자녀가 있거나 없는 모든 연령대의 여성들이 현재 유급 직업에 종사하며 모든 수준과 모든 직업 분야에서 일할 가능성이 있음을 의미한다.

미국에서는 영국보다 직장에서의 여성 비율이 더 적다. 단지 57%의 여성만이 집 밖에서 고용 되고 있다.[58] 흑인 여성이 일할 확률이 가장 높으며, 아시아계 여성이 유급 직업을 가직 확률이 가장 적다.(각각 60%와 56%).[59] 부분적으로, 이 낮은 수치는 통계에 의해 다루어지는 더 큰 연령 범위로 설명 될 수 있다. 영국에서의 고용은 국가 퇴직 연령에 기록되지 않는다. 25세에서 54세 사이의 미국 여성들을 구체적으로 살펴보면, 69%가 영국 전체와 거의 같은 고용 상태에 있다는 것을 알 수 있다.

출산 휴가와 여성의 권리를 연장하는 법안이 통과된 다른 많은 유럽 국가들과 마찬가지로 영국에서 최근 수십 년 동안 가장 중요한 변화는 워킹맘의 증가다. 자녀를 둔 영국 여성들(74%)이 자녀가 없는 여성들(75%)만큼 직장에 있을 가능성이 높다.[60] 여전히 여성의 유급 출산 휴가를 보장하지 않는 유일한 선진국인 미국에서는 2015년에 18세 미만의 자녀를 둔 여성의 70%가 일을 하거나 적극적으로 일자리를 찾고 있었다. 이 수치는 기혼인 경우 약간 낮았고 (68%) 미혼인 경우 더 높았다(75%).[61] 다른 곳에서도 수치는 여전히 높다. 자녀를 둔 스웨덴 여성 근로자의 83%가 직업을 가진 여성들이다.

· 전문직 여성

단지 최근에 더 많은 여성들이 일을 하고 있는 것은 아니다. 그들은 최상의 직업도 더 많이 얻고 있다. 여성 졸업생의 증가는 직장에 영향을 미쳤다. 미국에서는 여성이 전문직 및 관련 직종에 종사하는 근로자의 57%를 차지하고 있는 반면[62] 영국 여성은 모든 전문 직종의 절반을 차지한다.[63] 많은 여성들이 전통적으로 '여성' 직종에 종사하고 있다. 교육만으로도 영국 여성 노동자의 수가 백만 명이 넘는다.[64] 오래 전에는 가르치는 것이 여성 졸업생에게 가능한 거의 몇 안 되는 선택 중 하나였지만 오늘날의 유망한 여성들은 상대적으로 낮은 임금과 낮은 지위로 가르치는 것을 거부할 가능성이 더 크다.

더 많은 여성들이 한때 남성의 전유물이었던 직종에 뛰어들고 있다. 현재 영국에서는 수의사, 의사 및 변호사로 일하는 여성이 남성보다 더 많다. 회계와 학계에서는 남성보다 여성이 더 많고 치대 입학자는 남성과 여성 수가 거의 균등하다. 한때 남성 위주였던 직종에 여성이 입사하는 규모와 속도는 아마도 수의학에서 가장 잘 설명될 수 있을 것이다. 미국의 경우, 이 분야의 여성 졸업생 비율은 1970년 11%에서 2013년 80%로 급상승 했다.[65] 이것은 2014년에 수의학 학부생의 78%가 여성인 영국과 매우 유사하다.[66] 재학생수 통계의 변화로 인해 여성은 현재 수의사 실습생의 60%를 차지한다.

여성은 고위 전문 직종에 잘 나타나지 않으며, 우리는 이 장의 뒷부분과 그 후의 두 장에서 왜 이런 경우가 발생하는지 알아볼 것이다. 그렇다 해도 여성의 전문직 진출은 중요하다. 이것은 고학력의 중산층 여성들이 자신이 원하는 직업을 선택하는 것을 방해하는 실질적, 문화적 장벽이 거의 없다는 것을 시사한다.

오늘날 여성 고용은 역사적으로 중요한 사회적 문화적 변화를 나타낸다. 그러나 많은 노동자 계층의 여성들은 항상 자신의 가정과 다른 사람들의 가정에서 가사 도우미로서 수행되는 유급 업무와 사업, 또는 도자기나 직물과 같은 특정 산업에서 수행되는 유급 노동과 가내 책임을 양립했다. 돈을 벌 필요가 있는 중산층 여성들은 가능한 고용 옵션이 거의 없었으며 교직과 간호와 같은 '적합한' 직종에만 국한되었다. 최근의 가장 중요한 변화는 전체 여성 근로자 수에 있는 것이 아니라 중산층 직업여성의 부상, 워킹맘의 증가와 과거에 성별로 구별된 고용 관행에 대한 도전이다.

• 역사적 변화

20세기에 들어서면서 두 차례의 세계 대전 중에 많은 수의 여성 노동 인구가 투입되었다. 그러나 평화가 도래하자마자 고용주, 노동조합 및 정부 캠페인이 여성을 다시 집으로 데려가기 위해 노력했다. 여성이 특정 직종이나 특정 수준을 넘어서서 승진하는 것이 법적으로 금지되었다. 여성은 직장으로부터 일단 결혼과 임신이 금지되었다. 이러한 공식적인 제한은 여성이 고용되는 것을 막는 무수한 비공식적인 사회적 장벽과 실질적인 방해에 추가 되었다. 우리가 8장에서 더 자세히 살펴볼 것처럼, 1960년대와 1970년대의 제2세대 페미니스트들은 상당한 성공과 함께 여성의 권리를 위해 싸웠다. 그러나 1980년대에도 여성들의 일자리는 쉽게 소모 가능한 것으로 여겨졌다. 고용주가 더 많은 근로자를 필요로 했을 때 여성들은 고용되었지만 경기 침체기에 직면했을 때 그들은 제일 먼저 해고될 위치에 놓여 있었으며 가정과 결혼, 그리고 자녀들은 고용에 대한 준비된 대안으로 간주되었다.

오늘날 대부분 이전 세대의 페미니스트 운동가들 덕분에 여성들이 특정 직업에서 금지되거나 법적으로 승진이 제한되는 날들이 사라진지 오래 되었다. 오늘날 여성들은 자신들이 할 수 있는 일에 대해 공식적인 제한을 거의 맞닥뜨리지 않을 뿐만 아니라 멘토링 계획, 모집 운동 및 '가족 친화적'인 근로 정책을 통해 여성 진보에 대한 비공식적인 장벽을 극복하려고 노력한다. 이것은 여성, 특히 자녀를 둔 여성의 경력 성공에 장애가 되지 않는다는 사실을 암시하는 것이 아니다. 오히려 4장에서 살펴보겠지만, 여성이 모성과 직장을 양립하는 문제는 과거에 직면했던 문제와는 매우 다르다.

• 세대 차이

여성의 고용 전망은 아주 짧은 시간 내에 근본적으로 바꿔었다. 결과적으로, 오늘날 나이 든 여성들이 직장에 들어왔을 때, 직장에 여전히 모든 종류의 장애물이 존재했었다는 사실을 잊기 쉽다. 예를 들어, 영국에서 고용보호법이 발효된 1977년에야 여성은 출산 후 직장에 복귀할 법적 권리가 있었다. 이 시기 이전에 임신은 해고를 위한 합법적인 구실이었다.[67] 1995년 이전에 직장 생활을 시작한 여성들은 여성 졸업생이 여전히 소수에 불과했던 시기에 직장에 입사했다. 오늘날, 이러한 극명한 세대 차이는 최근의 변화의 전모를 가리고 있다.

직장은 가장 어린 구성원에서부터 위로 변화하고 있다. 따라서 50세 이상의 회계사, 의사 및 변호사의 대부분은 남성이지만, 그 반대는 40세 미만의 사람들에게 적용된다. 이 세대의 시간적 간격은 전문직에서 불평등을 더 많이 논의할 때 명심할 필요가 있다. 여성은 변호사의 62%를 차지하지만, 파트너는 1/3도 되지 않는다. 그러나 새로운 여성 취업자가 자신의 커리어를 통해 승진함에 따라, 결국 그들의 고위직 차지도 늘어날 것이다.

오늘날 고위직 여성에 대한 명백한 과소평가가 많지만, 어떤 직업이든 최고의 자리에 오르려면 다년간의 경험과 여러 번의 점진적인 승진이 필요하다. 사람들은 20대 또는

30대에 그런 포트폴리오를 축적하지 않을 것이다. 젊은 중산층 여성들을 중심으로 한 페미니즘은 고령 여성의 경험을 설명하기가 어렵다.

• 더 줄어든 남성의 직업 활동

여성들은 1980년대 말에 훨씬 많은 수의 직장에 진입하기 시작했다. 이 시점에서 일 자체의 본질이 제조업과 중공업에서 육체적인 힘보다는 '부드러운 기술'을 요구하는 서비스와 작업으로 전환되면서 이때부터 큰 변화가 시작되었다. 전통적으로 남성 주도적이었던 고용 부문은 현재 쇠퇴하고 있다. 공장, 제철소 및 탄광이 빠져나간 자리에 콜센터, 소매점 및 보육원이 들어왔다. 남성들은 이 구조적 변화의 부담을 짊어지고 있다. 영국에서는 16세에서 64세 사이의 남성 중 79%만이 오늘날 직업을 가지고 있으며, 이는 1971년 92%에서 급격히 감소했다.[68]

미국에서는 20년 전보다 오늘날 고용된 여성의 수가 상대적으로 적다. 60년 동안 증가한 후, 25세에서 54세 사이의 일하는 여성의 비율은 1999년에 74%로 최고조에 달했고[69] 최근 통계에 따르면 이 연령대의 여성 중 69% 이상이 일하고 있다.[70] 이 감소에 대한 몇 가지 가능한 설명으로 가장 중요한 것은 같은 기간 동안 남성 고용율도 하락했는데, 그보다 훨씬 더 큰 폭으로 떨어졌다는 것이다.

미국과 영국의 구조적인 경제 변화는 노동자 계층의 남성들에게 불균형하게 영향을 미쳤다.[71] 결과적으로 20세기 후반에 비해 공식적인 자격이 없는 남성들에게 급여가 좋은 일자리는 거의 없다. 서비스 부문의 고용주들은 노동자 계층의 남성보다는 여성을 채용하려는 경향이 있다. 오늘날 의학이나 비즈니스에서부터 소매업과 식당에 이르기까지 많은 일자리가 여성에게 더 적합해 보인다.

· 성차별 이야기

직장에서 전문직을 차지한 여성들의 완벽한 성공과 남성 노동 계층의 고용 감소에도 불구하고 성차별과 여성의 단점에 대한 이야기가 계속되고 있다. 여성의 승리를 축하하는 대신 우리는 성차별주의자인 상사, 여성 혐오적인 분위기 조성과 사무실 내에서 '남성이 퍼뜨리는' 여성에 대한 '미묘한 헐뜯기'와 회의 중에 '남자가 불평하는' 여성에 대해 듣는다. 여성과 소녀들을 향해 전(全)방위적으로 오는 메시지는 분명하다.《여성과의 새롭고 조용한 전쟁The New Soft War on Women》의 저자는 다음과 같이 말했다. '여성들이 대학에서 훌륭하게 잘하고 있는 반면, 직장에서는 정반대인 모습이다. 여성들은 속도를 잃어가고 있으며, 높은 자리로 올라갈수록 더 힘들어진다. 전체적인 지뢰망이 여성이 전진하려고 할 때 그들의 진보를 파괴하려고 할 것이다.'[72]

일하는 여성의 급증은 직장이 매번 성차별을 협상해야만 하는 전쟁터임을 끊임없이 상기시키면서 이루어졌다. 수많은 책들은 여성들에게 '성차별주의자, 미묘한 성차별주의자, 명백한 성차별주의자, 때로는 가장 진보적인 사무실에서도 존재하는 자주 잊게 되는 행동'과 싸우기 위한 '전투 전술'을 제공한다.[73] 자구책 매뉴얼은 여성들에게 '도전'하고 '여성의 권한'을 행사하라고 촉구한다. '유리벽 성공 전략'은 유리 천장을 깨는 방법에 대한 조언과 경쟁한다. 놀랍지 않게도 한 설문 조사에 따르면 '여성의 83%가 직장에서 성차별이 존재한다고 생각한다.'고 한다.[74]

전투, 전쟁, 전장이라는 은유가 정도가 지나쳤을 수도 있지만, 그러한 책의 시장과 직장 차별에 대한 이야기는 직장인 여성들에게 무언가가 옳지 않다는 것을 암시한다. 여성의 통계적 성공과 개인적인 경험 사이의 간격은 갈수록 더 커지는 것처럼 보인다.

- 엘리트 문제

전문 직업을 선택하는 많은 여성들의 길에 장애물이 거의 없기 때문에 입사자의 성별 균형에서 모든 부문의 고위직 여성 수로 초점이 옮겨졌다. 경제학자 비키 프라이스_{Vicky Pryce}는 '심지어 오늘날 상무이사의 93%가 남성이며, FTSE 250(런던 증권 거래소에 상장되어 있는 주식 중 250개의 기업을 주가로 지수화한 종합 주가 지수) 가운데 이사회에서의 여성 대표는 간신히 17%를 넘는다.'라고 언급했다.[75] 종종 인용되는 사실 중 하나는 영국 상위 100대 기업을 이끌고 있는 존_{John}이라는 이름의 CEO가 여성보다 더 많다는 것이다.[76] 이 진부한 사실은 존이 1970년대에 천천히 유행에서 벗어나기 전에 대부분의 20세기 동안 가장 인기 있던 영국과 아일랜드의 기독교식 남성 이름이라는 사실에 달려 있다. 그것은 CEO의 나이와 성별에 대해 많은 것을 드러낸다.

우리가 이미 언급했듯이, 모든 직업의 고위직에 있는 여성의 수가 부족함을 지적하는 것은 직장이 급속하게 변할 때 지속하려고 하는 역사적인 유산을 놓치게 된다. 더 나아가, 고위직에서의 여성의 부재에 대한 근시안적 초점은 남성에게 일어난 일과 경력 사다리의 맨 위에서 일하지 않는 여성의 경험을 모두 간과한다.

여성 노동자를 위한 페미니스트 자구책 매뉴얼은 주로 엘리트 직종에서 여성의 관심사에 초점을 맞춘다. 제시카 베넷Jessica Bennett의 페미니스트 파이트 클럽Feminist Fight Club의 경우, 주로 유명한 언론 경력을 가진 뉴욕 여성들이다. 베넷은 여성들이 직장에서 직면하는 문제, 예를 들면 'manterruption(말 끼어들기, 가로채기)'에 대해 설명한다. 그것은 '우리를 침묵하게 만들거나, 자신감을 잃게 하거나, 우리 일에 대한 신용을 포기하도록 유도하는' 효과가 있다.

팀 아이디어를 자신의 것으로 제시하고, 자신의 것이 아닌 아이디어에 대한 공로를 받고, 심지어 때로는 전혀 아무것도 하지 않아도 결국 신용을 얻어내는 등 다른 사람의 업적에 대한 공로를 가로채는 'The Bropriator'는 신용이 가정된 남성으로 태어나는 것이 편리한 현실이다.[77]

맨터럽션manterupptions과 공을 가로채는 남성brantators에게 도전하는 것은 고위직 여성들이 자신의 기분을 좀 더 나아지게 할 수는 있겠지만, 우리는 사람들에게 간단한 대화를 하는 방법을 알려줄 책이 왜 필요한지 의아해할 수 있다. 그러나 이러한 조언은 질문이나 지시보다 수행할 것으로 기대되는 직업을 가진 여성들에게 많은 도움이 될 것 같지 않다.

대부분의 여성들은 고위 간부 사무실이 없다. 또한 보너스 지급을 받지 않거나 조기 퇴근 할 수 있는 융통성을 갖지 못하고 '자녀들이 잠든 후 이메일을 받는다.' 중산층 여성을 위한 자구책 경력 지침의 현재의 수확이 유색 인종 여성들이 겪는 특정 문제에 대해 최소한의 언급은 하고 있지만, 대부분 노동 계층 여성의 경험을 이해하려는 시도는 거의 없다.

기껏해야 중산층 여성에 집중하고 더 많은 여성을 고위직에 고용하는 것이 모든 여성에게 도미노 혜택을 줄 것이라는 희망이 있는 것 같다. 그러나 이러한 사례가 사실이라는 증거는 거의 없다. 예를 들어 대학의 경우, 여성 학자들이 모여서 왜 여성 교수가 거의 없고 어떻게 더 많은 여성들이 승진을 확보하는 데 도움을 받을 수 있는 방법에 대해 의논한다. 종종 그들은 여성이 예약하고 청소한 방에서 여성이 준비한 샌드위치를 먹으면서 토의를 한다. 그러나 이 여성들은 테이블에 앉아 직업 전망에 대해 토론하는 데 거의 초대받지 않는다.

• 여성 할당제

일부 운동가에게 여성의 승진을 장려하는 것은 '파이트 클럽fight club' 전술과 모임 활동 회의 그 이상이다. 프라이스는《왜 여성 할당제가 필요한가Why Women Need Quotas》를 집필하면서, 여성은 이사회에서 소수 비율로만 대표를 하고 있으며 '사회의 규범을 근본적으로 바꾸기 위한 입법을 제외하고는 현재의 상황이 변하고 받아들여질 수 있는 방법이 없다.'고 제시했다.[78] 그녀는 기업들이 여성들을 이사회의 대표가 되는 것을 보장하기 위해 할당제를 마련해야 한다고 주장한다.

그러나 우리가 보았듯이 입법이 없는 상황에서도 여성들은 더 많은 수의 직장에 진입하고 있다. 이와 관련하여 특정수의 자리가 여성에 의해 채워지는 것을 보장하는 할당제에 대한 요구는 문제를 찾으려는 해결책으로 보인다. 더욱이 할당제는 다른 형태의 차별 철폐 조치와 마찬가지로 여성에게 능력보다는 생물학에 근거하여 승진을 얻게 되었다는 것을 암시하여 여성을 부지중에 약화시킬 수 있다. 여성들은 그러한 특별한 조치가 취해지지 않아도 정상에 올라갈 수 있다.

페미니스트 기자와 평론가는 모든 여성이 같은 방식으로 직장을 경험하는 것은 아니라는 점을 인정한다. 어떤 여성들은 다른 여성들보다 불리한 입장에 처해 있다. 임산부는 특정 목표 대상이 되는데, 설문 조사에 따르면 직장에서 일하는 임산부의 5분의 1이 괴롭힘을 당했고 '임산부 차별이 사람들을 직장을 몰아내고 있다.'라고 한다.[79] 한편 노년층 여성들은 '강제 노동에서 벗어나고' 있는 반면 또 다른 연구에서는 '여성은 직장에서 체중에 따라 차별을 경험한다.'는 사실을 보여준다. 무슬림 여성들은 '직장에서의 세 배 차별'을 경험하고 트랜스젠더 여성들은 '일을 찾을 때 도전에 직면한다'. 어떤 여성의 경우 다른 남성들처럼 졸업 후 CEO로서의 여정이 매끄럽게 이루어질 수 있다. 다른 여성들이 그러한 야심을 갖고 있지 않을 수도 있으며, 설령 그렇다고 해도 좌절과 장애물을 직면할 수 있다.

여성을 더욱 분리된 집단으로 차별화하는 한 가지 문제는 임원진 자리를 놓고 싸우지 않는 대다수 여성의 경험을 간과한다는 것이다. 《XX 팩터》의 저자 앨리슨 울프는 "대부분의 여성을 포함한 대부분의 사람들은 직장에서 일하기보다는 살기 위해 일한다."는 것을 알려준다. 그녀는 이것이

'상당히 다른 두 집단의 여성'이 있다는 것을 의미한다고 설명한다. 여성들 중 소수의 엘리트 집단이 높은 연봉과 보너스를 받는 최고의 일자리를 남성과 동등한 수준으로 경쟁하는 반면, 대다수의 여성들은 여전히 가정과 가족을 함께 유지하는 데 필요한 소득을 무엇보다 우선적으로 제공하는 전통적인 '여성' 직업을 가지고 있다.[80]

페미니스트 운동의 중산층에 대한 선입견과 주로 남성의 행동으로 인한 직장에서의 여성 문제를 보는 경향은, 모든 남성과 여성의 삶을 개선하는 데 도움이 되는 해결책을 배제한다. 예를 들어, 더 높은 임금과 근무 시간에 대한 탄력적인 접근법은 사람들에게 더 많은 자유와 삶에 대한 관리를 가능하도록 해준다. 여분의 돈은 육아비용, 자동차, 인스턴트식품과 같이 삶을 더 원활하게 운영하는 데 도움이 되는 곳에 쓰일 수 있다.

페미니스트 운동은 모든 사람들의 임금 인상을 위해 싸우기보다 소규모 중산층 여성 집단에 대한 문제를 대변한다. 더 희한한 사례 중 하나는 기업들이 여성들이 생리를 하는 동안 며칠 동안 쉬도록 허용하는 '생리 공결제'에 대한 요구이다.[81] 이러한 '진보'는 창조 산업에서 일하는 여성들에게는 좋을지 모르지만, 급진적인 페미니스트의 모습으로 성차별주의자들의 호르몬과 비합리적인 여성이라는 가정을 되살아나게 한다. 다행히도 그런 캠페인은 비서나 안내원으로 일하는 여성들에게까지 확대될 가능성은 희박하다. 좋지 않은 직장이거나 탄력근무가 아닌 직업을 가진 여성들이 생리 때문에 하루를 쉬면 일당을 받지 못하게 될 수 있다.

지배적인 페미니스트 서사들은 모든 일하는 여성들이 공통된 관심사를 가지고 있음을 시사한다. 그들은 모두 성차별주의자인 상사와 동료들의 손에 의해 성차별과 편견에 직면해 있다. 동시에 우리는 체중, 피부색, 나이 및 성별을 기준으로 여성의 정체성 분열을 발생시킨다. 이런 식으로, 가장 혜택을 받지 못한 여성들이 직면한 문제는 여권 신장 운동의 가장 특권을 가진 사람들에게 똑같이 적용되는 것처럼 보인다. 실제로, 저임금 직업을 가진 여성들은 페미니스트의 상석에서 떨어지는 부스러기를 바라는 것보다 비슷한 위치에 있는 남성들과 함께 자신의 이익을 위해 싸우면서 훨씬 더 많은 이득을 얻는다.

• 성별 분리

오늘날 페미니즘은 경력보다는 직업을 가진 여성들에게 거의 할 말이 없는 것처럼 보일 수 있다. 울프Wolf는 이렇게 상기시킨다. '2010년에는 전 세계 2,000명 미만의 사람들이 페이스북에서 일했다. 그 해 월마트의 인력은 2백만 명이 넘었다. 세기가 바뀌고 1975년의 21,000명보다 100만 명이 더 많아졌다.' 그녀는 많은 남성과 여성의 고용이 여전히 성별의 경계를 따라 상당히 엄격하게 분리되어 있다고 지적한다. '미국의 사례를 보자. 여성 직종 중 가장 많은 수의 여성을 고용하는 20개의 최고 여성 직종을 선택하면, 그중 7개는 여성 인력이 90% 이상이라는 것을 알게 된다.'

오늘날 대다수의 여성들은 오랫동안 전형적으로 '여성'의 직업으로 간주되어온 분야에서 일하고 있다. 영국에서는 여성이 돌봄 및 여가 산업 인력의 82%, 행정 및 비서 업무의 77%, 판매 및 고객 서비스 인력의 63%를 차지한다. 프라이스Pryce는 2013년에 파트타임으로 일한 모든 여성의 3분의 1이 상대적으로 낮은 중위 소득을 얻는 판매 및 고객 서비스직에 고용되었다고 지적한다. 스칸디나비아 국가들은 최고의 여성 고용 실천 모델로서 자리매김하고 있지만, 그들 역시 성별에 따라 가장 잘 분리되어 있다. 울프가 지적했듯이, '전통적인 여성 활동을 가장 많이 아웃소싱 하고 무급 가정 중심의 "보살핌"을 공식 고용으로 전환시키는 데 있어서 가장 동떨어져 있었기 때문'이다.[82]

스칸디나비아에서는 대부분의 선진국과 마찬가지로 노동 시장은 전문 직업에서 동등하게 일하는 남성과 여성 모두의 엘리트 그룹과 저임금 및 성별로 분리된 전통 직업에서 일하는 대다수의 인구로 구분된다. 그러나 페미니즘과 소수 엘리트 여성에 대한 관심은 노동 인구의 매우 작은 부분에만 초점을 맞추고 있다. 최고 경영자의 청소, 요리 및 아이 돌봄을 위해 일하는 여성들의 최저 임금 및 조건을 개선하는 것보다 여성을 고위직에 배치하는 것과 관련된 캠페인들이 더 많다.

· 페미니스트 에티켓

오늘날 페미니즘은 엘리트 문제와 함께 사람들의 상호 작용을 규제함으로써 새로운 에티켓을 강요하는 것이 되었다. 실제로 이것이 어떻게 전개되는지에 대한 한 가지 예는 자기 스타일의 '두려움이 없는 페미니스트'이자 법정 변호사인 샬롯 프라우드먼Charlotte Proudman이 제공한다. 프라우드먼은 2015년에 전문 네트워킹 사이트 링크드인LinkedIn을 통해 자신의 비공개 메시지를 공개 전환한 후 헤드 라인을 장식했다. 한 나이 많은 남성 변호사가 프라우드먼에게 연락을 취해 그녀의 프로필 사진이 '끝내준다'고 생각한다고 말했다. 이 예상치 못한 원치 않는 칭찬을 보낸 죄로 프라우드먼은 처음에는 트위터를 통해 그를 비난한 후, 전국 언론 및 TV 뉴스 스튜디오의 페이지를 통해 폭로했다.

직장에 있는 남성들에게 보내는 메시지는, 여성 동료와 연락하기 전에 두 번 생각하라는 것이다. 여성에게 보내는 메시지는 아마 아이러니컬하게도 훨씬 더 사정이 나쁘다. 당신은 직장에서 여성 혐오적인 모욕이 아니라면 성차별주의자들의 칭찬으로 인해 끊임없이 위험에 처해 있다. 당신은 그런 말들을 웃어넘기거나 동료들과 농담을 할 수 없다. 대신 당신은 트라우마가 생겼을 것이고 그 상처를 세상에 보여줘야 한다. 한편 인사팀은 평등 및 다양성 훈련 워크샵에 사용할 또 다른 사례를 가지고 있으며 직장 내에서의 마이크로 매니지먼트(상급자가 하급자의 행동을 간섭·감시하는 것을 주요 행태로 삼는 관리 스타일) 관계가 증가하고 있다.

직장에서 억압받는 여성에 대한 이러한 인식에 도전하는 것은 위험한 전략이다. 2016년 케빈 로버츠Kevin Roberts는 직무에서 성 편견이 광고업계에서 문제가 되지 않는다고 넌지시 언급했다가 글로벌 광고 회사 사치 앤 사치Saatch and Saatch의 최고 경영자로서의 자격 정지 처분을 받았다.[83] 로버츠는 더 많은 수의 여성들이 광고계에서 일하고 있다고 주장하지만 그들은 승진하기로 않기로 선택한다. 고위직에서의 여성의 부재가 선택에 달려있다는 그의 생각으로 인해 그는 업계 내의 명확한 입장을 표명하는 여성들에게 쏟아지는 비난을 받아야 했다. 그들은 로버츠를 여성을 모욕한다고 고소했으며, 그가 한 일을 말하는 것이 단순히 허용되지 말았어야 했다고 주장했다.

그러나 로버츠는 한 가지를 지적한다. 여성들은 광고업계에서 잘하고 있다. 그들은 이 분야에서 고용된 사람들의 46.4%와 고위직 임원의 30.5%를 차지한다. 여성 크리에이티브 디렉터의 비율은 2010년 3%에서 2014년 11.5%로 증가했다.[84] 가정생활과 양립할 수 없는 길고 반사회적인 역할을 하는 시간이 우리에게 큰 단서를 제공함에도 불구하고 더 많은 여성들이 크리에이티브 디렉터가 되기를 선택하지 않는 이유를 조사하는 것은 분명히 가치가 있다. 이것은 논의할 가치가 있는 일이다.

• 개인의 선택

만약 직장에서의 양성평등에 관한 모든 논쟁이 끊임없이 불리한 여성에게 경의를 표하는 것으로 시작되지 않는다면, 오늘날 여성의 직장 생활에 대한 정직한 평가는 불가능할 것이다. 우리는 여성들이 여전히 성취할 필요가 있는 것뿐만 아니라 진보한 것을 인정할 필요가 있다. 이 논의의 일부는 개인의 선택에 관한 것이어야 한다. 여성들은 모두 차세대 CEO가 되고 싶어 하거나 가사에만 전념하는 낙담한 엄마로 이루어진 동일한 집단이 아니다.

어떤 여성들은 20대와 30대에 자신의 커리어에 집중하기를 원하지만, 자녀가 있을 때는 한 보 뒤로 물러나야 한다고 말하는 것이 꼭 모욕적인 것이 될 수는 없다. 로버츠는 다른 것보다 직장 계층의 최상위에 우선순위를 두지 않기로 결정하는 것은 여성들뿐만 아니라 젊은 남성들도 마찬가지라고 주장했다. 젊은 근로자는 한 회사에 대한 평생의 충성이 가치 있는 헌신이라거나, 승진을 위해 사회생활이나 가족의 삶을 희생하는 것을 더는 동경하지 않는다.

시간이 지남에 따라 사람들의 우선순위는 바뀌고 직장세계도 변화했다. 젊은 근로자들이 오랜 근무 시간과 회사에 대한 충성을 거부하거나 일이 고무적이지 않거나, 젊은 이들이 즉각적인 자신의 이해관계 이상의 프로젝트에 전념할 수 없다는 것을 시사할 수도 있다는 점은 확실히 긍정적일 수 있다. 확실한 것은 많은 사람들에게 직장은 단순히 상사와 운동가가 우리가 믿을 것으로 기대할 수 있는 감정적 성취와 정신적 자극의 원천이 아니라는 것이다. 궁극적으로 중요한 것은 개인이 만들어낸 사적인 선택이 아니라 가능한 자유롭게 이러한 선택을 할 수 있도록 양질의 저렴한 보육에 대한 접근을 포함하는 충분한 돈과 지원을 얻는 것이다.

사람들에게 더 큰 자유와 가족에 대한 책임과 개인적인 관심사의 양립이 조절 가능하도록 허용할 때 이루어질 수 있는 것들이 더 많다. 그러나 여성에게 선택의 여지가 없거나 가부장적이고 차별적인 직장 환경에 의해 한계가 있다고 주장하는 것은 솔직하지 않으며 여성 스스로도 반기지 않는다. 직장에서의 여성들은 자신들이 남성과 동등하다는 것을 입증해왔으며, 여성이 더 이상 남성과 동등하지 않거나 절대 동등해지지 않을 것이라고 말하는 것이 현재의 페미니즘이다.

• 결론

페미니스트 운동가들은 주로 남성 개인의 행동과 태도 때문에 직장을 여성에게 적대적인 곳으로 보는 견해가 있다. 그러나 이것은 검증된 사실에 부합하지 않으며 일부 여성들이 고위직을 지원하는 것을 방해할 수 있다. 성별의 프리즘을 통해서만 직장을 살펴보려는 결정은 그 누구도 도울 수 없다. 경력은 성별보다는 직업의 유형에 따라 훨씬 다양하다. 예를 들어 캐이터링 또는 소매업과 같은 저숙련 및 저임금 직종에서 일하는 사람들은 더 나은 보수를 받지만 상시 고객을 대응하도록 기대되는 광고 또는 회계 직종에서 일하는 여성들과 다른 방식으로 일을 한다. 여성의 이익은 남성 동료들을 적대시 하는 것 보다는 그들과 협력할 때 더 잘 보장된다.

페미니스트 운동가가 성별에 따라 직장에서의 승리를 평가할 것을 고집하는 동안 우리가 직장 생활에서 직면하는 어려움에 대한 더 미묘한 논의는 불가능하다. 우리는 모두를 위한 더 많은 기회와 자유를 얻기 위해 남녀 간의 싸움을 넘어서야 한다. 다음 장에서 우리는 성별 임금 격차의 특별한 쟁점을 통해 직장 여성의 입장을 자세히 살펴본다.

(3장)

성별에 따른 임금 격차

앞의 두 장에서 보았듯이, 교육을 더 잘 받은 여학생들은 여성으로서 직장에서 더 많은 기회를 얻는다. 결과적으로 오늘날의 젊은 여성들은 이전 세대의 여성들보다 더 많은 수입을 올리고 있으며 재정적 자립도가 훨씬 높다. 여성 임금은 절대적으로 증가했을 뿐만 아니라 남성 소득에 비해서도 증가했다. 그러나 이러한 재정적인 평등의 증가에도 불구하고 성별 임금 격차는 거의 뉴스거리에서 벗어나지 않는다. 매일 남녀 임금의 격차를 보여주기 위해 새로운 통계 보고서를 제시한다. 그러나 이 장에서 볼 수 있듯이 급여 측정과 관련해서 통계는 운동가들이 원하는 것이

1부 오늘날 여성의 삶　89

무엇인지 증명하기 위해 판단되고 측정될 수 있다.

성별 임금 격차에 대한 논의가 현실과 동떨어지고 있다. 남녀가 동일한 작업에 대해 동등한 임금을 받고, 젊은 여성이 평균적으로 같은 연령의 남성보다 더 많이 받는 시점에서, 임금 격차에 대한 믿음은 신념의 표현이다. 이 신념의 존재는 페미니즘의 핵심 교리가 되어 신성 모독 행위에 의문을 제기한다. 임금 격차의 내러티브는 성별이 개인 소득을 결정하는 핵심 요소이며, 여성들은 노동 세계에서 불이익을 당하고 있으며, 저임금 일자리로, 특히 자녀가 있을 때 파트타임에 연루되어 있음을 보여준다. 일부 여성들, 특히 필요로 하는 능력이 없는 여성들에게 이것은 사실일 수도 있지만, 확실히 모든 여성들에게 사실인 것은 아니다. 이 장은 사실과 허구를 분리하고 임금 격차에 대한 강박이 어떤 목적을 가지고 있는지를 살펴본다.

• 여성이 더 많이 벌고 있다

지난 수십 년 동안 여성들이 직장에 많이 진입함에 따라 재정적 자립이 더욱 강화되었다. 오늘날에는 사람들의 기억 속에 남아있는 상황에서 한때 모든 사회 계층의 여성들에게는 흔했던, 아마도 마지못해 남편의 수입에서 비롯된

'가계 유지비'에 전적으로 의존하는 여성이 거의 없을 것이다. 한때 모순이었던 여성 가장은 이제 현실이 되었다. 유럽 전역에서 워킹맘의 3분의 1은 가족의 주요 수입을 담당하고 있는 반면[85] 미국에서는 10 중 4명의 여성이 가장 또는 주요 가족 소득자이다.[86] 이 수치는 1960년 이래로 4배가 되었으며, 여성의 성공뿐만 아니라 노동 시장의 변화된 성격과 가족 구조의 전환을 나타내는 놀랄 만큼 급격한 사회적 변동이었다.

오늘날 여성들은 역사상 다른 어느 때보다 더 많은 수입을 올릴 뿐 아니라 남성 소득에 비례하여 더 많은 수입을 올린다. 결과적으로 성별 임금 격차는 지금까지 측정된 것 중 가장 적다. 때때로 이 사실은 인정된다. 영국 보수당의 여성 평등부 장관 니키 모건Nicky Morgan은 직장 내 불평등을 해결하기 위한 새로운 계획을 발표하면서 다음과 같이 말했다. '우리는 여성들이 모든 것을 성취하는 데 장애물이 되는 것에 대처하기로 결심했다. 사업은 최근 몇 년간 이미 많은 진전이 있었다. 성별 임금 격차는 기록이 시작된 이래 가장 낮다.[87] 그러나 성별 임금 격차의 조용한 붕괴는 이것을 성별 간의 불평등을 나타내는 강력한 지표로 인식하는 것을 포기하기를 주저하는 많은 페미니스트 운동가들에 의해 계속

묵살되고 있다.

성별 임금 격차가 줄어든 것이 인정이 되면 이것은 페미니스트 운동가들의 노력이 불러온 성공으로 묘사될 수 있다. 동등한 임금을 요구하는 캠페인과 파업은 오랜 역사를 지니고 있다. 1883년 웨스턴 유니언 전신 회사Western Union Telegraph Company의 근로자들은 부분적으로 남성과 여성 근로자를 위한 '동일노동 동일임금equal pay for equal work' 보장을 위해 파업을 시작했다. 미국 전역의 통신이 중단되었음에도 불구하고 파업은 실패했다. 1911년 교육위원회와의 긴 싸움은 뉴욕의 남성과 여성 교사가 동등한 보수를 받는 결과를 낳았다.[88] 영국에서 동일 임금을 위한 가장 유명한 파업은 1968년 포드 대거넘Ford Dagenham에서 여성 재봉 숙련공들이 그들의 숙련된 노동 비율에 따라 보수를 지급할 것을 요구하면서 일어났다. 1976년 자야벤 드사이Jayaben Desai는 그런윅 필름 현상 공장Grunwick Film Processing Laboratory 파업을 주도했다. 비록 이것은 명확하게 동등한 임금에 초점을 맞춘 분쟁은 아니었지만 압도적 다수의 참가자가 여성 이민자들이었으며 '사리(인도 여성들이 평소에 입는 전통의상)를 입은 파업 참가자들'이라고 불렸다.[89]

이 용감한 여성들은 확실히 축하받을 자격이 있다. 그러나 그들의 노력은 성별 임금 격차가 줄어드는 데 부분적으로만 기여한다. 노동조합은 동등한 임금에 대한 파업을 꺼렸으며 현재 많은 칭송을 받고 있는 정부 평등 법안은 고용주들에게 긍정적인 변화에 대한 자극이 아닌 오히려 극복해야 할 장애물로 종종 간주되었다. 오늘날의 임금 격차 철폐에 대한 평준화는 단순한 페미니스트 운동의 결과가 아니라, 수많은 인구 통계학적이며 경제적인 요인으로 인해 발생했다.

• 임신 고령화

지난 반세기 동안, 1장에서 보았듯이, 대학에 진학하는 청년층의 수가 크게 증가했으며 여성 학생의 성장률은 특히 주목할 가치가 있다. 이 변화의 한 가지 영향은 남성과 여성이 나중에 직장에 들어가 결혼하고 자녀를 낳고 있다는 것이다. 1970년대와 1980년대에, 특히 초산으로 35세 이후에 출산한 여성은 특히 예외적인 것으로 간주되었다. 오늘날 영국에서는 40세 이상의 여성의 출산율이 20세 미만 여성보다 높다. 임신 고령화 추세는 모든 사회 계층 및 모든 선진국에서 나타날 수 있다. 영국의 10대 임신율은 기록이 시작된 이래 가장 낮다.

임신 고령화는 앨리슨 울프Alison Wolf가 지적했듯이 특히 대학 졸업생들의 특징이다. 그녀는 2006년까지 미국의 여성 졸업생들이 30-35세 사이에 첫 아기를 갖게 될 가능성이 가장 높다고 말했다. 고등학교를 졸업하지 않은 여성의 경우 다른 양상이 나타나게 되는데, 25세가 되었을 때 엄마가 될 가능성이 높다. 영국에서는 30세 이전에 출산하는 여성 졸업생의 비율이 지난 수십 년 동안 절반으로 줄어든 반면, 졸업장이 없는 여성의 대다수는 그들이 22세가 될 쯤 어머니가 되었다.[90] 그 어느 때보다도 여성들은 아기를 갖지 않기를 선택하고 있다. 1970년대 중반 이래로, 자녀를 갖지 않는 미국 여성의 비율은 두 배가 되었다.[91] 여성들의 임신 고령화나 무자녀 계획을 세우는 것은 더 많은 여성들이 더 많은 삶에서 풀타임으로 일하면서 성별 임금 격차를 줄이는 데 도움을 주었다.

• 국가 경제의 변화

성별 임금 격차는 임신 고령화보다 업무의 성격 변화로 인해 더 많이 좁혀졌다. 특히 선진국의 국가 경제가 산업 및 제조업에서 서비스로 초점을 이동함에 따라 남성 임금은 여성 임금보다 훨씬 더 느리게 증가하고 있다. 2016년 영국 남성과 여성은 모두 전년도 중위 소득이 증가한 것으로 나타났다. 그러나 남성 소득이 1.9% 증가한 반면 여성 소득은 2.2% 증가했다. 1997년과 2016년 사이 남성의 경우 62%만 증가한 것에 비해 여성의 임금은 81% 증가했다.[92] 미국의 이야기도 유사하다. '지난 수십 년 동안 중위 소득의 남성 급여는 거의 증가하지 않았지만, 여성들은 상당히 빠르게 성장했다.'[93] 이는 많은 중산층과 저소득층 가정에서 남성의 정체된 임금의 영향이 여성 근로자가 더 많이 벌어들임으로써 상쇄되었음을 의미한다. 여성 임금은 '소액의 돈pin money'으로 간주되고 주요 가계 수입을 보충했다. 오늘날 그들은 필연적으로 보일 가능성이 더 높다. 단 한 명의 임금 노동자만 있는 저소득층 가정이 가장 많이 고군분투한다.

• 임금 격차 강박

여성의 소득 증가의 속도와 규모에도 불구하고, 이에 대한 축하는 거의 없거나 아주 드물다. '성별 임금 격차가 여전히 현격하기 때문에 여성들은 아직도 월급과 승진에 대해 멀리 표류하고 있다.'라거나, '성별 임금 격차는 2069년까지는 끝나지 않을 것이다.'라는 것을 상기시키며 경각심을 주는 뉴스 기사 없이 한 주를 보내는 때가 거의 없다. 분노는 종종 정확성보다 더 중요해 보인다. 미국에는 '말 버릇이 고약한 공주potty mouthed princesses'가 있는데, 성별 임금 격차에 항의하는 어린 소녀들이 'f'로 시작하는 욕을 퍼붓는다'. 그들은 다음과 같은 질문을 던진다. '아이들을 걸고 맹세하는 것과 남자보다 여자에게 더 적게 돈을 주는 것 중에 어떤 것이 더 나쁜가요?'[94] 영국에서는 더 진지하게 포셋 소사이어티Fawcett Society가 고용주와 정부에 청원하고 성별 임금 불평등에 대한 인식을 높이기 위해 유명 언론 캠페인을 실시한다.[95] 대서양 양쪽에서는 2년마다 여성이 남성에 비해 소득을 효과적으로 창출하고 중단하는 시점을 표시하는 '동등한 임금의 날'이 있다.[96] 운동가들은 직장에서 확고한 성차별에 따른 크고 지속적인 성별 임금 격차의 이미지를 제시한다.

이상하게도 임금 격차가 좁혀질수록, 동일한 일을 하는 데 대해 남녀에게 보수를 다르게 지급해야 한다고 진지하게 주장하는 사람이 적을수록 동등한 임금에 대한 관심이 더 많아진다. 사실과는 상관없이 모든 공인公人들은 성별 임금 격차를 공개적으로 비난하기를 원한다. 테레사 메이Theresa May는 영국 수상 관저10 Downing Street(다우닝가 10번지) 문 밖에 서서 영국 총리로서의 첫 연설에서 '당신이 여자라면 남자보다 적게 벌 것이다.'라는 것이 잘못되었다고 주장할 기회를 얻었다.[97] 그녀의 전임자인 데이비드 캐머런David Cameron은 '한 세대 안'에서 성별 임금 격차를 끝내겠다고 약속했다.[98] 힐러리 클린턴은 미국 대통령 선거를 앞두고 도널드 트럼프의 '여성들은 남성만큼 좋은 일을 하지 않는 한 동등한 보수를 받을 자격이 없다.'라고 한 발언을 비난했다.[90] 클린턴과 그 외의 사람들은 트럼프가 여성이 남성과 같은 보수를 받을 자격이 없다고 생각한다는 것을 암시하기 위해 이 발언을 사용했다.

정치인뿐만이 아니다. 오스카상을 수상한 배우 제니퍼 로렌스Jennifer Lawrence는 '내가 남근dick을 가지고 태어난 운 좋은 사람들보다 얼마나 돈을 적게 받고 있었는지'를 발견한 데에 대한 분노를 표현했다. 그녀는 영화 제작사가 아닌 자신에게 의문을 제기했다. '나는 지금도 내 의견을 표현하고 나서도 호감일 수 있는 "완곡한" 방법을 찾으려고 노력하고 있다.'[100] 동료 오스카 수상자인 패트리샤 아퀘트Patricia Arquette도 성별 임금 격차에 반대하는 의견을 말했다. '우리는 모든 산업의 98%에서 남녀 간의 임금 격차를 보고 있으며 이것은 여성들에게 전반적으로 영향을 주고 있다.'라고 말했다. 그녀는 '평생 동안 여성들은 거의 평균 50만 달러의 성별 임금 격차의 대가를 치르게 된다.'라고 말을 이었다. 고등 교육을 받는 여성의 경우 평생 동안 2백만 달러의 비용이 든다. 그래서 그것은 엄청난 충격이다.[101]

부유한 유명 인사들과 모든 설득력을 갖춘 정치인들은 페미니스트 운동가들의 목소리를 더한다. 유튜브 스타인 라치 그린Laci Green은 자신이 페미니스트라고 주장한다. '미국 내에 여전히 성별 임금 격차가 존재하기 때문이다. 남성들은 똑같은 직업에 대해 더 많은 보수를 받는다. 경력 과정에서 여성은 차별적인 임금 격차로 평균 45만 달러의 손해를 더 보게 될 것이다. 백악관 통계에 따르면 라틴계와 흑인 여성들의 숫자는 훨씬 더 많다고 한다.'[102] 영국에서는 여성 평등당의 공동 설립자인 캐서린 메이어Catherine Mayer는 임금평등법Equal Pay Act이 왕실의 동의를 받은 지 거의 46년이 지난 지금까지도 지속되는 성별 임금 격차에 '지속적인 불평등에 주의를 기울이는 것'을 목표로 한다.[103]

불행히도 유급 격차를 이유로 운동가들이 빈번하게 반복하는 주장은 사실이 아니다. 성별 임금 격차를 둘러싼 수사학은 사실과 허구를 숨긴다. 남성은 여성보다 '같은 일을 하는 것'에 대해 더 많은 보수를 받지 않는다. 이것은 단순한 거짓이다. 성별 임금 격차에 대한 집착은 소득에 어떤 일이 일어나고 있는지 명확하게 분석하는 방식을 방해한다.

• 가변적인 수치

성별 임금 격차에 대한 모든 주의를 기울였는데도, 그 규모나 지속된 존재 이유에 대해서는 놀랍게도 거의 합의가 이루어지지 않았다. 미국에서 어떤 보고서는 남성이 1달러를 받을 때 여성은 단지 77센트만 받는다고 주장한다.[104] 영국에서는 모든 여성들이 남성들이 1파운드를 받을 때 평균 76펜스를 받는다고 한다.[105] 이러한 수치는 실제로 놀랍다. 그러나 그들은 임금 데이터에 대한 매우 선택적이고 궁극적으로 오도된 해석에 의존한다. 아래에서 더 자세히 살펴보겠지만, 이 거대한 평균 격차는 평균 임금을 비교하면서 나타난다. 다시 말해서, 그것은 우리가 고용 유형과 총 근무 시간과 같은 차이를 간과하는 것에 달려있다. 우리가 평균 임금보다 '같은 방법 like for like'으로 비교할수록 임금 격차는 더 줄어드는 것으로 나타난다. 크리스티나 호프 소머스Christina Hoff Sommers는 '남성과 여성의 관련된 차이(직종, 대학 전공, 직장에서의 근무 기간)를 통제할 때 임금 격차는 사라질 정도로 좁혀진다.'라고 주장했다.[106]

이 대단한 성별 임금 격차는 동시에 클 수도, 작을 수도 있으며 존재하지 않을 수도 있다는 것이다. 전 영국의 평등 및 인권위원회Equality and Human Rights Commission의 전임자인 쉴라 와일드Sheila Wild는 '성별 임금 격차에 관한 통계는 매우 다양하고 매우 미묘하여 거의 모든 사람들은 이 통계에서 무엇이든 꺼내서 그들이 원하는 것을 말할 수 있다.'라고 주장했다.'[107] 운동가와 논평자는 무엇을 측정해야 하는지에 대한 실용적인 결정을 내리고 그 결과로 성별 임금 격차는 측정하는 사람의 목적에 맞는 크기로 나타날 수 있다.

• 평균의 문제

페미니스트 운동가, 연구자 및 기자는 성별 임금 격차를 가능한 한 크게 나타낼 수 있도록 데이터를 제시하도록 장려받는다. 이를 위해 그들은 남성과 여성의 평균 연간 소득을 비교하는 수치를 가장 자주 인용한다. 이것은 근무 시간, 직업, 자격 요건, 연령 또는 경력 단계와 상관없이 모든 남성과 모든 여성의 총 연봉 차이를 측정한다. 이 방식은 여성이 남성보다 약 24% 적게 수입을 얻게 된다는 자주 인용되는 주장을 제시한다. 일부 운동가들은 평생의 소득 차이를 보여주기 위해 더 부풀려서 52를 곱해 1파운드당 76펜스 또는 1달러당 77센트라고 주장한다. 이것은 사람들이 18세에 직장 생활을 시작하고 70세가 될 때까지 계속 일을 한다고 가정하지만, 그렇다 해도 기억에 남을 만한 수치를 만들어낸다. 그들의 직장 생활 동안 여성은 남성보다 45만 달러 또는 30만 파운드를 적게 벌 것이라고 한다.[108]

이것은 완벽한 위조는 아닐 수도 있지만 분명 솔직하지는 않다. 총 급여의 차이를 측정하면 다양한 변수가 가려집니다. 많은 승진을 통해 경력을 쌓은 고령 근로자는 종종 후배 동료들보다 더 많은 소득을 얻는다. 파트타임으로 일하는 사람들은 시급으로는 더 많은 보수를 받을 수 있지만 총 급여에서는 풀타임으로 일하는 사람들보다 매년 적게 소득을 올린다. 일부 직종은 상당한 보상을 받으며, 많은 다른 직업은 최저 임금을 지불한다. 평균 또는 중간 측정에는 모든 사람의 임금, 심지어는 다른 모든 사람들보다 더 많은 돈을 버는 극도의 고소득자의 임금도 포함된다. 이것은 성별 임금 격차가 더 커 보이도록 통계를 더욱 왜곡한다.

이러한 모든 요인을 무시하면 마치 여성이 똑같은 일을 하는 것에 대해 남성보다 더 적은 보수를 받는 것처럼 보인다. 더욱 나쁜 것은 모든 여성들이 동등하게 불우한 처지임을 나타낸다는 것이다. 실제로 가게에서 파트타임을 하는 여성의 경험은 대기업의 최고 경영자로서 풀타임으로 일하는 여성의 경험과 크게 다르다. 모든 여성들을 하나의 단일 그룹으로 묶어서 이러한 차이점을 없애고, 결과적으로 이미 보수를 제대로 지급받고 있는 여성들의 임금 인상을 정당화하기 위해 최저 임금 여성을 더 악용한다.

평균 임금 격차를 둘러싼 논쟁은 그럴듯하게 들릴 수 있다. 실제로 여성이 남성과 똑같은 일을 할 때 24%를 덜 지불할 수 있는 경우라면, 훨씬 적은 수의 남성이 고용될 것이다. 많은 국가들이 동일한 임금 법안을 통과시켰기 때문에 동일한 작업에 대해 남성과 여성에게 다르게 지불하는 것은 불법이다. 불행하게도, 열정적인 페미니스트 논쟁이 현실과 관련이 거의 없다면 그것은 중요하지 않은 것 같다.

• 동일한 방식의 소득

대부분의 운동가들은 성별 임금 격차가 최저치에 도달했다는 데 동의한다. 불행히도 헤드라인을 만들려는 욕구는 미묘한 차이를 없애버린다. 단순히 평균에 도달하는 평균 형태가 아닌 중위수中位數를 사용하여 극도의 고소득자의 소수 비율의 영향을 최소화하기만 해도 성별 임금 격차는 크게 줄어든다. 총 소득이 아닌 시간당 평균 소득을 비교할 때 우리는 훨씬 더 현실적이 되지만 헤드라인 조회 수는 적게 나온다. 영국 통계청_{National Office for National Statistics}에 따르면, 시간당 평균 소득의 비교는 대략 9%의 성별 임금 격차를 보여준다.[109]

이 수치는 일한 시간을 고려하지만 사람들이 하는 일이나 경험치는 고려하지 않는다. 또한 총 근무 시간이 시간당 임금에 영향을 미칠 수 있다는 사실을 간과한다. 더 많은 일을 하는 사람들은 청구된 시간에 따라 보너스를 지급 받을 가능성이 더 크다. 마찬가지로 더 많은 일을 하는 사람들은 빠른 속도로 경험을 쌓을 수 있으므로 파트타임으로 일하는 동료보다 승진이나 성과 관련 임금 인상을 빨리 신청할 수 있다.

동일한 시간, 동일한 수준, 동일한 기간 동안 같은 직장에서 일하는 여성과 남성의 임금을 비교했을 때, 임금 격차는 전혀 없다. 사실, 우리가 20대 남성과 여성의 임금을 비교할 때 통계를 측정하는 방법에 관계없이 여성이 더 높은 소득자라는 사실을 깨닫게 된다.[110]

· 파트타임과 시급

성별 임금 격차에 대한 인식을 제고하고자 하는 운동가들은 여성의 평균 임금 격차가 평균보다 크다는 것뿐만 아니라 여성이 파트타임으로 일할 확률이 더 높고 이것은 사회와 직장에서 성차별주의의 징후라고 주장하기 때문에 평균 통계를 선호한다. 앞 장에서 살펴보았듯이 법적 장벽이 없고 사회적 태도가 크게 바뀌었는데도, 직업은 여전히 성별의 경계선에 따라 매우 분리되어 있다. 이것은 비숙련 직업의 경우 훨씬 더 많다. 남성은 건물 부지에서 노동자로 일할 가능성이 높지만 여성은 양로원에서 간병인으로 일할 가능성이 더 높다. 최근 이 격차가 좁혀지고는 있지만 남성보다 여성이 파트타임으로 일하는 경우가 훨씬 많다는 사실도 있다. 전문직에서 아르바이트를 하는 여성의 수는 지난 20년간 전문직에서 파트타임을 하는 여성의 수는 보수가 열악한 비숙련직에서 파트타임으로 고용된 남성의 수가 급격히 증가함에 따라 상쇄되었다.[111]

그렇다 해도 여성은 남성보다 파트타임으로 일할 확률이 훨씬 높다. 미국에서는 파트타임 근로자의 64%가 여성이다.[112] 영국에서는 남성의 11%에 비해 여성의 41%가 파트타임으로 일한다.[113] 이 수치들은 우리들에게 여성들이 자유롭게 파트타임으로 일을 하고 있는 것인지, 아니면 다른 고용 선택권이 거의 없기 때문에, 또는 더 일반적으로 육아 및 가족 약속에 대한 헌신이 여성에게 불균형하게 주어지고 풀타임을 불가능하게 만들기 때문인지를 알려줄 수 없다. 이것은 다음 장의 주제이다.

여성의 경험과 그에 따른 선택은 엄청나게 다양하다. 전문직 여성, 특히 기혼 여성의 경우, 파트타임으로 일하는 것은 가족의 소득을 보충하고 동시에 집중적인 양육의 요구를 양립하며, 집 밖에서 일하는 것에 대한 지위와 자극을 유지하도록 해준다. 이 여성들에게 파트타임은 긍정적인 선택이다. 기술이나 자격증이 없는 여성의 경우, 저임금의 파트타임이 유일한 선택일지도 모른다. 게다가 수입에 비해 보육비용이 높기 때문에, 풀타임 고용이 가능하더라도 여성들이 더 많은 시간을 할애할 수 없게 될 수 있다.

이미 언급했듯이, 시간제 일자리는 전체 임금뿐만 아니라 시간당 임금도 낮게 지불하는 경향이 있다. 우리가 여성의 소득만을 비교할 때, 파트타임으로 일하는 여성은 풀타임으로 일하는 여성보다 평균 32%의 소득이 적다는 것을 알 수 있다.[114] 그러나 단순히 파트타임 근로자를 비교할 때 매우 다른 성별 임금 격차가 드러났다. 여성은 남성보다 평균적으로 임금을 더 많이 받는다. 30-39세 사이의 사람들을 보면, 우리는 여성의 38%가 파트타임으로 일하는 반면, 남성의 8%만이 파트타임으로 일한다는 것을 발견하게 된다. 그러나 이 그룹의 성별 임금 격차는 실제로 8%이다. 다시 말해서 파트타임으로 일하는 여성들은 파트타임으로 일하는 남성들보다 훨씬 더 많은 수입을 올린다.[115] 여성에게 유리한 시간제 성별 임금 격차가 증가하고 있다.[116]

이 성별 임금 격차에 대한 설명은 파트타임을 하는 남성과 여성이 할 수 있는 다양한 유형의 일자리에 있다. 상당 부분의 여성들은 고임금의 전문직에서 파트타임으로 일한다. 시급이 결국 정규직 동료보다 낮을지라도, 비숙련직의 풀타임으로 일하는 사람들보다 더 많은 돈을 벌 수 있다. 자녀가 학교에 있는 동안 파트타임으로 일하기를 선택한 여성 의사는 처음에는 풀타임으로 일하는 남성 동료와 같은 시간마다 동일한 소득을 얻는다. 10년 후 그녀는 점진적인 임금 인상과 승진 기회를 남성 동료들처럼 맞출 수 없으므로 매 시간마다 적은 수입을 얻게 된다. 그러나 그녀는 풀타임으로 일하는 남성 소매상 보조원이나 파트타임으로 일하는 남성 트럭 운전사보다 여전히 더 많은 수입을 올리고 있다. 엘리트 직종에 종사하는 소수의 남성이 파트타임 업무를 선택하기 시작했다는 징후가 있다.[117] 그러나 파트타임으로 일하는 대부분의 남성은 저임금 직업에 종사하고 있으며, 종종 국가 혜택으로 보완되는 파트타임 근무를 무직

보다는 선호한다.

파트타임으로 일하는 남성의 수는 적지만, 이것은 노동 인구의 비율이 증가하는 것을 보여준다. 영국의 재정 연구 원Fiscal Studies Institute의 보고서에 따르면 오늘날 남성들은 1990년대보다 파트타임으로 일할 가능성이 4배 더 높고 '저조한 기술을 가진 남성들과 일자리가 거의 없는 지역에 있는 남성들은 보수가 좋은 정규직의 감소로 최악의 타격을 받고 있다.'[118] 많은 남성들에게 파트타임 근무는 여전히 긍정적인 선택이 될 가능성이 적고 최후의 수단이 될 가능성이 더 높다. 성별 임금 격차를 둘러싼 캠페인은 저숙련 직업 남성의 임금 하락에 대한 뉴스를 무색하게 만든다. 그러나 대부분의 사람들이 여전히 부부 생활을 하고 있기 때문에 남성 소득의 하락은 가족 전체에게 영향을 준다.

• 성별이 소득을 결정하지 않는다

교육, 고용 및 수입에 관한 토론에서 성별을 계속 환기시키는 것은 이것이 사람의 삶의 기회를 결정짓는 핵심 요소라는 인상을 준다. 현실에서, 이것은 사실과는 거리가 멀다. 임금은 성별 이외의 많은 요인에 의해 결정된다. 거의 인정되지는 않지만, 나이는 성별 임금 격차에 큰 기여 요인이다.

오늘날 45세 이상의 사람들은 매우 다른 태도가 지배하는 시대에 직장생활을 시작했다. 여성들이 직업을 가지는 것이 매우 흔하지 않았다. 우리가 보았듯이, 현실적이고 사회적 장애물들이 여성의 앞을 가로막고 있었다. 현재 모든 직업 분야의 고위 직책을 맡고 있는 사람들은 수십 년 동안 경력을 쌓고 승진해왔으며, 따라서 최고 수입자 중 상당수는 당연히 남성들이다. 나이 든 여성들은 오늘날 젊은 여성들이 누리는 교육적 이점 없이 보육 시설을 쉽게 이용할 수 없을 때 직장 세계에 들어섰다. 이러한 역사적 유산은 여전히 그들의 시간당 소득에 영향을 미친다.

임금에 관한 토론에서 성별에 초점을 맞추는 것은 남성과 여성 간에 실제 임금 격차가 남성과 여성 사이에 있는 것이 아니라, 전문직에 종사하는 남녀 엘리트 그룹과 저임금, 파트타임, 비정규직 종사자들의 증가로 인한 것임을 보지 못하게 한다. 오늘날에도 우리가 겪고 있는 것은 성별 임금 격차보다는 사회 계층의 임금 격차다. 2017년 1월에 출판된 영국의 사회 이동 위원회Social Mobility Commission의 보고서에 따르면, 노동자 계층 출신의 전문직 종사자들이 부유한 가정 출신의 동료들보다 매년 6,800 파운드의 수입이 적다고 산정했다.[119] 위원회의 의장인 앨런 밀번Alan Milburn에 따르면 이 17%의 임금 격차는 영국이 여전히 '뿌리 깊은 엘리트주의적' 사회로 남아 있음을 보여준다. 그러나 이 17%의 통계조차도 '전문' 직종의 사람들에게 지급되는 임금을 비교한 것이다. 그것은 전문가와 비숙련 노동자의 차이를 측정하는 척도가 아니다.

의학, 법률 및 비즈니스 분야의 전문직은 요식업, 청소 또는 보육 분야의 저 숙련 노동보다 월등히 높은 임금을 받는 경향이 있다. 일반적으로 고용 분야 내에서 의사는 간호사보다, 교사가 보조 교사보다, 변호사가 비서보다 더 많은 돈을 번다. 사람들의 직업은 성별을 포함한 무수히 많은 요인에 의해 결정되지만, 어쩌면 더 중요하게는 그들의 교육 수준과 자격의 종류, 가족들과의 접촉, 역할 모델, 포부와 야망을 포함한다.

중요한 것은, 사람들이 결국 가지게 되는 직업 또한 이용 가능하고 접근 가능한 일에 달려 있다는 것이다. 나는 우주비행사가 되는 꿈을 가질 수 있겠지만 슬프게도 그런 자리는 지역 신문에 광고되지 않는다. 이것이 의미하는 바는, 특히 국가 경제가 생산성을 높이기 위해 고군분투하고 사회적 이동성이 낮을 때, 노동자 계층의 아이들은 노동자 계층의 일자리를 얻기 위해 자라는 경향이 있으며, 상류층과 중산층의 아이들은 더 나은 보수를 받는 직업을 계속적으로 얻게 된다는 것이다. 다시 말해 사회 계층은 직업 종사자들의 성별과 그들이 얻는 임금보다 훨씬 더 큰 결정 요인이다. 재생산, 교육, 사회 및 문화에 대한 글을 쓴 프랑스 사회학자인 피에르 브루디외Pierre Bourdieu와 장 클로드 파세롱Jean-Claude Passeron은 가정과 학교에서 사회 계층의 지위가 어떻게 재생산되고 정당화되는지를 보여준다. 청소부, 요식업자, 간병인 및 상점 노동자 간의 성별 임금 격차는 매우 미미하다. 최저 임금의 일자리는 남성과 여성 모두에게 최저 임금을 지불하는 경향이 있다.

반면 최고 경영자들 간의 성별 임금 격차는 대략 30%이다. 더 많은 남성들이 CEO로 일하고 더 오랫동안 직책을 맡았으며 더 크고 안정적인 회사에 있는 경향이 있다. 그러나 임금 격차에 대해 크게 반대하는 여성 CEO들조차, 성별 임금 격차가 적은 보수가 좋지 않은 직업과 자신들의 직업을 맞바꾸려 하지 않을 것이다.

소폭으로 줄어드는 남겨진 임금 격차는 주로 45세 이상의 여성들, 특히 자녀를 양육하기 위해 일을 그만두고 파트타임으로 일을 하는 사람들에게 영향을 미친다. 언제나 그렇듯이, 이 역사적 유산은 경제 성장이 낮은 지역에 살고 있는 비숙련 직업에 종사하는 사람들에게 가장 큰 영향을 미친다. 결과적으로 상당수의 노동자 계층 여성이 동일한 연령의 남성보다 연금이 현저히 낮은 상태로 퇴직을 하게 된다. 그러나 이사회에서 여성 대표, 여성 교수의 임금 및 여성 졸업생의 초봉에 대한 모든 논의 중에 이 여성 그룹에 대해서는 거의 언급되지 않는다.

성별 임금 격차의 묘사는 실제 소득 불평등에서 벗어나는 것보다 더 심각하다. 사회 계층의 차이와 최근 몇 년간 엘리트 여성들이 이룬 엄청난 발전을 간과한 페미니스트 운동가들은 모든 여성이 남성보다 적은 보수를 받는 불의를 겪고 있다고 주장한다. 페미니스트들은 젊은 여성들에게 그들이 이전보다 더 잘하고 있으며 그들에게 이용할 수 있는 기회가 있는 세계가 있다고 말하기보다는, 아무것도 변하지 않았으며 여성이 노동 시장에서 여전히 잘못된 대우를 받고 있다고 말한다.

• 문제적인 해결 방안은 여성과 남성 모두에게 절대 도움이 되지 않는다

성별 임금 격차에 대한 다양한 해결책이 제시되어왔다. 2015년 당시 영국 총리인 데이비드 캐머런은 대기업이 성

별에 따라 세분화된 임금 격차를 의무적으로 보고하도록 하는 새로운 법안을 도입했다. 그의 제안은 250명 이상의 직원이 있는 모든 사업체에 '평균 여성 소득과 평균 남성 소득 간 격차를 명시해야 한다.'라고 규정하고 있다. 그는 '불평등에 빛을 비추고 변화에 필요한 강제성을 만들어 여성의 임금을 올린다.'라고 선언했다. 이 '비리 폭로naming and shaming' 법안은 2018년부터 시행될 예정이다.[120]

모든 법률은 기대와는 어긋나는 장려책을 유발할 위험성이 있으며, 명백하게 여성들에게 임금을 적게 지불하는 회사들을 공개적으로 노출시키는 것에 초점을 맞추는 것 역시 예외는 아니다. 예를 들어, 기업이 전체적인 성별 임금 격차를 줄이는 매우 간단한 한 가지 방법은 더 많은 여성들을 고위직으로 만들어 더 나은 역할을 하도록 하는 것이다. 일부 여성들에게는 이것이 오랫동안 지속된 야망을 실현할 수 있는 환영할 만한 기회일 수 있다. 실제로 많은 공공 부문의 고용주, 대학 및 다국적 기업들은 이미 여성이 경력을 쌓을 수 있도록 돕기 위해 고안된 멘토링 계획 및 기타 교육 프로그램을 운영한다. 그러나 그러한 자발적인 계획이 바람직한 효과를 거두지 못한다면 아마도 여성들에게 그들이 주저하는 역할을 떠맡도록 더 많은 압력이 가해질 수 있다.

동시에, 파트타임으로 유연하게 일을 하거나 휴직을 하려는 여성들의 요구가 호의적으로 받아들여질 것이라고 기대하기 어렵다.

여성을 고위직으로 밀어 넣는 것보다 훨씬 더 나쁜 것은, 여성을 보수가 더 적은 하위직에 채용하지 않음으로써 임금 격차를 해결할 수 있는 가능성이다. 이러한 하위직은 특히 공식적인 자격이나 높은 수준의 연줄이 없는 사람들에게 '문 안에 발을 들여놓을 수 있는 기회'와 사업에서 성공할 수 있는 기회를 제공할 수 있다. 성별 임금 격차의 증대에 대한 우려는 일부 여성에게 이러한 사회적 이동을 위한 방법을 거부하는, 의도하지 않은 결과를 초래할 수 있다. 일부 고용주들이 이미 시행하고 있는, 아마도 비리 폭로 법안이 발효될 때 더 널리 퍼질 가능성이 높은 임금 격차에 대한 또 다른 해결책은 단순히 여성에게 더 많은 임금을 지불하는 것이다. 이것은 이미 일부 영국 대학에서 발생하고 있다.

• 여성 교수들에게 더 높은 임금을 지불하기

2016년 대학평가기관 THE Times Higher Education에 의해 분석된 데이터에 따르면 영국 대학에서 정규직으로 일하는 여성은 동일한 역할을 하는 남성보다 평균 11% 적은 수입을 올리고 있다. 교수들의 경우, 이 임금 격차는 더 작으며 여성은 남성보다 5.8% 적은 연봉을 받고 있다. 즉, 연간 4,570파운드의 차이를 보인다.[121] 이 임금 격차에는 많은 이유가 있을 수 있다. 학생들은 종종 연간 임금 인상을 받기 때문에 더 오래 근무한 사람들은 그 직종에 새로 들어오는 학생들보다 더 많은 수입을 얻는 경향이 있다. 임금 격차 데이터는 경력 말기의 남성과 경력 초기 여성의 우위에 의해 왜곡될 수 있다. 우리는 그러한 임금 격차가 시간이 지남에 따라 줄어들 것으로 예상할 수 있는데, 그것은 이미 실제로 일어나고 있다.

학계의 성별 임금 격차는 학계의 종사자들이 일하는 기관에 달려 있을 수도 있다. 오래된 연구 중심 대학은 새로운 교수教授 중심 기관보다 높은 급여를 제공하는 경향이 있다. 마찬가지로, 사람들이 일하는 학문 분야 또한 급여에 영향을 미친다. 고등 교육 통계국의 자료에 따르면 영국 고등 교육 기관의 45%는 여성 교직원으로 구성되어 있다. 그러나 학문에 따라 상당한 차이가 있다. 여성과 남성은 사회학과 인문학 분야에서 거의 동등하게 나타나지만 과학, 공학 및 기술 분야에서는 남성이 더 많이 일하는 반면 교육과 의학과 관련된 분야에서는 여성이 더 많이 고용되고 있다.

과학 기술 연구의 최첨단에 종사하는 사람들은 인문학 분야에서 일하는 사람들에게는 없는 민간 부문에서 경쟁력 있는 고용 대안을 갖고 있기 때문에 더 높은 연봉을 받을 수 있다. 또한, 학문은 경력 구조에 영향을 미치며, 이는 다시 연봉에 영향을 준다. 더 많은 여성 학자들이 교육학이나 간호학과에서 일하며, 교사 또는 간호사로 일을 하며 자신의 커리어의 첫 부분을 보냈을 가능성이 크다. 그런 다음 학업 경력을 쌓을 때 이미 공인된 경력을 소유하고 있는 다른 학과의 동일한 연령대의 동료들과 경쟁한다.

많은 대학들은 데이터를 뒷받침할 수 있는 실질적인 차이점을 고려하기보다는 그들이 페미니스트임을 증명하고 임금 격차를 해소하는 데 적극적이기를 선호한다. 연봉 협상 및 승진 신청에 있어 여성 학자들을 지원하는 멘토링 제도가 많다. 일부 영국 대학은 더 나아갔다. 에식스 대학교University of Essex에서는 연간 평균 4,000파운드의 1회성의 임금 인상이 모든 여성 교수들에게 지급되었다.[122] 생물학적 기준으로 부여된 이러한 특별 추가 지급은, 역사적인 유산과 여성들이 취한 선택의 조합보다는 오히려 뿌리 깊은 성차별적 태도에서 비롯된다고 가정하는 성별 임금 격차에 대한 논리적인 해결책으로 제시된다. 여성 교수들에게 '보상적' 지불을 하는 것은 여성들이 학계에서 불리하며 남성 동료들과 동등한 지위를 얻기 위해 특별한 대우가 필요하다는 그릇된 인식을 심어준다. 그들은 여성들의 연구와 가르침의 질보다는 단지 여성이라는 이유로 더 많은 보수를 받아야 한다고 제안한다. 여성학자들은 그런 동정 어린 급여를 받을 필요가 없다.

언제나 그렇듯이, 학계에서의 성별 임금 격차에 대한 집중은 훨씬 더 큰 임금 불평등을 간과한다. 대학에 고용된 많은 여성들은 행정, 캐이터링 또는 관리 유지 및 복사, 사무실 청소 및 학자들을 위한 커피 만들기에 종사한다. 마찬가지로 많은 남성들이 건물 유지 및 캠퍼스 보안 경비에 종사하고 있다. 이 여성들과 남성들은 전문적인 급여의 일부를 지불받지만 그들의 직업은 멘토링 프로그램 및 네트워크 지원에 참여할 시간이 허용되지 않는다. 대학 기반 시설을 매일 유지하는 여성들은 자신들이 가부장제의 희생자이며 여성이기 때문에 정말로 보너스 급여가 필요다고 자신을 나타내는 노력을 충분히 하기에는 너무 바쁘다. 그러나 그들은 여성 교수에게 수여된 임금 인상을 분명 부러워할 것이다.

• 결론

현재 성별 임금 격차에 대한 집착은 여성에게 별다른 도움이 되지 않는다. 동일한 노동에 대해 여성과 남성이 동일한 임금을 받고, 젊은 여성이 평균적으로 같은 연령의 남성보다 더 많은 수입을 올리는 상황에서, 선거 운동가들은 임금 격차를 환기시키기 위해 불공정하고 고도로 선별된 통계 해석에 의지한다. 결과적으로 오늘날 여성이 이용할 수 있는 보수가 높은 직업의 기회가 있다는 현실은, 여성이 직장에서 저임금을 받는 것이 당연하다고 여겨지는 견해에 가려져 있다. 임금 격차의 정치화는 페미니스트에게 상징적인 중요성을 부여했으며, 계속해서 세간의 이목을 끄는 시책들은 현실 세계의 영향을 넘어 쟁점을 제기한다. 성별 임금 격차에 대한 집착은 여성의 삶이 얼마나 많은 보수를 받는지에 따라 여성의 삶이 판단된다는 것을 의미하며, 육아와 일을 양립하는 문제와 관련된 좀 더 미묘한 논의는 피하게 된다. 다음 장에서 우리는 왜 여성이 남성보다 파트타임 근무를 선택할 가능성이 높은지 살펴볼 것이다.

4장

엄마가 된다는 것의 불이익

최근에 사람들이 아이들을 가질 때 나타나는 성별 임금 격차에 초점이 맞춰져 있는데, 이는 '엄마가 되는 것의 불이익the motherhood penalty'으로 분류된다. 2016년에 발표된 한 보고서는 남성과 여성이 직장 생활을 시작할 때 거의 0%에서 여성이 처음 출산할 때 약 10%까지 평균 시급 격차가 점진적이지만 지속적으로 증가하고 있음을 보여준다 첫 번째 자녀가 12세가 될 때까지 여성들은 평균적으로 남성들보다 시간당 3분의 1이 적은 돈을 번다.[123] 이 장에서는 오늘날 엄마들이 직면한 압박감에 대해 살펴보고 왜 여성들이 직업을 완전히 포기하거나, 일단 부모가 되면 파트타임으로만 복직하게 되는 가능성이 남성들보다 더 높은지 생각해본다. 우리는 외관상으로는 자유로운 엄마들이 집에서 머물러야 하는지, 파트타임 또는 풀타임으로 복직해야 하는 것이 단지 여성의 삶의 현실을 그럴듯하게 자유분방한 것으로 표현하기 위해 고안된 환상에 지나지 않는 것인지 의문을 제기할 것이다.

• 줄어드는 엄마들의 급여

'엄마가 된다는 것의 불이익'에 대한 이야기는 성차별주의적인 남성 상사가 남성보다 더 적은 자녀를 가진 여성에게 돈을 지불하려고 도모하는 것처럼 보일 수 있다. 이러한 성차별과 여성의 불이익에 대한 서술은 현실과 상반된다. 출산 직후 직장에 복귀하는 여성은 출산 휴가가 1년 동안 지속 되더라도 임금이 전혀 줄어들지 않는다. '동일한 방식의 소득Like for like earning'을 기반으로 그들은 계속해서 남성 동료와 똑같은 수입을 올리고 있다. 마찬가지로 파트타임으로 복직한 여성들은 즉각적인 불이익을 받지 않는다. 사실 여성의 주당 수입은 근로 시간의 감소보다 비례적으로 감소한다. 즉, 시간당 임금은 실제로 증가하는 경향이 있다.[124] 경제학자인 헤더 조시Heather Joshi는 오늘날 여성 졸업생들이 30세까지 자녀를 낳는 것을 미루었다가 다시 직장에 복귀하는 것은 '첫 아이에게는 아마도 소득 손실이 전혀 없을 것이다.'라고 밝힌다.[125]

놀라운 '엄마가 된다는 것의 불이익'은 남성과 여성이 하는 일이나 그들이 일하는 총 시간을 고려하지 않는 평균 시간당 임금을 비교한 결과다. 출산 후 직장으로 복귀한 여성들은 비록 파트타임으로 돌아오더라도 처음에는 남자 동료들과 같은 시간에 동일한 수입을 얻는다. 그러나 시간이 지남에 따라 여성의 임금은 하락한다. 앞 장에서 언급한 바와 같이, 파트타임 근로자는 승진되는 것이 더 느리고 보너스 지급을 받을 자격이 적다. 어린 자녀를 둔 여성은 주요 직업 활동을 할 가능성이 적다. 그들은 또한 학교나 보육원에서 아이를 데려올 책임이 있다면 근무일 외에 추가 근무를 할 가능성이 적다.

첫 아이가 20살이 될 때 쯤, 평균 여성은 평균 남성보다 4년 더 적게 돈을 벌며 일반적인 남성보다 적은, 9년 동안 주당 20시간 이상 일을 한다.[126] 다시 말해, 남성보다 더 많은 여성이 유급 고용에서 보내는 시간을 줄이며 이는 수입에 반영된다. 점차적으로 10년 동안 여성이 일을 완전히 중단하거나 총 근무 시간을 줄일 때 누적되는 효과로 평균 소득이 감소한다는 것이다. 성별 임금 격차는 유급 노동을 하지 않은 시간에 대한 불이익일 뿐, 모성 자체에 대한 불이익이 아니다.

물론, 우리는 남성보다 더 많은 여성이 일단 아이를 낳으면 일을 그만두거나 파트타임으로 일하기로 결정한 이유가 무엇인지 물을 필요가 있다. 워킹맘에 대한 논쟁은 감정적이고 양극화되어 있다. 한편으로 여성들은 경력을 발전시키기 위해 열심히 노력하지만 적대적이고 성차별적인 노동 시장에서 저지당한다. 반면에 여성들은 아기를 낳은 순간 개인의 욕망을 무시하는 '모성 본능'을 가진 것으로 간주된다. 진실은 항상 그렇듯이 중간 어디쯤에 있다. 일부 여성들은 산부인과 병동에서 이메일 답장을 보내고, 출산 며칠 후 사무실에 돌아가서 일을 할 수 있다. 다른 여성들은 교환모임을 하고 놀이 교실 책상에 앉아 모유 수유를 하는 것이 너무 행복할 수도 있다. 대부분의 여성들은 일과 자신과 가족에게 맞는 자녀 양육을 병행하는 방법을 찾고 있다.

• 선택에 대한 환상

자녀를 둔 후에도 계속 일을 할 것인지 아닌지에 대한 결정은 개인적이고 복잡하다. 종종 그들은 여성 혼자가 아닌 파트너 및 다른 가족 구성원들과 함께한다. 선택은 모성뿐만 아니라 일에 대한 태도의 영향도 받는다. 양질의 저렴한 보육 시설은 높은 지위의 좋은 보수를 받는 즐거운 직업을 갖는 것과 마찬가지로 복직을 더 쉽게 만든다. 보수가 적고 지루한 직업은 가정에 머무는 것을 더 매력적인 선택으로 만들 수 있으며, 특히 이 역할을 기대하며 자란 여성들에게는 더욱 그렇다. 종종 타협이 수반된다. 파트타임 근로는 몇 년 동안만이라도 여성이 돈을 벌고, 직업을 유지하며, 여전히 자녀의 손을 잡고 있는 부모가 될 수 있도록 해주기 때문에 인기가 있다.

페미니스트들은 종종 '선택'이라는 미사여구가 오해를 불러일으키고 있으며, 개별 여성이 선택한 삶의 과정으로 보일 수 있는 것이 실제로는 그녀에게 유일한 선택이라고 지적한다. 예를 들어 여성은 아기를 낳은 후에 일을 포기할 수도 있지만, 만약 그녀의 파트너가 예외적으로 오랜 시간 동안 일을 하며 그의 일을 포기하는 것을 거부하고 적절한 보육 시설이나 다른 도움이 없다면, 실제로는 그녀가 할 수 있는 선택의 여지가 별로 없다. 일을 계속하는 것은 거의 불가능할 것이다. 마찬가지로, 상당한 양의 출장을 수반하거나 야근이 잦은 직업을 가진, 5시에 문을 닫는 보육원에 자녀를 보내는 여성이라면 비록 그녀의 유일한 선택은 완전히 일을 그만두는 것이었지만 파트타임으로 일하기로 선택했다고 말할 수 있다.

여성들은 남성들에 비해 직장보다 아이들을 더 우선시하는 것처럼 보인다. 미국 국무부의 최초의 여성 정책 기획 실장인 앤 마리 슬로터Anne Marie Slaughter는 십대 자녀들과 더 많은 시간을 보내기 위해 직장을 그만두는 가장 유명한 여성 중 한 명이 되었다. 슬로터는 '왜 여성은 아직도 모든 것을 가질 수 없는가?'라는 제목의 널리 읽힌 기고문에 자신의 결정을 기록했다.[127] 많은 페미니스트 논평가들과 마찬가지로 슬로터는 여성들이 모성을 최우선으로 두도록 결합된 현실적인 장애물과 사회적 압력을 지적했다.

• 전통적인 역할

여성이 내린 의사 결정이 어떤 모습을 하고 있는지를 연구하기 위해서는 여성이 '모든 것을 가질 수 있는지'에 대한 현재의 논쟁보다 더 깊이 파고들어야 한다. 언제나 그렇듯이, 역사의 유산은 계속해서 중요한 파장을 일으킨다. 산업혁명으로 인해 가정 밖으로 경제 생산이 이동하는 것은 여성이 가정생활에 대한 단독 책임을 지게 되는 반면, 남성은 생계를 꾸려나가는 역할을 맡게 되었음을 의미했다. 그 결과, 여성은 주로 아내와 어머니로 정의되었다. 그들의 노동이 경제적 가치를 지니지 못하는 집안일로 강등되면서 여성은 경제적으로 남성에게 의존하게 되었다. 노동자 계층의 여성들 중 일부는 돈을 벌어야 했는데도, 가정주부로서 그들의 지위는 그들의 노동력이 형편없고 불안정하다는 것을 의미했다.

프리드리히 엥겔스Frederick Engels는 1884년에《가족, 사유 재산, 국가의 기원》을 집필하면서 가족 제도 속에서의 여성 억압을 발견했다. 그는 가정에서 할 수밖에 없는 역할 때문에 여성이 공적 생활에 완전히 참여할 수 없었다고 주장했다. 1960년대와 1970년대 초반 베티 프리단Betty Friedan이나 저메인 그리어Germaine Greer와 같은 페미니스트들은 공식적인 입법과 비공식적인 관행의 결합은 여성이 남성과 같은 방식으로 사회의 모든 측면에 참여할 수 없었기 때문에 여전히 억압당하고 있다는 것을 의미한다고 주장했다. 피임, 낙태 및 육아에 대한 접근성 부족으로 인해 직장이나 공공 생활에 폭넓게 참여하 수 있는 여성의 능력에 실질적인 제한이 있었다.

앤 오클리Ann Oakley는 1974년 저서《주부Housewife》에서

'여성과 남성의 역할 간 성차별'을 '현대 가족 구조의 축'이라고 묘사한다.[128] 이 분열은 타고난 본성 또는 단순히 아이들의 사회화 때문에 발생하지 않는다. 가족 외부에서 비롯된 사회 및 문화적 관습 역시 영향을 미친다. 우리가 이미 언급했듯이, 1차 세계 대전과 제2차 세계대전 이후 몇 년 동안, 여성들을 직장에서 가정으로 끌어들이기 위한, 정부가 주도하고 노동조합에 의해 지지된 공동의 노력이 있었다. 그 결과, 어린이 보육 시설에 대한 지원이 철회되었다.

일하기를 원하는 여성들은 열악한 직업 전망과 낮은 봉급에 직면했다. 이것은 남성의 고용이 가족의 재정적 안정에 가장 중요하다는 것을 의미했으며, 여성이 집 밖에서 일을 하면 자녀의 필요를 충족시켜야 하는 것은 남성들이 아닌 그들의 일이었다. 1970년대 영국의 동일임금법이 시행될 당시에는 아기를 맡기고 여성이 일할 수 있도록 충분히 오랫동안 문을 여는 보육원이 드물었다. 이 시기의 보육원은 '사회 보장 제도의 부속 장치라기보다는 국가가 자본주의 하에서 주요 임무 중 하나인 무능한 여성들을 붙잡기 위한 불충분한 그물, 육아'로 묘사되었다.[129] 일을 원하는 엄마들은 가족과 친구들과의 비공식적인 합의에 의존할 수밖에 없었다. 이러한 맥락에서 동일임금법 법안은 제한된 성공을 거둘 운명이었고 육아에 대한 정치적 요구는 여성의 지속적인 억압에 대한 급진적인 도전이었다.

지난 반세기 동안 여성들에게 많은 것들이 바뀌었지만 변화의 속도는 모든 삶의 영역에서조차 바뀌지 않았다. 1978년에 아일랜드의 언론인 메리 케니Mary Kenny는 '23세가 되면 대부분의 여성이 결혼하고 자녀를 낳는다. 전 세계 모든 여성의 95%가 결국 결혼하여 자녀를 갖게 된다.'라고 자신 있게 주장했다.[130] 이것은 오늘날과는 거리가 먼 경우다. 그러나 케니의 책 제목은 '직장을 포기하지 않고 가정을 꾸리면서 가족을 양육하는 방법 — 모든 워킹맘들을 위한 필독서'라고 밝히고 있다. 여성들은 결혼하고 자녀들을 주로 책임지고 있었지만 그들은 점점 더 많은 일을 하고 있었다. 1978년 영국에서는 5세 미만의 자녀를 둔 75만 명의 여성이 일을 했지만 일과 가정생활의 병행이 어려웠기 때문에 일하는 여성의 3분의 2 이상이 파트타임으로 고용되었다.[131] 1980년에 아기가 8개월이 되었을 때 어떤 형태로든 복직을 하는 여성의 비율은 모든 워킹맘의 24%에 달했다.

1982년 당시 열린 강연에서 영국 총리였던 마가렛 대처 Margaret Thatcher는 '여성의 권리를 위한 싸움은 대체로 승리했다.'라고 주장했다.[133] 그러나 그 후의 경기 침체는 그녀의 말이 시기상조였다는 것을 의미했고, 1980년대 중반에 고용된 여성의 수가 감소했으며, 대처는 여성들이 가정으로 복귀할 것을 요구했다. 실제로 자녀를 둔 많은 여성들이 집을 떠나지 않았으며 여전히 집안일과 육아에 시달렸다. 사회학자 알리 호흐쉴드Arlie Hochschild는 여성이 유급 고용 이외에 가정과 아이들을 돌보는 데 보내는 시간을 묘사하기 위해 '두 번째 교대'라는 신조어를 만들었다.

오늘날에는 '워킹맘'이 훨씬 더 많지만 여전히 많은 사람들이 '가정을 운영하고 가족을 돌보는'것으로 보인다. 전통이나 편리함 또는 선택을 통한 것이든 간에 자녀가 아플 때, 처음에는 보육원에서, 나중에는 학교에서 전화를 받을 가능성이 훨씬 높은 사람은 아빠가 아닌 엄마다. 아이가 집에 있어야 할 때 종종 더 유연할 것으로 여겨지는 것은 여전히 엄마의 일이다. 이 두 번째 교대의 부담으로 인해 여성이 파트타임으로 일하기를 선택하거나 직장을 완전히 포기하도록 할지의 여부는, 그녀의 배우자가 가사와 육아에 대한 책임을 분담할 의향이 있는지, 아니면 자신의 개인적인 선호뿐만 아니라 부담을 덜어주기 위해 맞벌이 부부의 아이를 돌봐주는 사람이나 베이비시터에게 돈을 지불할 수 있는지에 달려 있다.

• 가정의 변화

최근 몇 년 동안 워킹맘들은 많은 변화를 겪었다. 노동조합은 여성들에게 그들의 지위가 가정에 있다는 것을 상기시키는 것보다 성별 임금 격차에 반대하는 캠페인을 벌일 가능성이 더 높다. 보육원과 방과 후 모임은 종종 비싸지만 급증했다. 그러나 오늘날 우리의 삶은 매우 다르지만 역사는 여전히 그 흔적을 남기고 있다. 슬로터는 '남성들은 여전히 그들의 주된 의무가 한 집안의 가장이 되는 것이라고 믿도록 사회화되고, 여성들은 그들의 가족에 대한 주된 의무가 돌보는 사람이 되는 것이라고 믿도록 사회화되고 있다.'라고 지적한다.[134] 어린 시절부터 우리는 롤 모델, 책, 장난감 모두가 소녀들이 어머니라는 더 중요한 역할 다음으로 2순위인 가정적인 삶을 준비하는 데 도움을 준다고 듣는다.

그러한 고정 관념은 과거에는 더욱 경직되어 있었지만 의심할 여지없이 오늘날에도 여전히 지배적이다. 그러나 출산 고령화나 전혀 아이를 갖지 않는 여성의 수가 증가하는 추세는 그러한 유년 시절 조건화의 영향력이 감소하고 있음을 시사한다. 가사 노동과 육아에 대한 남성의 태도 또한 변하고 있다.《여성에 대한 부드러운 전쟁The New Soft War on Women》의 저자들은 '맞벌이 부부인 아버지들은 지난 25

년 동안 육아와 가사 노동을 하는 데 보내는 시간을 크게 늘렸다.'라고 언급했다.[135] 워릭 대학The University of Warwick의 연구 역시 남성도 집안일이 여성의 역할이라는 그런 강한 인식을 더는 갖고 있지 않다고 주장한다. 연구자들은 여성이 여전히 가정에서 가장 많은 일을 하는 반면, 남성들은 현재 더 많은 일을 하고 있다는 사실을 발견했다. 흥미롭게도, 그들은 고소득자보다 더 많은 가사 노동을 하는 노동자 계층 남성들과의 새로운 계층 격차의 문제를 지적한다.[136]

호흐쉴드의 《두 번째 교대Second Shift》의 커플들 중 일부가 설명하듯이, 돈은 테이크아웃 음식과 가사 도움을 통해 제한적으로 시간을 대신할 수 있다. 오늘날 여성들은 더 많은 취업의 기회를 가지고 있으며 남성들은 더 많은 가사 노동을 맡기 시작하고, 보육 시설은 보다 쉽게 이용 가능하다. 여성이 직장과 육아를 병행하는 일이 그 어느 때보다 더 가능해야 한다. 그러나 육아에 쓸 돈이 있는 일부 여성들과 기꺼이 그 부담을 나누려는 배우자들은 여전히 가정에 더 많이 관여하는 것을 선택하고 있으며, 아마도 가정적인 역할이 남성들보다 그들의 정체성에 더 중요한 것으로 보고 있을 것이다.

슬로터는 아동의 사회화에 대해 논의하는 것에서 나아

가 그 '선택'이 반사적인 것으로 느껴질 정도로 '모성의 명령'에 너무나도 예민하다고 지적했다.[137] 여성이 생물학적으로 이성을 압도하는 모성 본능과 호르몬으로 프로그래밍 되어 있다는 개념은 우리를 2장에서 논의한 '생리 공결제'의 영역으로 되돌아가게 만든다. 더 나이 든 세대의 페미니스트들은 여성이 호르몬과 생물학적인 변덕을 지니고 있다는 믿음에 이의를 제기했지만, 오늘날의 페미니스트들은 이 낡은 생각에 다시 숨을 불어 넣는다.

막연하지만 압도적인 모성 본능을 전파하는 개념의 위험성은 그것이 좋은 엄마가 되고 싶어 하는 여성들에게 억지로 배에 오르도록 강요하는 근거가 된다는 것이다.《남자의 종말: 여성의 지배가 시작된다 The End of Men: And The Women 's Rise》의 저자 해나 로진은, '너무나 많은 친구들이 모유 수유를 중단하거나 직장에서 모유를 착유하는 스트레스를 감당하기 싫어서 직장을 거의 그만두는 것을 봤다. 초기 모성의 근시안적이고 절망적인 순간, 여성들은 자신의 욕망을 자신의 아기를 굶기는 것과 거의 맞먹는 도덕적 수준으로 강등시킨다.'라고 말한다.'[138] '모성 본능'이라는 개념은 모성애는 여성에게 자연스러운 상태로서, 기꺼이 풀타임으로 복직하는 여성들은 자신의 본성을 부정하는 것이라는 것을 암시한다. 그것은 또한 그러한 본능을 소유하고 있지 않은 아버지는 결코 그렇게 될 수 없음을 암시한다.

　가족과 직장을 양립하는 현실에 아직 직면하지 않은 젊은 여성의 경우, 모성 본능에 대한 믿음은 그들이 생물학적인 운명을 준비하는 것을 시작하도록 장려한다. 페이스북의 최고 운영 책임자이자 《린 인Lean In》의 저자인 셰릴 샌드버그Sheryl Sandberg는 다음과 같이 말한다. '여성은 임신하기 수년 전부터 자신이 아직 낳지도 않은 아이들을 위한 공간을 마련하고 있다. 반면에 남성들은 매우 공격적이며 집중적이다. 그들은 평소에도 당신의 사무실에 있다. "내가 할 수 있을까? 내가 이 일을 주도할 수 있을까?" 그들은 이야깃거리가 될 필요가 없다.'[139] 실제로 이것은 일부 여성들이 자녀를 갖기도 전에 경력을 박탈당하게 된다는 뜻이다.

・ 엄마들이 받는 새로운 압박

　집밖에서 일하는 엄마들에게 장애물이 거의 없을 때, 새로운 압박이 표면화 되는 것 같다. 사람들이 더 어린 나이에 결혼해서 자녀를 낳았을 때, 엄마가 되는 것은 그저 일상생활의 한 부분이었다. 실제로, 많은 젊은 여성들에게 그것은 성인기로의 전환을 표시하는 것이었다. 오늘날 피임과 낙태에 대한 접근성 향상과 더 나은 교육 및 고용 기회 덕분에 '어쩌다 부모가 되는 일'은 거의 일어나지 않는다. 오늘날 많은 사람들에게 아기를 갖는 결정은 의도적인 것으로 받아들여진다. 비록 이 계획이 단지 열망에 지나지 않더라도 자녀들은 전반적인 인생 계획의 일부가 된다.

과거에 비해 자녀의 수가 적지만, 가족의 규모가 작아지는 것이 여성에게 있어 가정생활이 반드시 더 적은 시간을 필요로 한다는 의미는 아니다. 《여성의 신비The Feminine Mystique》에 기고하면서 베티 프리단은 가사 노동이 가능한 시간을 채우는 경향에 대해 논평했다. 오늘날 더 많은 시간을 채우기 위해 확대되는 것은 집안일이 아니라 자녀들을 돌보는 일이다. 케니Kenny는 1978년에 '가족의 규모가 작아질수록 더 집중적이 된다.'라고 언급했다. 그녀는 계속해서 '여성이 자녀를 적게 낳고 있다는 사실은 한때 내가 믿었던 것처럼 반드시 그들이 모성에 더 적은 에너지를 쓴다는 사실을 의미하지는 않는다. 실제로, 그들은 모두 더 많은 돈을 지출하게 될 것이다. 실제로 모든 사람들이 아이를 낳고 양육하는 것을 매우 진지하게 받아들이고 있기 때문에, 그들은 아마도 더 많은 돈을 지출하게 될 것이다.'[140]

'어쩌다 아기를 낳게 되었을 때' 아이들은 그저 어른의 삶의 일부분일 뿐이었다. 아이들은 어른들의 세계에 적응할 것으로 기대되었지만 그 반대는 아니었다. 자녀들을 사회화 시키고 훈육하는 일은 부모뿐만 아니라 교사, 종교 지도자 및 지역 사회 지도자, 대가족 구성원들과 이웃을 통해 이루어졌다. 켄트 대학의 육아 문화 연구 센터The University of Kent's Centre for Parenting Cultural Studies의 소장인 엘리 리Ellie Lee는 '다음 세대를 형성하고 발전시키는 모든 성인들이 적절하게 공유해야 하는 일이 "육아"로 여겨지고 맹목적인 것이 되었다.'라고 언급했다.[141] 오늘날 자녀를 양육하는 일은 훨씬 더 개인적인 것이 되었다. 그것은 전적으로 핵가족의 책임으로만 간주된다. 그러나 자녀를 양육하는 것이 부모의 유일한 책임으로 자리 잡은 것과 동시에, 그것이 특정한 방식으로 수행될 것이라는 기대가 증가하고 있다.

자녀를 갖는 것이 의도적인 선택으로 간주된다는 사실은 부모가 자녀를 '올바른' 방법으로 키우라는 압력을 받고 있음을 의미한다. 즉, 자녀에게 가장 좋은 것이 무엇인지에 대한 조언과 지침을 제공하는 전문가 집단에 의해 결정되는 방식인 것이다. 리는 '아이들을 키우는 것은 부모에게 맡겨 두기에는 너무 어렵고 중요한 일로 여겨진다.'라고 설명한다.[142] 결과적으로, 부모는 자녀의 삶에서 가장 적합하지 않은 사람으로 여겨지더라도 자녀를 양육하는 데 더 많은 시간과 노력을 기울인다.

• 자율성의 포기

'부모'라는 단어는 오늘날 명사보다는 동사로 더 많이 사용된다. 단순히 부모가 되는 것이 아니라 '양육'을 하는 것이기 때문이다. 양육에 대한 조언을 제공하는 출판물과 기관의 오랜 역사가 있는데도 리는 '"양육"이 현대 용어 "육아"와 그것이 가져오는 결정론의 일반적이고 독특한 속성으로 나타나는 부모와 부모의 행동에 대한 분명한 초점을 가지고 최근에 더 특정한 의미를 얻었다.'라고 주장한다.[143] 오늘날 육아에 대한 분명한 기대는 심리학자, 육아 전문가, 보건 전문가, 교사, 육아 자선 단체와 캠페인 단체, 신경 과학자 및 정부 장관으로부터 비롯된다. 부모는 태어나기 전뿐만 아니라 임신 전부터 아기의 정신적, 육체적 건강에 대해 염려할 것을 권장받는다. 영국에서 NHS는 예비 부모들에게 다음과 같이 조언한다. '산전 관리Preconception care'는 아기를 낳기 전에 당신과 배우자의 건강을 증진시킬 수 있는 기회다. 의료 전문가는 건강, 피트니스 및 생활 습관을 평가하여 개선하고자 하는 영역을 파악하도록 도울 수 있다.[144] NHS 지침에는 '당신과 당신의 배우자'를 신중하게 포함시키지만, 조언을 구하고 따라야 하는 압박은 임신하고, 출산하며, 적어도 6개월 동안 아기에게 모유 수유를 해야 하는 여성에게 불균형하게 가해진다.

영국 여성들은 조산사와의 첫 약속에서 절제하거나 피할 수 있는 광범위한 식품 목록을 제시받는다. 이 목록은 카페인이 정확히 얼마나 허용되는지, 하루에 몇 잔의 허브티를 마셔야 하는지, 어떤 종류의 치즈를 피해야 하는지에 대한 조언 등으로, 긴 만큼 구체적이다.[145] 임산부에게 보내는 메시지는 분명하다. 당신은 더는 상식을 행사할 수 있는 이성적인 성인이 아니라는 것이다. 대신, 미래의 아기를 위해서 규칙을 따를 것이 요구된다. 임산부는 아기에게 가장 좋은 것을 원하기 때문에 자신의 삶에 대한 자율성을 포기한다.

음주와 흡연에 관한 규칙이 가장 엄격하다. 지속적인 흡연을 하는 임산부에게 일산화탄소 검사 때마다 금욕에 대한 보상으로 쇼핑 쿠폰을 제공하자는 제안이 있다.[146] 비록 이것이 아직 산전 관리의 일반적인 특징은 아니지만 그것이 제안될 수 있다는 사실은, 의료 전문가들이 태아의 생명보다 더 낮은 관점에서 살아있는 성인 여성의 개인적 권리와 개인의 자유를 어느 정도까지 허용하고 있는지를 보여준다. 마찬가지로 주당 2잔의 와인을 마시는 정도의 적당량의 알코올 섭취가 태아 발달에 해롭다는 증거는 없다. 그러나 의료 전문가는 예방 원칙을 따르고, 여성이 상식을 적용하고 미묘한 지침을 따를 것이라고 믿지 않기 때문에 여성들은 임신 기간 동안 술을 완전히 자제하도록 권고를 받는다. 이렇게 만들어진 '규칙'은 임신부와는 아무런 관련이 없지만 아직 태어나지 않은 아이를 대신해서 무엇을 해야 할지 말할 자격이 있다고 생각하는 바텐더와 같은 사람들에게 감시를 받게 된다.

실제로 그러한 규칙을 따르는 것이 미치는 영향은 여성들이 예비 엄마로서의 '특별한' 지위에 관심을 두지 않고 친구나 동료들과 동등한 자격으로 긴장을 풀고 사회적 관계를 맺을 수 없다는 것이다. 임신부가 사회에서 완전한 역할을 하는 것을 막는 것은 성차별주의적인 상사나 구시대적인 법률, 종교적 관습이 아니라 여성을 미래의 아기를 낳는 매개체로 보는 견해이다. 이것이 부담으로 보여지기보다는 많은 여성들은 그들이 임신할 때 해야 할 희생을 중요하고 가치 있는 것으로 생각한다. 그들은 아이가 태어나기도 전에 먼저 아이의 필요를 우선시하는 것이 무엇보다도 가장 중요하다는 생각을 받아들인다. 케이티 로이프Katie Roiphe의 표현대로 '건강에 해로운 일을 하거나, 아이의 건강에 해로운 환경을 조성하는 것은 현재 너무나 금기시되어서 우리는 그것에 대한 두려움에 의해 억압당한다. 우리는 거의 다른 관점에서 생각할 수 없다.'[147]

여성과 점점 더 많은 남성이 그들에게 자녀가 생겼을 때 삶의 변화가 있음을 알게 된다. 물론, 자녀를 갖는다는 것은 언제나 희생을 요구했다. 즉흥적인 야간 외출, 휴일, 다른 나라의 일자리를 줄이는 것은 아닐지 모르지만 확실히 더 많은 계획이 필요하다. 이것은 대부분의 부모에게 놀랄 일이 아니다. 오늘날 새로운 것은, 자기 삶을 충분히 영위할 능력이 있는 성인들이 부모가 되면 그들이 무엇을 먹고, 마시고, 입을지, 어떻게 운동을 하고, 사교 활동을 하고, 삶을 운영할지에 대한 지도의 대상이 된다는 것을 알게 된다는 것이다. 아이는 출생 전부터 부모의 관심사와는 다른 관심을 가지고 있으며 자녀의 필요를 충족시키기 위해 전문가들이 필요하다고 가정한다. 아마도 자신의 어머니와 멀리 떨어져 있고 모든 것을 '정확히' 하고 싶어 하는 일부 여성들에게는 이 가르침이 환영받을 것이다. 그러나 다른 여성들에게는 받아들이기 힘들거나 공공장소에서는 따르지만 집안에서는 무시될 수 있는 것이 삶의 현실이다.

규범에 어긋나는 방식으로 삶을 꾸리고 가족을 부양하고
자 하는 사람들에게는 간섭의 무게, 즉 자녀들이 자택에서
부모와 격리되거나 격리될 위험에 처하게 되는 것은 정말
로 끔찍한 일이다. 《출산에 있어 인권이 왜 중요한가》의 저
자 레베카 실러Rebecca Schiller는 선택이나 상황을 통해 임신
부 검진을 놓친 여성의 경험이나, 가정 출산 결정을 위해 승
인된 경로를 따르지 않은 여성들의 경험에 대해 자세히 설
명한다. '임신한 여성의 행동에 대해 사회가 점점 더 독재적
으로 되어가고, 육아를 맹목적으로 숭배하고 엄마에게 모
든 책임을 떠넘기는 방식으로 여성을 처벌하고 있다는 것
은 의심의 여지가 없을 것이다.'[148]

• 양육하기

교과서적인 부모가 되기 위해 스스로 초래한 부담감은
아기가 태어날 때 사라지지 않고 오히려 더 심해진다. '유대
감'에 대한 중요성과 '모유가 최선'이라는 주문은 여성들이
실패를 자녀의 미래의 삶의 기회에 대한 잠재적인 재앙으
로 해석하게 만든다. 제스 필립스Jess Phillips는 다음과 같이
설명한다. '어떤 이유에서인지, 우리는 모두 여성이 아기 인
생의 첫 1년 동안 아무도 감당할 수 없는 신성한 일을 하고

있다는 생각에 동의한다.' 그녀는 모유 수유를 강박적인 과업으로 받아들인다. '자연 분만이 얼마나 안전한지, 모유가 얼마나 좋은지에 대한 통계는 다 알고 있지만 전국의 산모들은 모유 수유에 익숙하지 않아 자신의 신생아의 머리를 붙들고 울고, 어떤 이유에서인지 만약 그들이 아기에게 분유를 준다면 기본적으로 결함을 주는 것이라는 페이스북상의 말도 안 되는 관습meme을 믿게 된다.'[149]

자녀가 성장함에 따라 엄마에 대한 요구는 줄어들지 않고 새로운 걱정에 대응하며 변화한다. 오늘날 부모들은 자녀들이 어디에 있고 무엇을 하고 있는지에 대해 항상 걱정할 것으로 기대된다. 결과적으로, 아이들이 혼자 집에 있고, 길거리에서 놀고, 동행자 없이 등하교하던 시절은 대부분 사라졌으며, 대신 많은 부모들은 학교에서 일련의 동아리와 조직화된 활동으로 자녀들을 양육하게 된다.《모성의 문화적 모순The Cultural Contradictions of Motherhood》의 저자 샤론 헤이스Sharon Hays는 '현대 미국 엄마들은 6살까지 단순히 아이를 먹이고, 변화시키고, 보호하는 것 이상의 일을 한다.'라고 언급했다. 샬롯 페어클로스Charlotte Faircloth는 '이것은 더 많은 시간과 열정, 물질적 자원을 자녀에게 바치는 것과 관련이 있다.'라고 주목한다.[150]

엄마들은 단지 자녀의 신체적 안전 및 교육적 개발뿐만 아니라 정신 건강에도 책임이 있다. 육아 전문가인 스티브 비덜프Steve Biddulph는 '부유하고 시간이 부족한 영국의 부모는 만연한 청소년의 정신 건강에 책임이 있다.'며 그는 '엄마들은 외모에 신경을 쓰지 말고 자녀의 "스마트 기기 사용 시간"을 제한하고(둘 다 말하기는 쉬워도 실천은 어렵겠지만), 딸들과 함께 옷 쇼핑을 하러 가지 말라고 당부한다. 그러한 충고는 많은 엄마들의 본능과 상충되지만, 어떤 부모도 자녀의 정신 건강에 대해 위험을 무릅쓰기를 원하지 않기 때문에 매번 제대로 실천되지는 않지만 종종 받아들여진다. 《편집증적 양육Paranoid Parenting》에서 프랭크 푸레디Frank Furedi는 부모가 하는 모든 일이 자녀의 삶에 영향을 미친다는 믿음이 어떻게 자녀 양육이 거의 불가능할 정도로 힘든 일로 만드는지를 탐구한다.

나는 《신경 육아Neuroparenting》와 《가정 생활의 전문가 침입The Expert Invasion of Family Life》의 저자인 얀 맥바리쉬Jan Macvarish 박사에게 왜 육아가 그러한 모든 노력을 필요로 하게 되었는지를 물었다. 맥바리쉬는 '이전에 아이들을 키우는 것은 사람들이 막 시작한 일이었지만 지금은 거의 모든 사람들이 육아에 관해 특정한 결과를 가지고 있는 특정한 기준에 따라 수행되어야 하는 의식적인 행동이라고 여긴다. 양육이 잘못될 수 있다는 생각이 널리 받아들여지고 있기 때문에 자녀를 양육하는 것은 시련에 가까운 일이 되었다.'라고 말한다.[151]

맥바리쉬는 이러한 변화의 한 가지 이유는 미래에 대한 우리의 집단적인 우려에 있다고 주장한다. '미래를 통제하지 못하는 시기에, 아이를 통해 다른 생물학적 세대가 탄생한다는 바로 그 사실이 상당한 불안의 장소가 되었다.' 그녀는 '부모는 우리가 현재 직면하고 있는 문제를 해결하는 긍정적인 방법으로 이러한 미래로의 전환이 이루어지도록 할 책임이 있다. 오늘날 부모의 어깨에는 과거에 그들에게 속하지 않았던 너무나도 많은 것들이 짊어져 있다.'라고 암시했다. 맥바리쉬는 '오늘날 사회 문제가 논의될 때 모든 논의는 초창기에 형성된 생각을 중심으로 모이게 된다. 사람들은 더 넓은 사회의 일부이거나 구조적 사회 변화를 가져올 가능성에 대해 더는 인식하지 않는다. 대신, 사회 문제는 개인에게 달려 있으며 부모는 이러한 문제를 해결해야 한다. 육아는 모든 문제의 원인이자 해결책이 되었다.'라고 설명한다.'

사회적 문제에 대한 정치적 해결책보다 육아에 초점을

맞추면 선거 운동가들은 정치와 거리를 둔 중립적인 전문가를 연기할 수 있게 된다. 최근의 육아 과학은 아기의 두뇌에 초점을 맞추는 것을 포함한다. 맥바리쉬는 '신경 육아 neuroparenting'라고 명명했다. 그녀는 두뇌에 대한 주장은 자녀들을 양육하는 올바른 과학적 접근 방식으로 결정되었으며 의심의 여지가 없다고 기록했다. '육아에 관한 이러한 최종적인 확실성 성취의 근거는 특히 유아기의 인간 두뇌 발달에 대한 신경 과학을 통해 발견된 것이라고 한다.'[152] 대부분의 엄마들은 임신 중에 자신이 하는 일과 모유의 중요성이나 아기를 위한 클래식 음악과 같은 그들의 자녀의 삶의 처음 몇 년 동안에 대한 주장에 익숙하다. 맥바리쉬는 '아기의 뇌에 대한 수사학이 지난 100년 이상 영국 가정생활을 형성해 온 근본적인 권리와 책임에 도전하기 위해 전개되며, 특히 아기를 돌보고 취학 연령까지 키우는 것에 관해서는 부모가 가장 잘 안다는 가정에 이의를 제기했다.'라고 주장한다.[153] 부모는 자녀 양육에 대한 전문적인 조언을 구하고 따라함으로써 자녀를 위한 완벽한 환경을 조성해야 한다는 압박을 받고 있다. 이 대의에 가장 헌신하는 사람은 '좋은' 엄마다.

반면에 워킹맘은 이기적으로 자신의 욕망을 자녀의 요구

보다 우선시하는 것처럼 보인다. 스티브 비덜프Steve Biddulph 는 10대 소녀들의 정신 건강 위기를 딸과 시간을 보내기에 너무 바쁜 엄마들의 탓으로 돌리면서 '커리어 성공은 엄청난 대가를 치른다.'라는 점을 분명히 한다.[154] 오늘날 엄마들은 무엇을 하든 다 그들이 잘못하고 있는 것처럼 보인다. 그들이 풀타임으로 일하면 자녀를 정서적으로 해칠 위험이 있다. 그들이 육아에만 모든 시간을 전념한다면, 그들은 '헬리콥터 맘'이라는 소리를 들으며 자녀들의 독립을 거부한다는 비난을 받는다. 단순히 자녀를 사랑하고 돌보는 것만으로는 더는 충분하지 않다.

이러한 부모 역할의 강화, 특히 엄마의 역할에 초점을 맞추게 되면 자녀를 갖는 것과 풀타임으로 일하는 것의 양립은 더 어려워진다. 제니 브리스토우Jennie Bristow는 '여성들이 출산 후 6개월 내로 복직을 하거나, 장시간 일하거나, 주당 5일을 일하거나 아기의 탄생극에 참여하기보다 국제회의에 참석함으로써 또는 자녀들만큼, 그 이상으로 직업에 대해 몰두하는 것이 "도덕적으로 용납할 수 없는"일이 되었다.'라고 설명한다.[155] 아무리 좋든 또는 저렴한 보육원이든, 아빠들이 자녀들과 함께 시간을 보내든 집안일을 하든, 완벽한 엄마가 되기 위해 요구되는 강한 압박과 노력은 여성

의 야망과 상관없이 일을 완전히 그만두거나 파트타임으로
만 일을 해야 한다는 생각을 매력적으로 보이게 할 뿐만 아
니라 실제로 필요한 것처럼 보인다.

• 사라지는 여성

이전 시대의 페미니스트들은 여성이 처음에는 그들의
아버지로부터, 그 후에는 남편으로부터 별개의 독립적이
고 자율적인 존재로 인정받기 위해 투쟁했다. 나중에 그들
은 자녀의 승화를 위해 남성에게 복종하는 것에 대한 위험
을 인식했다. 저메인 그리어Germaine Greer는 1970년《여성,
거세당하다The Female Eunuch》에서 '출산은 다른 모든 형태의
성취와 달성을 간과한 것에 대한 보상으로 절대 생물학적
으로 의도된 것이 아니다. 출산은 결코 시간 소모적이고 자
기 의식적인 과정이 되도록 의도된 것이 아니다.'라고 적었
다.[156] 그러나 거의 50년 후 많은 여성들은 자신의 정체성이
실제로 자녀의 정체성 안에 포함되었음을 알게 되었다.

케이티 로이프Katie Roiphe는 즐거운 성인의 삶을 사는 여
성들이 페이스북에서 자기 자신을 자녀들의 사진으로 대표
하는 추세를 설명한다. 그녀는 '이러한 사진들은 더 광범위
한 소멸의 전조를 의미하며, 세계가 좁아지고 있다는 신호

를 보내지만 이러한 자기 계발 방식, 즉 자발적인 자아 상실은 자연스럽게 찾아온다.'라고 주장했다. 《엄마는 미친 짓이다: 불안의 시대의 모성Perfect Madness: Motherhood in the Age of Anxiety》의 저자 주디스 워너Judith Warner는 새로운 '명명하기조차 힘든 새로운 문제'를 '엄마라는 신화Mummy Mystique'라고 부른다. 그녀는 이렇게 설명한다. '우리는 우리 스스로를 슈퍼맘으로 여기며 우리 아이들에게 모든 것이 되었다. 사회는 단순히 애정 어린 양육자가 되는 것을 거부하고 교육자, 연예인, 환경 지킴이, 안정되고 번영하는 미래의 보호자가 되기를 기대한다.'[157] 그 결과, 그녀는 '우리 중 많은 사람들이 우리가 모성으로 정의되도록 허용한다.'라고 주장한다. 모성으로 자신을 쉽게 정의하는 여성은 풀타임으로 일하고 자신의 필요를 우선시 하는 것에 대해 죄책감을 느낄 가능성이 더 높다. 그들은 몇 년 내로 일을 그만두거나 파트타임으로 복직할 가능성이 더 높다.

• 탄력근무제

모성의 집중과 고용을 양립하는 한 가지 해결책은 사람들과 다른 시간대나 다른 장소에서 또는 학기 중에만 일을 할 수 있는 '탄력근무제'다. 탄력근무제는 그럴듯하게 들리지만 좀처럼 과장된 보도만큼 그 기대에 부응하지 못한다. 특히 저숙련, 저임금의 직업을 가진 여성의 경우 탄력근무제가 불안정한 고용 방법이 될 수 있다. 직원들이 자신들이 한 주나 그다음 주에, 또는 언제 자신이 근무하게 될지 알지 못하는 '0시간 계약Zero-hours contracts'은 당연히 비판을 받았다. 그러한 계약을 사람들이 일과 자녀 양육을 양립하는 방법으로 꾸미는 것은 고정 수입이 필요한 사람들에게는 거의 도움이 되지 않는다.

현재 영국 여성들이 1년 내내 출산 휴가를 받아야 한다는 권리는 그들의 직업에 적합하지 않을 수도 있다. 비키 프라이스Vicky Pryce는 다음과 같이 언급했다. '일반적인 출산 비용과 출산 휴가를 주는 제도는 여성이 노동 시장에서 더 오래 벗어나야 한다는 것을 의미하기 때문에 남녀 간의 경력 격차를 더 확대시키는 것처럼 보인다.'

탄력근무제는 또한 직원이 지속적으로 '대기 상태'로 직장에서의 전화와 이메일에 응답할 것으로 기대된다는 것을 의미한다. 로신Rosin은 탄력근무제로 일을 하는 여성은 '항상 일을 하고 있다.'라고 지적하며, '그 여정은 일과 놀이, 육아와 수면이 모두 24시간 동안 뒤죽박죽으로 섞여있다.'라고 설명한다.[159] 불행히도, 현재의 직장은 조직적이기 때문에 특히 개인의 경력 사다리가 위로 올라갈수록 시간은 학교 수업 참관일과 정확하게 일치하지 않으며 탄력근무제 자체도 도움이 되지 않는다. 법률 회사의 파트너, 신문 편집 자나 광고 대행사의 크리에이티브 디렉터가 된다는 것은 탄력근무제가 거의 허용되지 않는 수준의 헌신과 전념, 참여를 요구한다.

탄력근무제로 인해 일부 여성들이 일과 가정생활의 양립이 가능하도록 할 수 있다. 그러나 그것은 오늘날 페미니스트들이 계속해서 되풀이하며 생각하는 문제들, 즉 성별 임금 격차와 고위직 여성의 부족과 같은 문제들에는 부분적인 해결책이 될 수밖에 없다. 현재 여성들은 항상 그들의 자녀를 최우선으로 하는 실제적인 엄마가 되어야 한다는 압박을 받고 있다. 동시에, 그들은 자신의 경력에 전념하고 매번 승진의 기회를 찾을 것으로 기대된다. 이 두 가지를 다 하려면 초인적인 수준의 조직력과 체력이 필요하다. 그러나 성공은 한편으로는 임금과 직책을, 다른 한편으로는 완벽한 자녀를 갖는다는 점에서 평가되지만, 그렇게 된다면 오늘날 모든 사람들에게 무엇이 삶을 더 좋게 만들 것인가에 대해 더 폭 넓은 토론을 할 여지가 없다.

• 엄마 되기를 선택하기

페미니즘은 여성의 행복의 열쇠로서 취업을 장려하고 여성의 삶의 의미를 찾으려는 경향이 있다. 《여성의 신비 The Feminine Mystique》의 서문에서 작가인 라이오넬 슈라이버 Lionel Shriver 는 '프리단Friedan 은 그녀의 자매들을 위해 그녀가 상상하는 창조적인 성취의 실현을 위해 직장 세계에 과도한 신념을 부여했을지도 모른다.'라고 언급했다. 이 작품에 대한 견해는 페미니스트 운동가가 되는 사람들의 유형에 대해 많은 것을 보여준다. 슈라이버는 계속해서 말을 이었다.

혁신, 상상력, 활기를 지니고 있는 직업들은 수많은 사람들에게 주어진다. 누구나 건축가, 연구 물리학자나 영화 제작자가 될 수는 없다. 월마트에서 계산을 하며 일을 하는 것은 모든 순간이 부엌 바닥을 닦는 것만큼 또는 그 이상으로 지루하거나 지겹도록 단조로울 수 있다. 직업을 가지고 있다는 것이 언제나 특권인 것은 아니다. 오늘날 직장에 있는 많은 여성들에게 일자리는 재정적으로 불가피한 것일 뿐, 즐거움에서 비롯되기가 힘들다.[160]

많은 여성들에게 있어 엄마가 된다는 것은 유급 고용이

되는 것보다 더 의미 있고 성취감을 주는 것처럼 보인다. 모성애는 예년의 '가정주부'와는 다른 정체성과 지위를 가지고 있다.

그런데도 우리는 여성들이 어느 정도까지 자유롭게 직장을 떠나거나 그들의 업무 시간을 단축하는지, 또는 그들이 통제할 수 없는 미리 정해진 역할을 수행하는 단순한 기계의 자동장치로서 자신을 나타낼 수 있는 선택의 여지가 있음을 부인할 수 있는지에 대해 의문을 제기할 수 있다. 사실 여성들이 그러한 선택을 하고 인생행로를 결정하는 자유는 확실히 페미니즘의 가장 큰 승리다. 여성과 남성이 육아와 일을 더 쉽게 병행할 수 있도록 하는 더 많은 자유와 선택이 필요하다.

• 결론

풀타임 직업과 강도 높은 모성애를 함께 양립하는 것은 매우 지치는 일이다. 이것은 직장에서 모유를 짜느라 보내는 시간, 어린 자녀들과 함께 보내는 양질의 시간으로 가득 찬 저녁, 함께 자는 유아가 한밤중에 숙면을 방해하는 것을 의미할 수 있다. 궁극적으로 가장 무정하고 최적으로 잘 갖춰진 여성조차도 모성과 일을 병행하려면 타협이 필요하다. 어느 누구도 동시에 두 곳에 존재할 수 없으며, 실제로 그들이 하지 않는 일에 대해 보수를 받으리라고 기대하지 않는다. 그러면 일부 여성들이 파트타임으로 일하기를 선택하거나 승진 신청을 하지 않는 것을 전적으로 이해할 수 있다. 일부 여성의 경우 이것은 긍정적인 선택이다. 그들은 자녀와 함께 시간을 보내고 경력의 사다리를 벗어날 수 있는 기회를 반긴다.

젊은 전문직 여성의 커리어에 집착하는 오늘날의 페미니즘은 가족 내에서 무엇이 변했는지 설명할 수 없다. 자녀를 낳으면 여성의 삶이 달라진다는 인식이 있다. 이것은 임금 격차와 '엄마가 된다는 것의 불이익'에 대한 강박을 부분적으로 설명해준다. 하지만 많은 페미니스트들은 부모가 자녀를 가질 때 삶에 대한 자율성을 상실하는 것이 문제가 되는 이유를 설명하려고 애쓴다. 그들은 모두 지나치게 모유 수유, 출산, 이상적인 모성애를 커리어 우먼으로서의 여성의 역할과 함께 병행하기를 바라며 관람할 준비가 되어 있기 때문이다. 이 외침은 종종 남성들이 부모에게 주어진 요구와 기대에 대한 광범위한 논의보다는, 육아에 대한 그들의 분담을 공평하게 한다거나 또는 고용주들이 더 잘 수용하도록 하는 것이다.

페미니즘은 여성들을 곤경에서 벗어나게 하고 모든 사람들이 다른 선택을 한다는 것을 인식할 필요가 있다. 일부 여성들은 출산 후 며칠 동안 직장에 복귀하기를 원하거나 필요로 할 수도 있다. 라시다 다티Rachida Dati 프랑스 법무장관이 2009년에 이 일을 했을 때, 그녀는 국제적인 놀라움의 대상이 되었다. 마찬가지로 일부 여성들은 직장을 그만두고 풀타임 엄마가 되기를 원하거나 그 선택을 필요로 할 수도 있고, 그들은 '적극적이지 않음'으로써 마치 가족을 실망시키는 것처럼 느끼지 않고도 그렇게 할 수 있어야 한다. 삶에 대한 선택을 할 수 있는 여성의 자유는 축하 받아야 한다. 산모들에게 복직을 하거나 집에 있기를 강요하기보다는, 그들이 어떤 결정을 선택하든지 간에 우리는 어떻게 하면 여성을 가장 잘 지원할 수 있는지 살펴봐야 한다. 이 논의의 일부는 직장이나 모성이 여성의 진정한 성취의 원천이 될 수 없다는 인식을 필요로 한다. 일과 가정을 이원적 선택으로 제시함으로써 페미니즘은 모성애와 직장 그 이상의 공공의 삶과 사적 관계의 가능성을 제거한다.

2부

사적인 관계, 공공의 관심사

5장

승리자인가 아니면 피해자인가?

이 책의 첫 번째 부분은 모순을 제시했다. 우리가 보았듯이 대부분의 서구 국가의 여학생들은 남학생들보다 학교에서 더 잘하고 있다. 그들은 남성보다 더 많은 수의 고등 교육을 받고 있다. 그 어느 때보다도 광범위한 과목에서 학위를 취득하고 있으며 더 높은 자격을 가지고 졸업한다. 결과적으로 여성은 더 나은 취업 전망을 가지고 있으며, 모든 사람들에게 좁혀지는 성별 임금 격차는 오늘날 젊은 여성에게는 거의 근절되었다. 약 40년 동안 많은 젊은 여성들이 이용할 수 있는 삶의 가능성과 기회가 변화되었다. 페미니즘은 주목할 만한 성공 사례였다.

그러나 놀라운 점은 축하의 부재다. 대신 우리가 보았듯이, 이전의 승리는 재평가되고 새로운 불이익의 현장이 발견된다. 통계적 성공은 비참한 내러티브와는 완전히 상반된다. 여성들은 언론 매체와 선거 운동가들에 의해 가정과 직장, 그리고 거리에서 희생자로 너무 자주 소개된다. 이 장에서는 학교와 직장에서의 여성의 진보와 오늘날 여성의 삶에 대한 인식 사이에 존재하는 격차를 탐구한다. 우리는 왜 여성을 희생자로 보는 견해가 널리 받아들여졌는지, 그리고 이것이 오늘날 여성과 남성의 삶에 미치는 영향을 살펴본다.

• 과도하게 불리함을 찾는 것

마치 매일 여성에 대한 새로운 학대나 불의가 우리의 관심을 끄는 것처럼 보인다.

2016년 니콜라 소프 Nicola Thorp 는 고용주의 '외모 가이드라인'을 위반한 이유로, 임금을 받지 못하고 임시 사무직에서 귀가 조치를 받았다.[161] 접수원으로서 소프는 하이힐을 신고 있었어야 했다. 그녀의 거부는 청원과 그 이후의 질의로 이어졌고, 그러한 차별 행위가 금지될 것을 권고하는 의회 의원들의 보고서로 이어졌다. 그러한 복장 규정을 강요하는 것은 여성의 권리에 대한 거대한 침해로 보이기 쉽다. 그러나 많은 사람들, 남성과 여성은 신발 규정보다 훨씬 더 제한적인 일을 위해 유니폼을 착용할 것으로 기대된다.

다른 곳에서, 타임The Times이 실시한 조사에서는 여성으로서의 숨겨진 비용이 드러났다. 이 신문은 면도날과 옷과 같은 일상생활 필수품에 대해 여성들에게 과도한 요금이 청구되고 있음을 보여주었다.[162] 다시 말해, 여성들이 성차별주의자들과 착취적인 사업가들에 의해 불이익을 받는다는 것을 증명하기 위한 사례들 찾는 노력은 우리를 매우 선택적인 영역으로 이끈다. 레플리카 축구 유니폼과 비디오 게임은 남성으로서의 비용을 보여주는 데 사용될 수 있다. 그것은 또한 남성과 여성이 선택을 한다는 사실을 간과한다. 분홍색이든 파란색이든 그 어느 누구도 어떤 것이든 구매하도록 강요받지 않는다.

테레사 메이가 영국 총리로 취임한 바로 그 주에, 많은 여성 국회의원들은 인터넷에 청원 운동을 벌이느라 바빴다. 노동당의 이벳 쿠퍼Yvette Cooper는 "일부 온라인상의 희롱, 따돌림, 여성혐오, 인종 차별, 동성애 혐오 등이 결국에는 인터넷을 오염시키고 그들의 발언을 멈추게 할 수 있다.'라고 주장했다. 1970년대 강간과 성폭력에 반대하는 페미니스트들이 최초로 조직한 '우리의 밤을 돌려달라는 행진Reclaim the Night Marches'과 맥을 같이 하기 위해 명명된 이 캠페인은 '소셜 미디어 엄청난 여성 혐오'를 폭로하는 연구에 의해 시작되었다.[163]

소셜 미디어를 사용하는 사람은 누구나 종종 익명의 망토 뒤에 숨어 비판과 개인적인 모욕의 경계의 도를 훨씬 뛰어넘는 사람들이 있다는 것을 알고 있다. 실제로 이러한 온라인 욕설을 즐기는 사람들 중에 일부가 의도적으로 여성을 타겟으로 삼는다는 점에 대해서는 의심의 여지가 없다. 소셜 미디어 사용자들이 자신의 커뮤니티를 규제해야 할 필요성이 더 커지고 있다. 그러나 인터넷이 어떻게든 '되찾아야' 할 필요가 있는 여성들에게 무서운 공간이라고 암시하는 것은 지나친 면이 있다. 한 연구는 여성보다 더 많은 남성이 온라인 욕설을 경험했다는 것을 시사하고 있으며,[164] 쿠퍼Cooper가 인정한 것처럼 '어떤 종류의 성차별(여성을 '구멍'이나 '걸레'로 공격적으로 비난하는 것과 같은)은 젊은 남성들만큼이나 젊은 여성들에게서 비롯될 가능성이 높았다.[165] '더 넓고 뿌리 깊은 학대 문화'를 반영한다는 그녀의 주장은 비록 이것이 불편한 사실을 무시하는 것을 의미하더라도 여성 피해자의 이야기를 고수하겠다는 결심을 보여준다.

그러한 캠페인과 뉴스 기사는 피해자로서의 여성의 이야기를 구성한다. 그녀의 자서전의 일부이자 페미니스트 선언문의 일부인 《모든 여성Everywoman》에서, 노동당 의원 제스 필립스Jess Phillips는 '여성들은 불공정한 취급을 받고 있다.' '우리는 더 자주 폭력을 경험하고 학대를 당하며 강간당한다.'고 말하면서 '돌봄의 책임은 여전히 대부분 우리의 몫이고 우리의 면도기와 데오드란트는 분홍색이기 때문에 더 비싸다는 것은 헛소리다.'라고 알린다.[166] 강간, 데오드란트 가격 등에 대한 끊임없는 비판 제시를 통해, 모든 여성은 피해자라는 공통된 경험과 의식을 공유하게 된다.

• 차이를 간과하는 것

여성을 희생자로 보는 시각은 여성과 소녀들의 경험을 배제함으로써 더욱 악화된다. 운동가들은 '여성과 소녀에 대한 폭력'에 대한 인식을 제고한다. 대선 운동 기간 동안 힐러리 클린턴은 '모든 어린 소녀들이 보고 있다.'라고 수많은 언급을 했으며 종종 '여성과 소녀들'에게 자신의 메시지를 전했다. 여성과 소녀들을 이렇게 하나로 취급하는 것은 여성이 남성보다 여자 아이들과 함께 다루어져야 한다고 가정한다. 그러나 여성과 소녀들이 직면하는 문제, 그리고 훨씬 더 중요한 것은 문제를 해결하기 위해 어른과 어린이가 가지고 있는 다른 능력이 비교를 무효로 만든다는 것이다. 그것은 여성에 대한 동정을 이끌어내지만 궁극적으로는 성인의 자치권을 빼앗아간다. 그것은 이전 세대의 페미니스트들이 인정받기 위해 투쟁했던 것이다.

서구 사회에서 특권을 가진 여성들에게 피해자 지위를 부여하기 위해 사용되는 더 많은 술책은 매우 다른 세계의 상황에서 여성의 삶을 비교하는 것이다. 우리는 전 세계 여성들은 공통된 관심사를 가진 '계층'을 형성한다고 듣는다. 이 공허한 진술의 논리는 르완다 여성들이 생리 용품에 대한 접근성이 제한되어 있기 때문에, 남수단의 내전에 휘말린 여성들이 강간당했기 때문에, 인도 농촌 지역의 일부 여성들이 강제 결혼에 직면해 있기 때문에 연좌제로써 모든 여성들은 학대에 의한 피해자가 된다. 게다가 모든 여성과 소녀들이 함께 그룹화 될 때 문제의 원인은 그들이 살고 있는 사회라기보다는 남성에게서 비롯된 것으로 나타난다..

• 여성 할례

페미니즘이 광범위한 정치적인 권력 관계의 분석과 분리되면, 선거 운동가는 개발도상국의 소녀와 선진국의 부유한 여성의 경험 간에 동등한 관계를 맺을 수 있다. 여성 할례Female Genital Mutilation 또는 생식기 절단은 일부에 영향을 미치는 문제의 한 예이다. 인도네시아, 말레이시아, 인도의 일부뿐만 아니라 특정 아프리카 국가에서 일부 소녀들에게 영향을 미치는 문제의 한 사례지만, 모든 곳에서 여성들이 억압받고 있음을 보여주기 위해 사용된다. FGM은 의학적 목적이 없는 충격적인 시술이자 후진적인 문화 관행이지만 페미니스트들은 이것을 어떻게 다룰지에 대해 전적으로 동의한 적이 없다. 때때로 그것은 다른 문화의 관습을 비판하는 것처럼 보이는 것에 대한 두려움 때문에, 특히 그러한 문화가 외국, 흑인 및 무슬림인 경우에는 무시되거나 심지어 조용히 묵인되었다. 최근에는 일부 페미니스트들이 FGM 비판에 훨씬 더 목소리를 높이고 있다.

최근의 반反FGM 캠페인은 여러 가지 문제를 제기한다. 가장 명백하게 선진국에서 FGM에 대한 인식을 높이는 것이 실제로 FGM의 보급을 감소시키는 것처럼 목소리가 더욱 커졌다. 오늘날 아프리카에서 소녀의 성기가 절단될 확률은 30년 전보다 약 3분의 1 정도로 낮다.[167] 의미심장하게도, 그것은 주로 이전에 가난했던 사회에서 일어나고 있는 경제 발전과 광범위한 문화적 변화로 인해 감소하고 있다. 이러한 사회적 변화는 주로 아프리카 사람들의 노력에 의해 추진되었다. 서구 페미니스트들의 캠페인은 최소한의 영향만 끼쳤다. FGM이 여전히 실행되는 곳에서도 과거에 흔했던 것보다 훨씬 덜 심각한 형태로 이루어진다. 클리토리스 후드를 제거하거나 음핵을 찌르는 시술은 의료진에 의해 점점 더 많이 수행되고 있으며 남성 할례의 경우보다 덜 심각하다.

현재 FGM 문제를 둘러싼 현재의 많은 캠페인은 서구에 살고 있는 아프리카 혈통의 소녀들을 중점적으로 다룬다. FGM에 관한 블로그[168]를 운영하는 은퇴한 간호사 브리지 헤히르Bríd Hehir는 'FGM이 영국에서 실행되고 있다는 증거는 없으며 FGM을 받은 어떤 아이도 현존하지 않는다. 8세 미만에서 기록된 몇 가지 경우는 완전히 다른 생식기 피어싱을 위한 것이다.'라고 말했다. 나는 헤히르에게 만약 FGM이 감소하고 있다면 그것을 반대하는 캠페인이 왜 그러한 기세를 가지고 있는지 물었다. '여러 가지 문제가 복합적으로 발생한다.'라고 그녀가 말했다. '관점의 일치라는 것이 있다.' '아동의 극단적인 취약성에 대한 믿음과 아동 학대가 만연해 있다는 인식이 있어서 사람들이 이를 추궁할 가능성은 낮지만 단순히 그들은 들은 것을 액면 그대로 받아들이는 것이다. 동시에 일부 정치인들 사이에서는 자신들이 여성들과 결부되어 있고 소녀들에 대해 관심을 가지고 있다는 것을 보여주고 싶어 하는 실질적인 욕구가 있다. 이것은 동시에 FGM 반대 운동가들에게 이용 가능한 많은 자금이 있음을 의미하며, 운동가들은 이 관행이 널리 퍼진 것과 그 정도를 과장하도록 장려된다.'라고 말했다.

• 신호 보내기

이것은 서구의 FGM에 대항하는 현재의 캠페인이 해외에서 일어나는 일에 도전하는 것보다 국내에서 신호를 보내는 것과 관련이 있음을 시사한다. 이것은 결과가 없는 것이 아니다. FGM에 대한 서구 페미니스트들의 인식은 영국의 많은 아프리카 소녀들의 삶에 개입을 초래한다. 헤히르는 나에게 '보건 전문가들은 현재 더 많은 소녀들에게 FGM의 징후를 확인하고 있으며 보건 및 사회 복지 전문가와 교사들이 18세 미만의 FGM의 '알려진' 사례를 경찰에 신고해야 하는 보고의 의무가 있다.'라고 말했다.

운동가들의 눈에는 FGM이 행해졌다는 증거의 부족이 그 부재를 증명하는 것이 아니라 오히려 그것이 더 잘 숨겨지고 있다는 증거로 여겨진다. 보건 전문가들의 감시와 보고는 아프리카계의 소녀들과 어머니들에게 거의 도움이 되지 않는다. 반대로, 만약 그것이 다른 문제들과 관련이 있다면 그것은 '인종 프로파일링'으로 분류할 수 있는 방식으로 그들을 골라낸다. 헤히르는 나에게 '타겟이 된 지역 사회는 낙인이 찍히고 분노하게 된다. 그들은 이곳에서 관행을 중단하기 위해 그들이 한 일에 대해 신용을 얻지 못하고 대신 범죄를 저지른 것으로 취급당한다. 예를 들어 그들은 존재하지도 않는 소위 '할례 시즌' 동안 공항에서 심사를 통해 의심의 대상이 된다.'라고 말했다. 영국의 반反FGM 운동의 목적은 일부 여성과 소녀들이 피해자라는 것을 상기시킨다. 따라서 모든 여성들은 피해자가 된다.

인종 프로파일링의 비난에 대응하여, FGM에 대한 캠페인은 소음순 절제술labiaplasty이나 질 성형술vaginoplasty과 같은 성형 수술을 선택한 서양 여성들을 포함하도록 확대되었다. 그러한 절차는 FGM과 동일한 용어로 비평가들에 의해 논의되며, 성인 여성 환자들은 그들의 딸을 FGM을 위해 준비하는 엄마들만큼이나 가부장적 태도의 피해자로 간주된다. 이러한 잘못된 비교는 여성이 성인으로서 자신의 삶과 신체에 대한 결정을 내릴 수 없다는 것을 암시한다. 그들은 이성적이고 의식적인 선택을 하는 것이 아니라 '남성의 시선을 내면화'하고, 자신의 몸이 특정한 방식으로 보여야 한다고 믿도록 현혹된 것처럼 보인다.

이것이 함의하는 바는 한 영국인 의사가 수술을 요청한 환자에게 미용 목적의 성기 수술을 집도한 후 FGM 기소에 직면하게 되면서 드러났다. 이 외과 의사인 데이비드 빌David Veale 교수는 'FGM은 여자 아이들의 동의에 반反하여 행해지는 혐오스러운 관행이지만, "성형을 목적으로 하는 성기 수술"은 동의할 능력이 있는 자신의 외모와 성적 매력을 향상시키고자 하는 욕구에 의해 동기 부여된 성인 여성들에게 제공된다. 다른 성형수술과 다를 바 없다.'라고 언급했다. 그는 '나는 그 절차가 마음에 들지 않는다. 그러나 내게 중요한 것은 선택의 자유다. 자신의 몸으로 원하는 것을 할 수 있는 동의의 능력이 있다면 선택의 자유가 있다.'라고 말을 이어나갔다.[169]

연약한 소녀들의 이름으로 행해지는 페미니스트 주도의 FGM 반대 운동은 결국 성인 여성을 자율성이 없는 아이들의 지위로 축소시켜 자신의 몸에 대한 자유로운 선택을 할 수 없게 만든다. 여성들의 낙태와 같은 의료 서비스 제공의 확충에 매우 필수적인 자신의 몸을 통제하는 원칙은 성인 여성에 대한 반反FGM 운동의 확대에 의해 훼손된다.

• 지나친 요구

여성들이 교육과 고용에서 더 뛰어날수록, 여성들이 불이익을 받는다는 신념을 지속하기 위해서 더 많은 노력이 필요하다. 피해자에 대한 주장은 종종 지지하는 연구에 의해 뒷받침된다. 즉, 연구자의 사전에 결정된 결론을 뒷받침하는 데이터를 제공하는 설문 조사, 관찰 및 인터뷰가 그것이다. 다음 장에서 더 자세히 살펴보면, 설문 조사들은 여성들이 강간 문화에서부터 온라인 괴롭힘, 그리고 학교에서 성적 괴롭힘에 이르기까지 모든 것의 희생자임을 보여주면서, 모두 비슷한 패턴을 따르는 경향이 있다. 설문조사들은 응답자 자신보다는 연구자들에 의해 경험이 해석되고 분류되는 소수의 자기 선택적 면담자 그룹의 결과를 추정한다. 우리는 급여에 대한 통계조차도 어떻게 승진을 위한 논쟁에 걸맞게 선별적인 해석의 대상이 되는지를 보았다. 이런 식으로 페미니스트 연구는 진리의 추구보다는 이미 확립된 서술적 내용을 내세운다. 실제로 성희롱과 같은 주제를 토론할 때 '객관적' 또는 '중립적' 태도가 가능하다는 바로 그 제안은 남성적인 세계관으로부터 나오는 신화로서, 많은 페미니스트 연구원들에 의해 비웃음을 사게 될 것이다.

기술적 정확성보다 더 큰 진실을 알리는 것이 더 중요하다. 2017년 2월에는 폭언을 가한 승합차 운전자에게 복수하는 여성 자전거 운전자의 각색된 영상이 퍼져나갔다. 이 동영상이 온라인에 게시된 지 24시간 만에 진실이 밝혀졌다. 하지만 바로 이 시간 동안, 이 짧은 동영상은 소셜 미디어에서 1천만 번 이상 재생되었다. 사람들은 중산층 여성을 괴롭히는 거친 남성(특히 노동자 계층의 승합차 운전자)에 대한 기존의 편견을 인정했기 때문에 그것이 진짜라고 믿었다. 영상에 대한 진실이 알려졌을 때도 댓글을 단 사람들은 여성이 괴롭힘의 피해자라는 더 큰 진실에 의심의 여지가 없다는 것을 재빨리 지적했다.[170]

• 개인적인 이야기

많은 페미니스트 연구자들은 개인의 경험에 대한 설명이 통계보다 더 진실하다고 주장한다. 개인의 주관적인 목소리는 획일화되고 일련의 남성적인 기록에 반대하게 된다. 이 사고 방식에 따르면, 불이익을 받고, 억압당하고 하위 계층에 속하는 사람일수록 그들이 공유해야만 하는 더 강력하고 진실에 가까워지는 경험들이 있다. 아이러니하게도 피해자 페미니즘을 홍보하는 많은 개인적인 이야기들은 영향력 있는 위치에 있는 저명한 여성들로부터 나온다. 영국에서는 다이앤 애벗Diane Abbott, 해리엇 하만Harriet Harman, 제스 필립스Jess Phillips와 같은 국회의원들이 공공 영역에서 여성들이 경험하는 여성혐오에 대해 거리낌 없이 말했다.[171] 제니퍼 로렌스Jennifer Lawrence, 패트리샤 아퀘트Patricia Arquette, 밀라 쿠니스Mila Kunis와 같은 배우들은 할리우드의 성차별에 대해 목소리를 높였다.[172] 영화 해리포터 시리즈의 배우에서 페미니스트 운동가로 변신한 엠마 왓슨Emma Watson은 여성과 소녀들이 취약하다는 주장으로 헤드라인을 장식했다. 그녀는 자신의 노력으로 유엔 친선 대사가 되었다. 배우이자 운동가인 레나 던햄Lena Dunham은 자신이 접하는 성차별을 상세히 기술하는 유명한 블로그인 레니Lenny를 운영하고 있다.[173]

그러나 개인적인 이야기는 대중의 눈높이에 맞는 사람들로부터만 나오는 것이 아니다. 영국의 일상속의 성차별 프로젝트British Everyday Sexism Project는 '매일 경험하는 성차별의 사례들을 수집하는 것을 목표로 한다. 그것은 심각하거나 경미할 수도 있고, 지나치게 공격적이거나, 혹은 당신이 항의할 수 없을 정도로 너무 사소하고 평범할 수도 있다.'[174] 이 사이트는 이렇게 함으로써 '당신은 성차별이 존재한다는 것을 세상에 보여주고 있으며, 그것은 여성들이 매일 직면하고 있고, 이것을 논의하는 것이 타당한 문제'라는 바탕으로 이야기를 나누도록 권장한다. 이 프로젝트의 설립자인 로라 베이츠Laura Bates는 대중교통에서 학교, 거리에서 직장까지 모든 곳에서 여성이 피해자라는 견해를 고수하는 유명 인사가 되었다.

물론 여성들은 그들의 이야기를 할 권리가 있으며, 이것은 통계에 의해 얼버무려지거나 전혀 연구되지 않은 삶의 영역을 밝히는 유용한 방법이 될 수 있다. 그러나 현재로서는 피해자로서의 여성에 대한 이야기만이 들리는 것처럼 보인다. 삶에 만족하고 성차별주의와 여성혐오에 맞서기 위해 애쓰지 않는 여성들의 개인적인 이야기는 알려지지 않고 있다. 아마도 그러한 여성들은 사적인 것을 공적인 영역에 공개하는 것에 대한 확언의 필요성이 거의 없기 때문일 것이다. 피해자 페미니즘은 젊은 여성들에게 삶에는 어려움이 따르고 세상이 그들에게 반대한다는 메시지를 보내는 선별적인 세계관을 제시한다. 이 메시지는 오늘날 여성의 삶의 현실과 모순될수록 페미니스트들은 점점 더 모호한 편견의 예를 찾아낸다.

이 불평등의 새로운 현장을 찾는 것은 남성과 같은 직업에서 투표권과 이혼 그리고 일을 할 권리를 위한 힘든 싸움에서부터 동떨어져 육아, 피임과 낙태에 접근하게 만든다. 성차별주의를 '일상'의 사건으로 제시하겠다는 결심은 남성들이 기차 좌석에서 다리를 벌리고 있거나 여성의 말을 방해하는 것과 같은 더 작고 사소한 문제에 초점을 맞추는 것을 필요로 한다. 어느 날 여성들은 너무 바짝 다가와 서 있는, 원하지 않는 칭찬을 하고, 원하지 않는 질문을 하고, 대중 교통에서 자리를 양보해주고, 파티 후에 청소를 하지 않은 남성들의 문제를 일상 속의 성차별 웹사이트에 기록하기 위해 시간과 노력을 들였다.[175]

이 모든 예시들은 어떤 여성들에 의해 주관적으로 '불쾌한' 것으로 경험되는 행동들을 비난한다. 어떤 여성은 남성이 기차에서 자신에게 자리를 양보하면 불쾌하다고 말한다. 그녀는 그들이 그 열차에 앉아 있는 모든 사람들에게 보이는 행동을 하는 것으로부터 공적인 '미덕'을 얻는다고 생각하기 때문이다. 반면 다른 여성은 자리를 양보 받지 못했기 때문에 불쾌감을 느낄 수 있다. 각자의 역할이 미리 정해진 이야기를 뒷받침하는 것일 때 성차별의 발생이 얼마나 사소한 것으로 나타날지는 더는 중요하지 않다. 이러한 이유로 굉장히 사소한 불편함이 1면 뉴스를 장식한다.

• 캠퍼스에서의 피해자 페미니즘

'피해자'의 정의를 확대하는 것은 학계 내에서 계속 이어지고 있다. 대학들은 성희롱의 '병폐'에 사로잡혀 있다고 한다. 한 영국 신문에 따르면 '만연한 학대, 접근하기 어려운 과정, 피해자를 상대로 누적된 문화의 결합은 단지 행동의 결과를 초래하는 것이 아니라, 약탈적인 관계자들이 권력에 의해 보호받는 구조를 강화시키는 동시에 고등 교육 내에서 여성의 고용과 학습 대한 접근은 심각하게 위협 받고 있다.'라고 한다.[176]

여학생들을 연약하고 신체적, 성적, 심리적인 해를 입을 위험이 있는 것으로 보는 이러한 견해를 받아들이는 것은 캠퍼스에서의 언론의 자유에 대한 빈번한 도전을 제기한다. 발언들이 연약한 여성을 해칠 수 있고, 모든 여성이 취약하다고 가정한다면, 피해자 페미니즘의 논리에 도전하는 페미니스트들을 포함하여 캠퍼스 연사들을 조사하고 범죄를 일으킬 가능성이 있는 사람들의 초대를 '취소'하는 것은 논리적인으로 보인다. 대서양의 양쪽에는 이에 대한 수많은 사례가 있다. 2016년, 학생들은 페미니스트 작가인 크리스티나 호프 소머스의 오벌린 대학Oberlin College에서의 연설을 저지하려고 했다. 그녀가 강간 문화의 존재를 부정하는 것이 분명히 학생들에게 충격을 줄 것이기 때문이었다. 시위대는 다음과 같이 설명했다. '그녀를 트라우마와 성폭력과 피해자와 생존자들로 가득 찬 대학 캠퍼스로 데려옴으로써, OCRL은 궁극적으로 성폭력을 경험한 사람들의 복지에 실질적인 영향을 미치는 이러한 거부, 비난, 수치심의 풍토를 강화하기로 선택하고 있다.' 시위자들은 '우리는 우리의 모든 시간과 에너지를 들여 그녀가 해롭다는 사실을 모든 방법을 이용해 설명할 수 있다. 그런데 우리가 왜 그렇게 해야 하는가?'라고 덧붙였다.[177]

호우리는 호프 소머스가 학생들에게 신체적인 해를 끼치지 않을지라도, 단지 강간 문화를 '부정하는 자'의 존재만으로도 그들의 정신 건강에 해로울 수 있다는 그들의 진술을 보게 된다. 항의하는 과정에서 이 학생들은 그들의 고통에 대한 확신을 얻는다. 옥시덴탈 대학Occidental College 학생들은 하버드 로스쿨 교수 랜덜 L.케네디Randall L. Kennedy의 강간 문화 다큐멘터리 헌팅 그라운드The Hunting Ground에 대한 비판때문에 그의 졸업식 연설에 항의했다.[177] 대안 우파의 논쟁가인 마일로 이아노풀로스Milo Yiannopoulos의 '페미니즘은 암이다.'라는 습관적 주장은 미국과 영국 전역의 대학이 그에 대한 초청을 취소하게끔 이끌었다.[179] 그가 말할 때, 그것은 종종 '촉발된' 학생들, 보통 여성들이 거주할 수 있는 '안전한' 공간과 연관되어 있다.

• 낙태

낙태에 대한 논의는 가톨릭 대학으로부터 초청이 거절된 임신 중절 합법화를 찬성하는 연설자들과[180] 비종교 기관의 임신 중절 합법화를 반대하는 연설자들로 인해 캠퍼스에서 특히 급물살을 타게 되었다. 심지어 오바마 대통령도 비난을 받았다. 그가 노트르담Notre Dame에서 연설하도록 초청한 것은 임신 중절 합법화를 찬성하는 그의 견해가 가톨릭 대학과 맞지 않다고 느낀 사람들에 의해 항의를 받았다.[181] 다른 곳에서는 낙태 합법을 찬성하는 학생들이 30년 이상 사용된 포스터와 전시물을 제거하라는 요청을 받았다. 영국 존스 홉킨스 대학Johns Hopkins University의 학생위원회는 '우리는 우리의 고문들과 함께 당신의 사진을 검토한 결과 당신의 전시물에 방해가 되는 이미지와 내용이 포함되어 있다고 판단했다.'라고 발표했다.[182] 영국에서, 옥스포드 대학the University of Oxford에서의 낙태 논쟁은 페미니스트 학생들이 '우리가 그들의 "논쟁"에 대해 어떻게 생각하는지를 임신 중절을 반대하는 사람들에게 보여주는 데 도움을

주기 위해, 비非파괴적이지만 너무나도 파괴적인 도구들을 가지고 가겠다고 약속한 후' 취소되었다.[183]

특히 두 사람 사이에서 논쟁이 일어났기 때문에 특별한 분노가 제기되었다. 시위에 참가한 학생 중 한 명인 니암 맥킨타이어Niamh McIntyre는 자랑스럽게 선언했다. '내 자궁은 그들의 논의의 대상이 아니기 때문에 두 남자 간의 낙태 논쟁을 중단시키는 것을 도왔다.'[184] 맥킨타이어는 자궁을 가진 사람들에게는 낙태가 기꺼이 논쟁할 사안이라고 주장했지만, 같은 기사에서 '낙태에 대한 접근은 여성, 트랜스, 논바이너리nonbinary인 사람들의 삶에 영향을 미친다고 주장했고, 임신 중절을 반대하는 집단이 우리 몸의 자율성에 가하는 위협은 수사학이 아니라 현실이다.'라고 주장했다.

• 트랜스여성

남성이 낙태를 논할 수 없다고 주장이 제기되는 것과 동시에 성별은 감정에 지나지 않으며, 누구나 남자나 여자가 될 수 있다는 생각에 도전하는 사람들을 배척하는 운동도 있다. 다시 말해, 논쟁은 트랜스젠더들에게 실존적 위협이 되고 있다는 주장이 제기되었다. 이는 과거에 '남성에서 여성이 된 사람을 여성으로 받아들여야 한다는 주장은 여성이 결함이 있는 남성이라는 잘못된 확신을 제도적으로 표현한 것'이라고 쓴 저메인 그리어Germaine Greer와 같은 이전 시대의 저명한 페미니스트들을 상대로 한 캠페인을 보았다.[185] 카디프 대학Cardiff University의 여성 장교인 레이첼 멜휴이시Rachael Melhuish는 '그리어가 지속해서 여성들을 오도하고 트랜스포비아의 존재를 완전히 부정하는 등 트랜스여성에 대한 여성혐오적인 견해를 드러냈기 때문에' 그의 초대를 취소하기를 원했다. 이에 그리어는 '그들이 하는 말은 나는 수술이 남성을 여성으로 만들 것이라고 생각하지 않기 때문에 나는 그 어떤 곳에서도 연설을 하면 안 된다는 것이다.'라고 대꾸했다.[186]

• 촉발 경고

아마도 취약한 여학생들을 범죄로부터 보호하고자 하는 욕구는 캠퍼스의 연사를 금지하는 것 이상으로 확대되며, 특히 강간이나 성폭력에 대한 논의가 특징이 될 수 있는 법률이나 영문학 수업에 대해 강사가 촉발하도록 하는 요구를 야기했다. 촉발 경고의 배경은 학생들이 잠재적으로 괴로움을 느낄 수 있는 주제에 대한 사전 통지를 받게 된다는 것이다. 페미니스트 작가인 로리 페니Laurie Penny는 그것은 검열과 반대되는 것으로서 '수업과 토론 공간에서 구성원들의 가능한 경험을 고려하도록 요구하는 것'을 통해 토론을 열어주는 수단이라고 주장했다.[187] 그러나 촉발 경고는 학생들이 수업 중에 깜짝 놀라지 않도록 사전에 정신적으로 준비하도록 하는 것 이상의 역할을 한다. 그것은 학생들이 수업을 완전히 피할 수 있도록 하고 학자들이 자기 검열을 하도록 장려하는 수단으로 사용될 수 있다.

하버드 대학교 로스쿨 교수인 석지영 Jeannie Suk은 성폭력과 강간 사건에 대한 토론을 실시하는 데 있어 학계와 학생들 간의 불안감이 증가하면서, 형법 교수들이 법을 제대로 가르치지 못하게 되었다고 주장한다. 그녀는 궁극적으로 이로 인해 학생들뿐만 아니라, 그들이 앞으로 맡게 될 성폭력 피해자들이 피해를 볼 수 있다고 주장한다. '여성의 이익을 대변하는 학생 단체들은 이제 정기적으로 학생들에게 성폭력의 법칙에 초점을 둔, 따라서 정신적 충격을 줄 수 있는 수업 시간에 출석하거나 참여해야 한다는 부담감을 느껴서는 안 된다.' 석지영 교수는 '내가 알고 있는 한 교수는 최근 한 학생으로부터 "이 행위는 법을 위반하는가?"와 같이 수업 중에 촉발시킬 수 있는 '위반'이라는 단어를 사용하지 말아달라는 요청을 받았다.' 일부 학생들은 심지어 고통을 초래할 수 있는 잠재력을 지녔기 때문에 강간법을 가르쳐서는 안 된다고 제안하기도 했다.'라고 말한다.[188]

학생들이 법의 모든 분야를 공부하는 것을 그만두기를 허용하는 것은, 학생들과 그들의 미래의 고객들 모두에게 최선의 이익이 되지 않는다는 석 교수의 주장은 옳다. 촉발 경고는 트라우마를 겪은 사람들을 위해 교육에 대한 접근을 가능하게 하는 것이 아니다. 그 용어 자체만으로도 앞뒤가 맞지 않는다. 사람들은 특정 주제에 대한 노골적인 논의보다는 냄새나 색깔에 의해 유발된 특정 사건에 대해 플래시백을 가질 가능성이 더 높다. 촉발 경고는 여성의 민감성, 자신의 정체성의 취약성, 그리고 보호받아야 할 필요성에 대한 일반적인 진술을 하는 것에 훨씬 더 가깝다. 그러나 그 결과는 학문의 자유가 침해되고 여성이 남성보다 낮은 기준에 놓여 있어야 한다는 견해를 내포하는 것이다. 페미니즘이라는 이름으로 행해진 캠퍼스 검열은 여성들이 논쟁을 견디지 못하고 남성들보다 이성적인 토론에 참여할 능력이 부족하다고 가정한다. 이것은 평등의 시대에 역행하고 여성을 유아기로 돌려놓는다. 19세기의 여성들은 고등 교육 진입을 위해, 그리고 남성과 동등한 지식에 접근하기 위해 투쟁했지만 오늘날의 페미니스트들은 그들이 불쾌하다고 여기는 지식으로부터 보호받기 위해 싸우고 있다.

• 내재화된 여성혐오

여성을 피해자로 보는 페미니즘의 자극은 남성을 비난하는 것에서 여성 자신의 억압에 대한 비난으로까지 확대된다. 2016년 미국 대통령 선거의 여파로 트럼프에 투표한 '백인 여성의 53%'에 대한 많은 논의가 이루어졌다. 여성들이 자신의 성性과 클린턴에게 투표하지 않기로 결정했을 것이라는 불신과 상당수 여성들이 트럼프를 지지하기 위해 긍정적인 결정을 내렸다는 충격 속에 해명이 등장했다. 한 시사 평론가의 표현대로 '여성혐오는 남성만의 속성이 아니다.' 이러한 관점에서 트럼프의 승리는 여성의 약점 때문에 발생한다. '남성들에게 바람직한 한 가지 방법은 남성들이 여러분을 보호할 수 있을 것이라는 희망을 가지고 그들의 관심사에 동조하는 것이다.'[189] 이 주장은 피해자 페미니즘의 논리를 취한다. 즉, 여성들은 신체적, 성적, 언어적 폭력을 통해 남성들에게 제지당하며, 스스로를 보호하기 위해 여전히 더 멀리 있는 여성들을 상대로 그것을 돌리게 하려한다. 여성은 자신을 향한 학대에 연루되며, 자신을 모욕하는 남성들을 변호하고, 자신을 비하함으로써 때려눕힌다.

내재화된 여성혐오의 개념은 우리를 제2세대 페미니즘의 출발점으로 되돌아가게 한다. 1969년 그녀의 획기적인 작품인 《성의 정치학Sexual Politics》에서 케이트 밀렛Kate Millett은 '여성들이 그들이 잡혀있는 것에 대한 자부심을 내면화시켰기 때문에 여성들은 그들 자신과 서로를 경멸한다.'라고 설명한다.[190] 자신을 경멸하는 여성들을 불쌍하게 여겨야 한다면, 이를 거부하고 트럼프에게 투표하겠다는 결정에 당당한 입장이거나 하이힐을 신고, 성형 수술을 받거나, 폴 댄스를 추며 돈을 버는 여성들은 불쾌감을 느낀다. 그러나 여성이 내리는 선택의 일부만을 유효하다고 하는 페미니즘과 '잘못된' 선택을 하는 여성은 동정이나 경멸을 받을 자격이 있다는 페미니즘은 여성을 위한 지지자가 아니다. 여성을 비이성적이고, 오도되고, 자율성이 결여된 것으로 보는 견해는 오늘날 많은 남성들보다 페미니스트로부터 나올 가능성이 더 높아 보인다. 여성에 대한 이러한 페미니스트 정책은 선거 운동가들이 여성들이 구시대적이고 가부장적인 문화의 희생자라는 조작을 지속할 수 있게 한다. 그러나 자신을 피해자로 보는 시각에 도전하는 여성은 거의 없고, 그렇게 하는 여성들은 신속하게 희생자가 된다.

자신의 행동에 대한 책임을 지는 여성들은 위험한 태도

를 조장했다는 이유로 페미니스트들로부터 질책을 받는다. 2016년 자서전《무모함Reckless》에서 크리시 하인드Chrissie Hynde는 마약에 취해 폭주족들과 함께 다니다가 강간을 당한 특별한 사건을 설명하고 있다. 페미니즘은 하인드가 남성 학대자의 손에 겪은 트라우마를 묘사해야 한다고 지시한다. 그녀는 이 범죄의 무고한 피해자가 된 평생의 파장에 대해 자세히 설명해야 한다. 다른 사람들에게 배우고 훈육된 교훈은 아무리 그렇게 보기 힘들더라도 모든 여성들은 피해자라는 것이다. 이 대본에 편승하기를 거부한 사람은 오직 하인드 뿐이었다. '자, 엄밀히 말하자면 네가 그걸 보고 싶어도, 이건 내가 한 일이고 내가 전적으로 책임을 져야 해.' 그녀는 이렇게 적었다. '당신은 "나는 강간을 애정한다 I Heart Rape"와 "당신의 무릎 위에서On Your Knees"라는 배지를 달고 다니는 사람들과는 섹스를 할 수 없다.'[191] '자신의 잘못을 다른 사람들의 탓으로 돌리는 것'을 거부하자 그녀는 페미니스트들에게 비난을 받게 되었다. 그것 또한 '여성 연대'의 한계를 드러냈다.

우리는 페미니스트에 의한 하인드의 처우를 노동당 의원 제스 필립스Jess Phillips의 대우와 대조할 수 있다.《모든 여성 Everywoman》에서 필립스는 독자들에게 '내가 체육관 뒤에서

담배를 피우면서 자랑했던 것들은 대신 경찰과 공유되었어야 했다.'라고 전한다. 필립스는 자신의 어린 시절에 대한 책임을 지는 대신 자신을 피해자로 내세우고 학교를 순회하며 젊은이들에게 '강간과 성적 착취'에 대해 이야기한다. JK 롤링J K Rowling은 필립스를 '여女주인공'으로 선언했다. 오늘날 페미니즘의 핵심 목표는 여성들과 소녀들에게 자신을 피해자로 보도록 가르치는 것이며 필립스의 경우 이것은 문자 그대로 교실에서 행해진다.

• 피해자의 매력

여성의 단점을 과장하고 남성의 행동을 원인으로 지목하는 데 있어서, 피해자 페미니즘은 젊은 여성들에게 사회에서 그들 자신의 위치에 대한 그릇되고 퇴화된 의식을 심어준다. 여성은 자신을 수동적인 대상으로 보고, 스스로 일어설 수 없거나, 삶에 대한 통제력을 발휘하도록 격려된다. 그렇다면 궁금한 것은, 왜 피해자 페미니즘이 공론화 과정에서 그런 매력을 갖게 되었는가 하는 점이다.

필립스는 오늘날의 페미니스트의 피해자들과 함께 몇몇 매력을 보여준다. 그것은 플랫폼, 자원 , 권력에 대한 접근을 제공할 뿐만 아니라 더 중요한 것은 도덕적인 편애로 연결된다. 현대 정치 문화는 피해자를 존경하고 고통 받는 사람들의 도덕적 권위를 끊임없이 강화한다. 무표정한 여주인공인 피해자는 단상에 오르게 된다. 피해자가 우리에게 요구하는 유일한 것은 '그저 그녀를 믿어달라는 것'이다. 필립스는 이것을 독자들에게 '그냥 그녀를 믿으라.'라는 페미니스트적인 충고로 분명히 표현한다. 트위터 해시태그#IBelieveHer의 인기는 '피해자'의 결백한 모습을 더 잘 보여준다.

'그냥 믿으라.'라는 타인에게 부여된 의무는 도덕적 명령이 된다. 믿는다는 것은 피해자로서의 여성의 정체성을 확인하는 것이다. 그러나 결백하다는 것에 대한 가정은 기껏해야 공허한 승리다. 결백하다는 것은 자신의 운명을 통제할 수 있는 모든 능력이 부족했다는 것이다. 궁극적으로 평등이 아닌 보호에 대한 요구로 이어지는 승리다. 피해자의 표현을 통해 여성은 인정과 확답을 얻지만 자신을 연약한 존재로 표현해야 하는 대가를 치르게 된다. 이러한 과정을 통해 여성은 자신의 정체성의 일부로서 취약성을 내재화하게 된다.

'피해자'는 1960년대 중반에 처음으로 학문적, 사회적 관심의 대상이 되었다. 이 시기의 책이나 학술지에서 '피해자'

라는 단어가 훨씬 자주 등장하기 시작했다. 이 취약한 자아에 대한 개념은 크리스토퍼 라쉬Christopher Lasch가 1979년에 저술한《나르시즘의 문화The Culture of Narcissism》에서 밝혀졌다. 그사이 수십 년 동안 개인을 연약한 존재로 보는 사상은 널리 받아들여졌고 '피해자'에 대한 언급은 1970년대와 1980년대에 걸쳐 꾸준히 확대되었다.[192] 특히 이 20년 동안 가정, 학교, 직장, 그리고 삶의 모든 영역에서 온갖 종류의 괴롭힘과 학대가 폭로되었다. 뉴스 보도는 성적 학대, 아동 학대, 종교적 학대, 극악무도한 학대, 가정 폭력 및 성희롱에 대해 논의했다. 새로운 의학적 상태와 증후군이 발견되고 인정되었다. 예를 들어, 외상 후 스트레스 장애는 1980년에 미국 정신 의학 협회American Psychiatric Association의 정신 장애 진단 및 통계 편람DSM, Diagnostic and Statistical Manual of Mental Disorders에 처음으로 추가되었다. 이전에 개인적 또는 사회적 문제로 여겨졌던 경험은 의학적 또는 심리적인 상태로 재검토되었다. 예를 들어 난독증은 1980년대에 특정한 개입이 필요로 하는 상태로 인식되었다. 오늘날 페미니즘의 한 가지 목표는, 비록 성공하더라도, 모든 여성들이 희생당했다는 인식을 확보하려는 것으로 보인다. 이 피해자의 지위는 평등의 가정과 쉽게 일치한다. 즉, 여성은 그들이 견뎌내는 고통과 그들이 극복한 단점 때문에 남성과 동등하며 실제로 더 우월하다. 피해자에 대한 주장도 더 강하고 자신 있게 이루어질 수 있다. 여성은 집단적인 고통에 의해 강해지고, 그들은 생존자다. 피해자 페미니즘은 이 지위에 대한 확언의 요구다. 저널리스트 줄리 버칠Julie Burchill 이 '괴롭힘을 외치라cry bull'라는 용어를 만들었을 때 특별히 여성에 대해 쓴 것은 아니었지만, 이것은 오늘날의 페미니스트에 대한 적절한 묘사다. 크리스티나 호프 소머스Christina Hoff Sommers는 이를 '불만의 페미니즘' 또는 '소파 위로 실신하는 페미니즘fainting couch feminism'이라고 지칭하며, '가부장제 사회의 뒤틀린 이론'에 근거를 두고 있다고 주장한다.[193]

• 여성의 정신 건강 문제

취약한 자아에 대한 개념은 교사, 과잉보호하는 부모, 유행하는 페미니스트 운동가들로부터 여성의 연약함에 대한 메시지를 받는 소녀들에게 특별한 공명을 준다. 최근 몇 년 동안 젊은이들을 대상으로 한 정신 건강 문제를 둘러싼 캠페인과 인식 제고 계획이 증가하는 현상을 목격한다. 학교에서 가장 어린 시절부터 많은 아이들, 특히 소녀들은 '스트레스', '우울감', '불안'이라는 어휘를 사용한다.[194] 마음 챙김과 명상의 교훈은 그들이 밖으로 뛰어다니거나 그들 자신의 내적 독백을 넘어서는 주제를 탐구하기보다는, 속으로 집중하고 개인적인 감정 상태를 고려하도록 촉구한다.

대학에서 포스터 캠페인은 지원 서비스를 광고하고 학생들에게 자신과 서로를 보살필 것을 촉구한다. 연속극, 광고 캠페인 및 유튜브 스타들의 트위터 투혼은 젊은이들이 정신적으로 취약하다는 메시지를 강화한다. 결과적으로, 젊은 여성들은 정신 건강에 대한 토론에 점점 더 개방적이 되었다. 한 저널리스트는 다음과 같이 보고한다. '내 여자 친구들과 나는 우울증, 공황 발작, 자살 시도, 코카인에 인한 편집증(약물과 알코올 사용은 분명히 정신 질환의 한 요소다.)'에서부터 섭식 장애와 강박증에 이르기까지 부끄러움 없이 모든 것에 대해 논의했다.'[195]

1981년 사회학자 앤 오클리Ann Oakley는 실비아 플라스 Sylvia Plath와 관련하여 '정신 질환의 기능'은 '수용 가능한 여성의 탈출 경로'로서의 역할을 하는 것이라고 말했다.[196] 한 때 이 '탈출 경로'는 더 보수적인 사회 구성원들에 의해 오명을 쓰거나 간신히 언급되거나, 오클리와 같은 페미니스트들로부터 여성 억압의 실제 조건에 대한 논의를 회피하는 수단으로 비판을 받기도 했다. 오늘날 이와는 대조적으로, 그것은 합법화되고 공적인 공개의 대상이 되었다. 더는 불안감이나 우울증을 토론하는 데 어떤 수치심도 느끼지 않을 때, 참여하지 않는 것은 그것을 다르게 보이게 만든다. 여성들이 자신의 외모에 대해 완벽하다고 느낄 수도 있다는 것을 거의 인정하지 않는 것처럼, 여성이 정신적으로 완전히 강인하고 회복력이 있다는 것을 인정하는 사람은 거의 없을 것이다. 고통을 공공연히 드러내는 젊은 여성들은 용감하고 정직하다고 찬사를 받는다. 오명은 명성으로 바뀌었다.

정체성 정치 시대에 정신 건강 문제는 사람들을 정의하게 된다. 그들은 어떤 사람들을 다른 사람들보다 더 연약하고 특별하다고 표시한다. 이 취약성은 자해自害로 생긴 상처를 통해 공개적으로 드러날 수 있다. 자해 행위는 젊은 여성의 고통을 세상에 보여준다. 《제2의 성性The Second Sex》을 집필한 시몬 드 보부아르Simone De Beauvoir는 소녀들이 자해하는 추세를 인식하고 그러한 행동이 '효과적이라기보다는 구경거리였다.'라고 언급했다. 그녀는 그 소녀가 탈출할 수 없거나 실제로 탈출하려고 하지 않을 때 '유치한 우주에 정박한 채로 남아 있다. 소녀는 그곳에서 벗어나려고 노력하는 것이 아니라 그녀의 새장 안에서 고군분투하고 있다.'라고 묘사한다.[197] 오늘날 '코튼 울 키즈cotton wool kids'와 '눈송이 세대generation snowflake'로 불리는 소녀들은 우리가 이미 보았듯이 그들의 딸들을 위해危害로부터 보호하기로 결심한 부모들에 의해 안전한 새장 속에 놓이게 된다. 동반자 없이 자신의 집 밖에서 모험을 하지 않는 소녀들은 일단 그런 자유를 얻게 되면, 세상이 정말로 더 무서운 곳이라는 것을 발견하게 될 것이다. 여성을 연약한 존재로 보는 견해가 내면화되면 그것은 자기 충족 예언이 되고, 나아가서는 경외敬畏의 상태가 된다.

• 자기 관리

'자기 관리self-care'는 최근에 중요한 페미니스트 활동으로 자리 잡았다. 그것은 여성이 취약하고 성차별이 삶의 너무나 만연한 부분이라 그것에 대항하여 싸우는 것은 지칠 수 있다는 가정으로부터 생겨난다.

이런 맥락에서 자기 관리는《심리학 저널Psychology Today》의 크리스틴 마이네커Christine Meinecke 박사가 정의한 정치적 행위가 되는데, 자기 방종이나 과보호가 아닌 '감정적 스트레스 요인과 신체적 스트레스 요인의 효과의 균형을 맞추는 행동 선택'으로 정의된다.[198] 이러한 페미니스트 자기 관리에 대한 생각은 '나 자신을 돌보는 것은 자기 방종이 아니라 자기 보존이며, 그것은 정치 전쟁의 행위'라고 쓴 오드리 로드Audre Lorde의 글에서 유래됐다.[199] 오늘날의 페미니스트들은 이 한 문장을 마음에 새겼다. 그러나 로드는 간암에 맞서 싸우며 집필한 《빛의 폭발A Burst of Light》에 이것을 적었다. 스스로를 '프로 불편녀feminist killjoy'라고 칭한 사라 아흐메드Sara Ahmed는 '"빛의 폭발"이라는 표현은 로드Lorde가 뼛속까지 자신의 신체적 한계를 피할 수 없는 상황의 허약함을 느낄 때 사용되었다.'라고 말했다.[200] 로드에게는 자기 관리가 정말로 자기 보존의 문제였다. 다행스럽게도, 모든 여성이 불치병에 직면해야 하는 것은 아니다. 그러나 자기 관리에 대한 개념은 젊은 세대의 페미니스트들에 의해 빠르게 수용되었다.

페미니스트 웹 사이트 〈Bustle〉은 자기 관리가 '우울증, 불안 및 기타 어려움을 겪고 있는 사람들이 일상생활을 영위하도록 돕기 위해 매우 중요하다. 그러나 보다 더 넓은 맥락에서, 자기 관리는 중요한 일반적인 관행이자 근본적으로 페미니스트적 발상이다.'라고 주장한다.[201] 또 다른 웹사이트인 〈Everyday Feminism〉은 '정치적으로 의식하거나 급진적인 사람들에게 삶이 너무 버거울 수 있다.'라고 암시한다.[202] 그것은 '그 과정에서 자신을 돌보지 않을 때 크리스마스에 항의하는 다른 여성들을 위해 나가서 소리치거나, 사설을 쓰거나, 심지어 성차별주의적인 삼촌과 언쟁을 벌일 것을 기대하는 것은 부당하다.'라는 이유로 자기 관리 팁을 제공한다. 작가들은 자기 관리가 페미니즘의 '가장 핵심'에 있다고 주장한다.

새로운 페미니스트들에게 보내는 메시지는 '자신을 소중히 하고, 시간을 내어 자신의 몸에 귀를 기울이고, 저항 없이 원하는 것을 해야 한다는 것이다. 가부장제에 저항하는 것은 충분히 어렵다. 자신의 필요에 저항하면서 그것을 하는 것은 더 어렵다.[203] 우리는 끊임없이 캠페인을 벌이고, 목숨을 걸고, 굶주림을 당했고, 투옥되어 단식투쟁을 했던 이전 세대의 페미니스트들이 오늘날 여성들에게 자신들의 필요를 우선시하라는 이러한 요구를 어떻게 설명할지 상상에 맡길 수밖에 없다. 털북숭이 양말과 향초 등을 넣은 덴마크 휘게hygge의 인기처럼 자기 관리는 거품 목욕, 초콜릿, 프로세코prosecco를 곁들인 페미니즘이다. 암과 싸우는 동안에도 로드는 자기 관리가 여성들을 정치 투쟁에 참여하지 못하게 하는 위험을 무릅썼다고 지적했다.[204] 오늘날 젊은 페미니스트들 사이의 자기 관리에 중점을 두고 있는 것은 도전으로서가 아니라, 보다 광범위한 사회적, 문화적 추세의 맥락에서 확고하게 자리 잡은 페미니즘을 드러내고 있다.

• 결론

페미니즘은 항상 여성들이 남성에 비해 불이익을 받는 분야를 강조해야 하는 필요성에 의해 추진되었다. 이것은 여성들이 동등한 자격으로 사회에 참여할 수 있는 권리를 획득하기 위해 필요했다. 불리한 영역을 드러낸다고 해서 자동적으로 여성이 피해자가 되는 것은 아니다. 그러나 지난 수십 년 동안 법적인 변화는 여성이 성취할 수 있는 것에 대한 문화적 가정假定의 변화와 결합되었지만, 페미니즘은 오늘날 이 주장이 거의 의미가 없는데도 여성들이 억압받고 있다는 가정에 매달리고 있다. 피해자 페미니즘은 단순히 과거와의 연속이 아니라 오히려 페미니즘이 성적 평등을 요구하는 것을 멈추고, 대신 여성과 남성의 차이에 초점을 맞추고 여성 억압의 원인으로 남성을 배치하기 시작하는 뚜렷한 순간에 나타난다.

다음 장에서 살펴보겠지만, 피해자 페미니즘은 공공 및 사생활 간의 경계가 무너지고 직장에서의 아동 학대, 가정 폭력, 성희롱과 같은 문제들이 형성되는 1970년대에 처음 등장했으며, 이는 개별 남성과 여성간의 문제가 아닌 남성 계층이 여성 계층에게 가하는 사회적 문제였다. 피해자를 포용하는 데 있어 페미니즘은 자유를 원하고 남성과 같은 방식으로 세상에 대처할 수 있는 자율적 존재로서의 여성에 대한 인식에서, 여성을 특별한 보호와 경고, 안전한 공간이 필요한 존재로 제시되는 쪽으로 옮겨갔다. 다음 장에서는 그 과정과 오늘날 여성들의 삶에 미치는 결과에 대해 살펴본다.

섹스와 관계

취중 원나잇과 섹스파트너라는 농담은 잊어야 한다. 오늘날 많은 젊은이들에게 섹스는 문제가 있다. 성적으로 전염되는 질병이나 임신이 아니라 서로에 대해 너무나도 많은 걱정을 하고 있다. 캠퍼스 토론에서 나는 학생들에게 왜 성적 동의 수업 출석이 의무화되어야 한다고 생각하는지 물었다. 확실히 나는 사람들이 강간과 합의된 성관계의 차이점을 배울 필요가 없다고 주장했다. 그리고 통계적으로 캠퍼스는 이 나라에서 가장 안전한 장소들 중 하나다. 하지만 한 젊은 여성은 내 질문에 충격을 받았다. 그녀는 '우리는 강간당할 수 있다. 나는 도서관을 다니기 위해 어두워진 후에 캠퍼스에 있는 내 방을 떠나지 않는다.'라고 말했다. 그 일행의 다른 사람들은 '어두워진 후에'라는 말을 신속하게 정정했는데, 허세를 부리는 입장에서가 아니라 강간범은 자신들에게 알려진 사람일 가능성이 더 높았고, 어쩌면 무작위적인 낯선 사람이라기보다는 남자친구나 그들이 자기 방으로 다시 초대했던 사람일 가능성이 더 높다는 것을 좀 더 냉철하게 이해했기 때문이었다.

이 장에서는 남녀의 사적인 관계를 살펴보고, 어떻게 페미니즘이 성적 자유를 축하하는 것에서 성관계와 관계를 규제하는 쪽으로 옮겨갔는지 탐구한다. 페미니즘의 이러한 변화된 역동성은 지역사회 단체, 노동조합, 교회, 정당 등에 모인 구성원들의 행동에 대한 오래된 확실성이 더는 당연한 것으로 여길 수 없을 때 본격적으로 시작되었다. 한때 사람들의 삶을 규제했던 낡은 도덕과 가치관이 버려졌다. 사람들의 삶의 공적 및 사적 영역을 넘어서는 페미니즘은 학교, 대학 및 기타 국가 기관에 포용해야 할 급진적인 가치들의 분명한 집합을 제공한다. 이와 같이 페미니즘은 사회생활과 친밀한 관계를 모두 규제하는 새로운 수단을 확립하는 데 있어 주목을 받게 된다. 이 장에서는 성희롱, 포르노, 강간 문화라는 세 가지 핵심 이슈에 초점을 맞춰 페미니즘이 어떻게 사적인 관계를 규제하는지를 알아본다.

• 성혁명에 무슨 일이 일어났는가?

성해방의 시대는 오래 가지 못했다. 제2세대 페미니즘이 시작된 지 거의 50년이 지났고, 도덕적으로 인정된 성관계를 설명하는 샤프롱(파티에서 미성년 남녀를 감독하는 사람), 통금 시간, 그리고 고상한 척하는 길고 지루한 이야기가 모두 돌아온 것 같다. 이번만은 종교적 보수주의자나 구태의연한 친척에서 비롯된 것이 아니라 '나는 동의를 애정한다.heart consent'라는 배지를 단 페미니스트에게서 비롯된다. 젊은 여성들에게 보내는 메시지는 명백하다. 명시적이고 언어적이며, 지속적인 동의가 없는 성관계는 강간이며, 모든 남성은 잠재적인 강간범이다. 그러나 이 가르침은 부분적으로만 받아들여진다. 젊은이들은 집단적으로 자신을 가두지 않는다. 대부분은 여전히 밖으로 나가 술에 취하거나, 섹스를 하거나 나중에 아이를 갖는다. 젊은이들이 섹스를 하는 것을 두려워하는 것이 아니라, 많은 사람들에게 있어서 관계가 불안과 공존하게 된 것이다. 친밀감은 불안과 관련이 있다.

오늘날 '강간 문화'와 '성희롱'에 대한 논의가 페미니즘을 지배하고 있다. 그러나 이 단어들이 특정 사건을 기술하는 경우는 드물다. 오히려 이것의 반복은 남성이 저지른 폭력과 학대의 피해자로서 여성을 제시할 필요성을 충족시킨다. 성적으로 순결하고 취약한 여성들이 약탈적인 남성을 막아야 한다는 오래된 생각은 여성, 특히 부유한 서구 국가의 여성들이 이전보다 더 큰 재정적, 법적 독립성을 가지고 있는 상황에서 부활하고 있다. 그러나 이 독립성은 새로운 힘뿐만 아니라 새로운 두려움을 가져다준다. 어두워진 후 자신의 방에 자기를 맡기는 젊은 여성들은 폭압적인 아버지들이 아니라 그들 자신의 불안에 의해 그곳에 놓여졌다.

성적 해방은 현재 사랑과 평화만큼 오래된 것으로 보인다. 그것은 남성을 재미를 위한 것으로, 여성에게는 참담한 것으로 냉소적으로 치부되어왔다. 그러나 이것은 여성의 삶이 얼마나 더 나은 방향으로 바뀌었는지를 잊기 위한 것이다. 오래전에, 동거중인 부부들은 '죄를 지으며 살고 있다.'라는 오명을 썼고, '혼외'로 태어난 아기는 낙인 찍혔다. 결혼 생활이 여성의 미래를 보장하는 몇 안 되는 경로 중 하나였을 때, 결혼 전의 성관계는 파멸에 이를 수도 있었다. 젊은 사람들, 특히 젊은 여성들은 종교적이고 도덕적인 기준을 지키기 위한 구세대의 의도로 단속되었다. 탈선의 결과는 심각했다. 앨리슨 울프Alison Wolf가 우리에게 상기시켜 주듯이 '임신은 사생아보다 임신이 발각되었기 때문에 할 수 없이 하는 결혼의 서곡이 될 가능성이 더 높았다. 그러나 그 남자가 "옳은 일"을 하도록 설득되거나 강요할 수 없다면, 여성들은 사회적 파멸에 직면하고, 그들의 아기들은 대부분 비참한 운명에 처하게 되었다.'[205]

여성해방운동이 본격화되기 시작한 바로 그 시기에, 여성들이 자신의 가임 상태를 조절할 수 있는 안전하고 믿을 수 있는 피임약인 '필Pill'이 등장했다. 이미 자신에게 부과된 규제와 제약에 의문을 품은 젊은 여성들은 남성만이 섹스를 즐길 수 있다는 이중 잣대에 의문을 제기했다. 여성들은 이 자유를 누릴 수 있도록 성혁명을 원했다. 록 밴드 프리텐더스The Pretenders의 리드 싱어인 크리시 하인드Chrissie Hynde는 시대의 분위기를 요약한다. '한때 약물의 왕이었던 LSD의 일시적인 유행에 신경 쓰지 마라. 셰르Cher처럼 이것에 두 번째 이름은 필요 없다.'

하인드에게 이것은 기념할 만한 일이었다. '여성해방의 이름으로 여성은 남성처럼 되고 있었고, 그건 좋은 소식이었다. 나는 남성들이 가진 것을 원했기 때문이다. 우리가 자신의 성생활에 책임이 있다고 생각할 때, 우리는 이제 "아니오." 대신에 "예."라고 말할 수 있다.'[206] 울프는 동의한다. '피임약의 등장 이후 성인이 된 사람들은 우리 이전의 모든 세대와는 다른 해안에 서 있다. 섹스는 안전할 수 있다. 당신은 그것에 대해 안심할 수 있다. 여성들은 원치 않는 임신을 그들 스스로 완전히 확실하고 안전하게 피할 수 있다.'[207] 하하지만 오늘날의 성혁명 지지자들은 회고적인 염려를 표한다. 심지어 하인드도 우려를 나타냈다. '이제 우리는 비록 우리 본성에 맞지 않더라도, 그들이 그랬던 것처럼 잠자리를 같이하고 달아날 수 있게 되었다.'[208]

피임과 낙태는 여성들을 생물학적 제약에서 벗어나게 했다. 운동가들은 심지어 이것이 교회와 국가 정부를 장악하는 것을 의미하는 경우에도 그들에게 접근하기 위해 싸웠다. 메리 케니Mary Kenny가 회상하듯이, 아일랜드의 페미니스트들은 1935년 이래로 '산아 제한 용품'을 판매하는 것이 불법이었던 가톨릭 남부에 보급할 콘돔을 싣고 북부의 벨파스트에서 온 열차에 탑승한 것으로 유명했다. 케니는 1971년 '아일랜드 여성해방 운동에 참가한 우리 일행이 당시 벨파스트에 가서 지금과 같이 영국 내에서 콘돔과 피임약을 구입하고 국경선을 넘어 다시 가져와 (세관원들이 굴욕적으로 당황하는 곳인) 코놀리Connolly 역에 신고하기로 결정했다.'

라고 설명한다.[209] 프랑스에서는 피임약 금지법이 1920년에 통과되었고 1967년까지 폐지되지 않았으며 미국의 여러 주에서도 피임 제품의 판매 또는 유통을 금지하는 법안이 있었다.

다른 어떤 형태의 피임보다도, 피임약은 여성들이 성관계를 임신과 분리하도록 허용했다. 하인드는 다시 시대의 분위기를 활용한다. '섹스는 기분 전환적 생활 방식의 선택이 되어가고 있다. 당신이 "생식"이라는 단어를 언급한다면 당신은 아마 어떤 항의나 집단, 불쾌한 경험이라는 이유로 쫓겨날 것이다. 오직 이성애자들만이 그런 식으로 생각할 것이다.' 이것은 다른 사회적 변화를 가져왔다. 남성과 여성은 결혼을 미루기 시작했고, 그들이 결혼을 하게 되면 적은 수의 아이를 낳았다.

· 문제시되는 성관계

성혁명이 시작되자마자 페미니스트들은 섹스는 문제가 있다고 주장하기 시작했다. 1969년에 집필한 케이트 밀렛Kate Millett은 성관계를 '자신의 상위 카스트를 발표하고 항복하고, 섬기고, 만족해야 하는 피해자에게 증명하는 것'으로서 묘사한다.[210] 후에 안드레아 드워킨Andrea Dworkin은 '여성을 통제하는 섹스의 역할'을 직설적으로 설명한다.[211] 섹스가 생식과의 관련성이 멈추자마자, 어떤 사람들은 섹스를 억압의 한 형태이자 가부장제의 지배 수단으로 간주하기 시작했다. 드워킨의 1987년 저서 《인터코스Intercourse》는 남성이 여성을 통제하고 소유하고 지배하기 위해 이성 간의 섹스를 사용한다는 이론을 자세히 설명한다. 이러한 새로운 아이디어는 이미 에이즈 바이러스의 출현으로 인해 성혁명을 재평가하고 있는 분위기에서 발생했다. 공황 상태에 빠진 캠페인은 가벼운 섹스와 에이즈 전염 사이의 연결 고리를 도출해냈다. 케이트 로이프Katie Roiphe가 1990년대 초 캠퍼스에서 섹스에 대한 태도를 탐구하면서 지적한 바와 같이, '해방과 성욕 대신에 외상과 질병에 중점을 둔다.'라고 언급했다.[212] 이 시기에 젊은 여성들을 위해 그녀는 '자유로운 사랑에서 안전한 섹스로의 전환은 그 자체가 우리 경험의 일부이다. 우리의 성적 풍토는 하나의 정해진 것에서 다른 것으로의 움직임을 통합한다.'[213] 우리는 처음으로 급진적인 페미니즘과 보다 사회적으로 보수적인 도덕주의자들의 목표 사이에서 우연의 일치를 보지 못했다.

1980년대의 성혁명의 역사를 개정한 사람들은 페미니즘 내에서 불화를 일으키는 분열의 약 절반을 통합하고 있었다. 제9장에서 더 자세히 살펴볼 수 있듯이, 1970년대 제2세대 페미니즘은 인종, 사회 계층 및 성별에 따라 점점 더 분열되어갔다. 사회주의, 급진주의 및 자유주의 페미니즘 간에 갈수록 분열이 있었다. 잠시 동안, 이 분열에 대한 답은 공공의 적, 즉 가부장제를 조장하는 것에서 발견될 수 있는 것처럼 보인다. 이 시기의 모든 여성들, 페미니스트들은 우리에게 가부장제 권력 관계를 강화하고 여성을 종속적인 사회적 지위에 머물게 하는 방식으로 남성에 의해 객관화되고 성적 대상화가 되는 경험을 공유했음을 말해준다.

· 매 맞는 아내 증후군

1970년대와 1980년대에 페미니스트들은 가정 폭력과 같은 사적인 사안에 대해 밝히는 데 중요한 역할을 담당했다. 이것은 중요하고 대단히 필요한 단계였다. 그러나 가정 폭력은 많은 관계에 존재하는 재정적, 실용적인 권력 불균형과 관련하여 더 적게 이해되기 시작했으며, 여성의 심리적 취약성과 남성의 선천적인 공격적인 맥락에서 더 많이 이해되기 시작했다. 이런 식으로 가정 폭력은 여성 개개인의 상황의 심각성을 넘어섰고 사회 문제는 진단 가능한 증후군으로 재검토되었다. 미국의 심리학자인 마틴 셀리그만Martin Seligman은 1960년대에 '학습된 무력감' 이론을 개발했으며, 이는 동료의 심리학자이자 페미니스트인 르노어 워커Lenore Walker에 의해 채택되었다. 워커는 가정 폭력 문제에 대해 오랫동안 관심을 갖고 있었으며 향후 연구를 위해 가정 폭력 연구소를 설립했다. 워커의 '학습된 무력감'에 대한 이론은 학대 관계를 설명하기 위해 '학대 주기' 모델을 개발하도록 유도했다. 학대 주기는 가정 폭력의 피해자들이 관계를 완전히 포기하거나 외부의 개입이 발생할 때까지 반복적으로 스스로를 해칠 운명에 놓인 채로 남아 있다는 것을 암시한다. 그것은 주로 친밀한 관계 안에서 '공동 의존적' 개인의 심리적 특성에 초점을 맞추고 있다.

워커는 자신의 연구 결과를 1979년 《매 맞는 아내The Battered Woman》로 출판했다. 여기에서는 가정 폭력뿐만 아니라 강간에 의한 결혼 및 아동 학대와 같은 문제를 고려한다. 그녀는 폭력에 대한 아동 노출의 영향, 다양한 유형의 가해자의 성격 특성 및 가해자와 피해자를 위한 새로운 정신 치료 모델을 탐구한다. 이러한 관점에서 가정 폭력은 특정 상황에서 개인 관계의 특징이 아닌, 대신 특정 성격 유형과 관련된 심리적 조건이 된다. 가정 폭력을 중단하는 것은 올바른 심리적 개입과 실질적인 지원을 하는 문제가 된다. 이렇게 심리적 손상에 대한 초점은 여성과 아이들을 가정폭력의 피해자로, 남성은 학대 관계가 끝난 후에도 가해자로 기술한다. 여성은 이제 '매 맞는 아내 증후군'으로 고통받고 있으며, 나중에 배우자 살인에 대해 법적으로 인정되는 변호를 받게 된다. 그것은 남편의 손에 정신적 충격을 받은 여성들이 더는 이성적으로 행동하거나 그들의 행동을 통제할 수 없다고 가정한다.

• 성희롱

매 맞는 아내 증후군의 확인과 동시에 성희롱에 대한 '발견'이 있었다. 제2세대 페미니스트들은 평등한 임금 및 차별 금지 법안에도 불구하고 성 불평등이 왜 계속되는지 설명하려고 노력했다. 이것은 성희롱에 대한 명확한 결론을 이끌어냈다. 이 시점까지는 구체적인 이름이 없었다. 성차별이 확고하게 보였던 직장 내에서의 성희롱에 특히 중점을 두었다. 법률 학자 캐서린 맥키넌Catharine MacKinnon은 성희롱은 성차별의 특징이며 여성이 교육과 직장에서 동등한 기회를 갖기 위해서는 이것이 불법이 되어야 한다고 주장했다. 성희롱을 공식적인 차별과 연결시키는 것은 사무실에서 결혼 빗장과 같은 정책을 통해 부당한 대우를 받거나 신체가 더듬어지거나, 여성 개개인의 부당한 경험 사이에 동등성을 그리는 것을 의미했다.

이것은 차별의 정의를 확대시켰고 성희롱을 특정한 맥락 안에서 개인이 경험하고 다루는 문제에서 벗어나 여성의 불이익에 대한 더 넓은 설명으로 보여졌다. 여성의 기회 부족과 교육 및 직장에서의 부진한 성취의 원인은 육아에 대한 접근성이 부족하거나 여성이 일단 아이를 낳으면 집에 남아 있으라는 사회적 압박감 같은 실질적인 장애물보다는 성희롱의 경험 속에 자리 잡게 되었다. 대신, 남성의 집단적인 잘못된 행동과 남녀 간의 지속적인 불평등에 대한 설명이 확고하게 제시되었다. 맥키넌은 성희롱은 여성의 불평등과 밀접한 관계가 있는 것이 아니라 '중요한 표현'이라고 설명했다.[214] 그렇다 해도, 이는 일하는 여성들이 직면한 다른 장애물보다 해결하기가 훨씬 어려운 것으로 나타났다.

1976년 법원 사건 이후, 미국의 성희롱은 1964년 민권법에 따라 차별의 한 형태로 합법적으로 인정받게 되었다. 이 문제에 대한 인식이 높아짐에 따라 갑자기 성희롱이 사방에서 나타났다. 맥키넌은 1979년에 글을 쓰면서 10명의 여성 중 7명이 성희롱을 경험했다고 보고한다.[215] 그런 짧은 시간 동안 많은 사람들을 포괄하는 이전에는 알 수 없었던 문제가 상당히 주목할 만한 것으로 나타났다. 《헤테로포비아Heterophobia》의 저자인 다프네 파타이Daphne Patai는 여성들이 이 꼬리표를 자신의 경험에 귀속시키는 과정에 대해 냉소적이다. 그녀는 이 새로 발견된 문제를 밝히고 명명하기 위한 대학 캠퍼스에서의 악의적인 노력이 '성적인 괴롭힘 산업'으로 가장 잘 묘사되었다고 제안한다. 파타이는 이 산업이 여성들에게 '피해자 훈련'을 제공하고 있으며, 이를 통해 '피해자의 상처를 파악하는 법'을 배우고 그리고 자신을 처음에는 '피해자'로 그 다음에는 '생존자'로 여기게 된다고 주장한다.[216]

파타이Patai에 따르면 성희롱 피해자의 수가 폭발적으로 증가한 것은 범죄가 너무 광범위하게 정의되어 있으며 그 문제가 과장되어 있음을 암시한다. 그러나 이것은 성희롱이 발생했다는 것을 부정하는 것이 아니다. 린 파얼리Lin Farley, 캐서린 맥키넌 및 성희롱에 주의를 기울인 여타 페미니스트들은 실제로 특정 문제를 확인했다. 1970년대 여성들은 오늘날보다 노동 인구에서 훨씬 낮은 지위를 차지했다. 그들은 종종 저임금 및 불안정한 직업을 가지고 있었으며 취업할 권리가 거의 없었다. 맥키넌이 정확하게 지적했듯 여성은 '경제적으로 취약하기 때문에 성적으로 노출된다.'[217] 여성의 낮은 지위는, 자신의 직업을 유지하고자 하는 사람들이 원치 않는 접근을 참는 것 외에는 거의 선택의 여지가 없음을 잘 아는 부도덕한 상사에 의해 악용될 수 있다. 맥키넌은 '여성의 거절에 따라 남성이 그녀의 직업이나 경력에 대한 자신의 힘을 사용함으로써 보복을 가했다.'라는 사실을 분명히 하고 있다.[218] 성희롱 산업은 모든 남성 상사가 여성 직원을 괴롭히는 것은 아니며 모든 여성이 모든 성적 접근을 달갑지 않은 것으로 보지 않았다는 점을 지적했어야 했다.

여성에 대한 문제는 페미니즘 운동이 성희롱을 너무 광범위하게 규정했기 때문이 아니었다. 더 중요하게는 여성의 임금과 여건 개선이나 직장에서의 지위 향상에 초점을 두지 않았다. 대신 성희롱은 남성의 나쁜 행동으로만 문제가 되는 듯했다. '맥키넌은 이것의 공통분모는 가해자들이 남성, 피해자들이 여성인 경향이 있다.'라고 말했다.[219] 맥키넌은 성희롱을 일으킬 수 있는 힘의 불균형이 여성의 불안정한 고용 조건에 의해서가 아니라, 남자와 여자라는 점을 명확하게 밝힌다. '여성의 몸과 그녀의 사회적 운명간의 관계는 그녀의 상황을 정의하거나 바꾸기 위해 모든 시도와, 시도에 대한 반대를 바꾸는 중추적인 역할을 한다.'[220]

• 피해자 교육

성희롱에 반대하는 캠페인은 남성의 불쾌한 행동을 폭로하고 바로잡는 데 초점을 맞춘다. 이것은 여성들이 자신이 피해자라는 사실을 인식해야 남성들이 그들의 경솔함을 바라볼 수 있다는 의미다. 결과적으로, 직장 관계, 아마도 친구나 가족 구성원들 사이에 문제가 생기고, 이전에는 사소한 것으로 여겨졌던 상황들, 또는 여성들이 쉽게 다룰 수 있는 어떤 상황들 학대적인 것으로 재해석된다. 여성이 자신을 피해자로 보는 것을 요구하는 여성 문제에 대한 어떤 해결책도 공허한 승리가 될 수밖에 없다.

여성들을 피해자로 보도록 교육하는 것은 성희롱에 대한 인식을 중요한 문제로 증가시킨다. 1970년대 이후 여성의 직장 생활에 근본적인 변화가 있었는데도 성희롱 문제가 사라지지 않았다는 사실은 놀라운 일이 아니다. 그 대신, 40년 동안 성희롱에 대한 정의가 점점 더 광범위해졌고 이제는 법률에 통합되었다. 영국 평등법British Equality Act(2010)은 '성희롱은 당신의 존엄성에 위배되거나 위협적이고 적대적이며 모욕적이거나 모욕적인 환경을 조성할 의도가 있거나 영향을 미치는 행동'이라고 규정하고 있다.[221]

법적으로 성희롱은 '성적인 논평이나 농담, 신체적 행동,

원하지 않는 성적 접촉, 만지거나 다양한 형태의 성폭력, 성적인 특성의 영상, 그림 또는 사진을 보여주고 성적인 내용이 담긴 이메일을 보내는 행동'을 포함한다.[222] 이 정의에 따르면, 성희롱은 다른 여성의 입장에서는 칭찬인 것이 한 여성에게는 환영받지 못하는 것으로 경험하는 전적으로 주관적인 것일 수 있다. 사진, 이메일 또는 농담이 타인의 존엄성을 침해하거나 불쾌감을 주는 환경을 조성하는지의 여부는 받아들이는 사람만이 결정할 수 있다. 파타이가 정의한 성희롱은 성희롱 산업이 여성들을 피해자로 보도록 훈련시킬 뿐만 아니라 남성 가해자들을 견책하도록 요구할 필요성이 명백해진다.

영국의 노동조합 총회TUC가 실시한 2016년 조사에 따르면 모든 여성의 절반 이상이 직장에서 성희롱을 경험했다고 한다.[223] 괴롭힘에 대한 주관적 정의의 문제는 TUC 연구원이 헤드라인 생성 데이터를 수집하는 데 사용된 방법에서 명백하다. 여성의 절반 이상이 성희롱을 겪었다는 주장은 설문에 참여한 약 800명의 여성 중 52%가 성희롱을 경험했다고 한다. 이들 중 3분의 1은 불쾌한 농담을 겪었고 4분의 1은 원치 않는 신체 접촉을 경험했다. 가장 큰 범주의 긍정의 반응은 다른 여자나 여자들에 대해 일반적으로 성적인 본성이 만들어지는 것에 대한 언급을 들은 여성들로부터 나왔다. 다시 말해, 10년 전 동료들이 썰렁한 농담을 나누는 것을 엿들은 여성이, 이것을 성희롱으로 해석한 적이 없는 여성이 피해자로 간주되게 되는 것이다.

• 공공 생활 규제

TUC 연구자들은 다음과 같은 우려를 표한다. '여성들은 성희롱의 의미를 자신의 경험으로 확장하는 것을 꺼리는 듯 보였다. 이것은 여성들이 성희롱을 구성하는 것이 무엇인지 이해하지 못했기 때문이 아니라, 오히려 특정 행동을 심각성의 관점에서 정의했고, 따라서 자신의 경험을 충분히 심각하게 정의하지 않았기 때문이었다.' 즉, 성희롱의 의미를 이해한 여성은 자신의 경험이 심각하지 않다고 결정했지만, 그들은 여전히 피해자로 기록되었다. 이 같은 설문 조사 결과는 사람들이 무비판적으로 여성의 이야기를 피해자로 받아들여왔기 때문인 것으로 꾸준히 보고되었다. 페미니즘은 남성의 행동을 교정하는 것뿐만 아니라 여성이 자신을 어떻게 보는가를 규제하는 것에 관심을 갖게 된다.

성희롱 문제는 직장을 초월하여 빠르게 확산되었다. 오늘날, 그것은 삶의 모든 측면에서 여성들에게 문제로 제시된다. 2014년 말, 뉴욕을 걷는 한 여배우의 비디오가 입소문을 탔다. 숨겨진 카메라가 그녀가 캣 콜링(길거리에서 이성을 상대로 칭찬을 하며 말을 거는 등의 행동)을 100회 이상 당하는 모습을 촬영했다. 그 뒤 이 장면은 2분짜리 영상으로 편집되었고, 시청자들은 '무슨 일이야, 예쁜이?' '웃어봐!' '신의 가호가 있기를, 자기!'[224]와 같은 코멘트 세례를 견디는 여성을 지켜보았다. 이것은 여성이 매일 직면하는 적대적인 환경을 설명한다. 그러나 여성들은 일반적으로 혼자서 10시간 동안 걷지 않으며 캣 콜링을 사례를 찾기 위해 촬영하지 않는다. 이러한 모든 프로젝트에서와 마찬가지로 이 비디오 제작자는 그들이 발견하기 위해 착수한 것을 정확하게 찾아냈다.

여성들이 집을 나서는 순간부터 괴롭힘을 당한다는 인식은 필연적으로 공공생활에 대한 규제를 강화해야 한다는 요구로 이어진다. 영국의 노팅엄Nottingham 시에서는 남성들의 여성에 대한 '쓸데없는 언행의 개입'이 경찰에 의해 인종 학대와 동등한 증오 범죄로 기록된다. 이것은 시민의 자유에 큰 영향을 미친다. 달갑지 않은 의견의 위험을 감수할 수 있는 권리는 많은 사람들이 위험하다고 인식하기보다는 환영하는 시민으로서 우리의 자유에 필수적이다. 우리에게 여성이 그러한 교류에서 경찰 보호를 필요로 한다는 페미니즘은 진정한 여성해방의 승리가 아니다. 그러나 페미니즘의 이름으로 실시된 시민적 자유에 대한 도전은 여성 친화적인 새로운 입법의 침해로 복잡해진다.

• 포르노

1970년대 페미니스트들이 문화적 영역과 그것이 성적 불평등의 원인으로 추진한 태도와 가치를 바라보면서 성희롱에 반대하는 운동이 시작되었다. 특히 포르노는 여성을 객관화하고 비하하는 것으로 선정되었다. 페미니스트 운동가인 로빈 모건Robin Morgan은 1974년 자신의 에세이에서 '포르노는 이론이고 강간은 실천이다.'라는 유명한 주장을 했다.[225] 이것은 급진주의 페미니스트와 보수주의자 간의 특이한 동맹을 예고했다. 캐서린 맥키넌의 음란물에 대한 여성의 적극적인 종속은 성교육, 낙태 및 남녀평등헌법수정안Equal Rights Amendment에 대한 보수주의자 운동가의 작품에서 반향을 일으켰으며 필리스 슐래플리Phyllis Schlafly는 포르노는 실제로 여성의 쇠퇴라고 정의해야한다고 주장했다. 슐래플리는 포르노가 남성에 대한 성적 쾌감, 심지어 사디즘 적이고 폭력적인 쾌락에 종속되어 있다고 주장했다.[226]

맥키넌은 포르노가 '이미 여성에 대한 폭력을 저지르기 쉬운' 남자에게 특별한 영향을 미칠 수 있다고 추정했다.[227]

포르노에 초점을 맞춘 것은 남성들이 가부장제의 형태로 모든 여성들에 대해 집단적으로 권력을 행사하는 수단으로서 이성애에 대한 보다 광범위한 페미니스트들의 비판을 대표했다. 드워킨은 '남성이 성교를 위해 여성을 원하고 여성이 법이나 다른 공공 개혁에 관계없이 성적 대상으로 사용된다면 여성의 지위는 낮아지고 저하될 것'이라고 주장했다.[228] 1960년대에 베티 프리단의 레즈비언의 '라벤더 위협'은 여성 운동에 위협이 되었다. 불과 20년 후 '체제로서의 이성애자 파멸'이 일부 페미니스트들의 목표가 되었다.[229] 페미니즘은 사적 관계의 영역에서 그 영향력을 주장하기 시작했다. 이성애간의 섹스가 강간이라는 맥키넌의 주장과 로맨스가 단순한 '의미 있는 모양새로 꾸며진 강간'이라는 드워킨의 냉소적인 말투로 인해 여성들 사이에서 대중적 견인력을 얻지는 못했지만, 그러한 견해는 페미니즘의 방향에 영향을 끼쳤다.[230]

드워킨과 맥키넌은 포르노는 단순한 말이나 자유로운 표현이 아니라 차별 행위였으며 따라서 수정 헌법 1조에 따른 보호를 보증하지 않는다고 주장했다. 이 주장은 포르노가 여성의 인권을 침해한 것으로 인정받기 위한 법적 시도에서 부분적으로 성공했다. 1984년에 인디애나 폴리스시에서는 포르노에 의해 피해를 입은 여성들이 간접적으로 손해 배상을 청구할 수 있도록 인권법이 제정되었다. 그러나 이 법안은 언론의 자유를 지지하고자 하는 대법원에 의해 뒤집혔다.

여성 운동의 모든 구성원들이 페미니즘에서 비판적이고 명시적으로 반反 남성향을 보이는 것에 동의한 것은 아니다. 포르노와 성희롱에 대한 법적 제한을 지지하고 이성 간 성 행위를 여성 억압의 주요 원인으로 보았던 드워킨과 맥키넌과 같은 이들은 '섹스에 부정적인' 것으로 특징지어졌다. 《포르노 옹호Defending Pornography》의 저자이자 미국 시민 자유 연맹American Civil Liberties Union의 전 위원장을 지낸 네이딘 스트로센Nadine Strossen은 페미니스트들이 포르노를 전문적인 검열 제도를 통해 제한하기를 원한다고 언급한다. 그녀는 여성이 '포주' 또는 '포르노 작가'의 도구로 조작되고 있다고 주장하는 그들의 주장은 '적어도 그들이 비난하는 포르노처럼 여성의 견해를 종속 시키거나 저하시키는 것'을 포함한다고 말한다.[231] 그녀는 페미니스트들이 반反 포르노 논쟁을 여성에 대한 차별이나 폭력으로 이어질 수 있다는 추측에 근거한 것으로 요약한다. '이러한 근거로 포르노를 제한해야 한다면, 왜 우리는 궁극적으로 부정적인 영향을 미칠 수 있는 표현을 억압하면 안 되는가?'라고 스트로센은 묻는다.[232]

스트로센, 케이시 애커Kathy Acker, 카밀 파글리아Camille Paglia, 웬디 카미너Wendy Kaminer와 같은 페미니스트들은 검열을 반대하고 성적 자유가 '섹스에 긍정적인' 것으로 분류되었다고 제안했다. 섹스에 긍정적인 페미니스트들은 여성들이 포르노에 참여하는데 동의할 수 있으며, 여성들이 포르노에 의해 손상되는 것과는 거리가 멀어 남성들만큼이나 즐거움을 누릴 수 있다고 주장한다. 그들은 포르노를 강간과 직접 연결시키는 것이 남성에 대한 타락한 견해를 가정하는 동시에, 개별적인 강간범들의 행동에 대한 책임을 면하게 한다고 주장했다. 포르노 및 성희롱과의 전쟁은 1970년대와 1980년대에 페미니스트들을 급격히 분열시켰으며, 단기적으로는 여성 운동 내에서 더 많은 붕괴를 초래했다.

• 아동 학대

영국에서, 여성과 아이들을 그들의 집 안에서 남자들에 의한 학대의 피해자로 배치하는 중요한 사건은 1987년 클리블랜드 아동 학대 위기였다. 영국 북동부의 한 도시인 미들즈브러Middlesbrough의 한 병원에서 아동에게 항문 확대를 검사하는 새로운 학대를 감지하는 방법이 사용되었다. 120명이 넘는 아이들이 가족으로부터 분리되었고 그 방법의 신빙성이 사라지기 전에 양육 시설에 맡겨지게 되었다. 보건 전문가들과 사회 복지사들은 모두 아동에 대한 성적 학대가 널리 퍼졌다고 믿을 준비가 되어 있었다. 페미니스트 작가 비 캠벨Bea Campbell은 스캔들의 여파를 반영하여, 증거도 없이 성적 학대에 대한 검사를 선동한 의사들이나, 한 명의 의사의 말을 듣고 가족에게서 자녀를 분리시킨 사회복지사들이 아니라, '아버지 편을 재빨리 들어준 경찰'을 비판하기로 결정했다.[233] 그녀는 다음과 같이 말한다. '경찰에게 있어 남성 문제에 대한 강경론으로서의 성적 학대는 그들 자신의 성별에 대한 비난으로 직면한다.'[234] 클리블랜드 스캔들의 결과는 사적인 영역에 대한 대중의 개입에서 벗어난 것이 아니라 가정 내에서 남성들을 학대 가해자로 더 많이 인정하라는 요구였다.

여성들은 그들이 가지고 있었거나 갖지 못한 것과는 상관없이 적어도 피해자 또는 잠재적 피해자로보여야만 했다. 1970년대와 1980년대에 걸쳐 피해자라는 단어의 사용이 증가했을 뿐만 아니라 그 정의도 확대되었다. 그것은 예를 들어 '범죄를 겪은 피해자'와 같이 더 이상 과거 시제의 특정 사건을 묘사하는 데에만 사용되지 않는다. 대신, 현재의 영구적인 상태를 묘사하는 것에 관한 것이 되었다. 이러한 보다 더 광범위한 의미는 여전히 남아 있으며 오늘날 우리는 성희롱, 아동 학대 및 가정 폭력의 피해자에 대해 '끔찍한 시련을 겪은 사람들'이 아니라 자신의 경험에 대한 영구적인 심리적 표시를 지닌 사람들로 표현한다. 피해자가 되는 것은 자신의 본질적인 부분이 되며, 여성의 정체성에 통합된다.

페미니즘은 여성 개개인이 폭력, 학대, 강간 등의 개인적 경험을 했는지는 더는 관련이 없을 정도로 여성을 피해자로 보는 시각을 내면화했다. 개인적으로 고통 받는 여성들은 모든 여성들이 견뎌내는 고통의 전형일 뿐이다. 1970년대 후반부터 페미니스트가 되기 위해서는 여성을 피해자로, 남성을 학대의 가해자로 인정해야 했다. '우리의 밤을 돌려 달라.'라는 행진과 같은 사건에서 페미니즘을 실천하는 것은 여성이 학대받는 무수한 방법에 대한 인식을 높이고 대중의 인정을 얻는 것과 관련이 있었다. 여성을 피해자로 인식하려는 시도는 페미니스트가 되는 것이 무엇을 의미하는지, 그리고 여성이 되는 것이 무엇을 의미하는지에 관한 핵심과 부딪친다. 그것은 단지 반론의 표현이 아닌 실존적 위협으로 인식된다.

· 강간 문화

최근 몇 년 동안 성희롱 문제는 '강간 문화'에 대한 보다 일반적인 논의로 변모했다. 1970년대에 처음으로 사용된 용어, 강간 문화의 담론은 개인 범죄와 관련하여 발생하는 가장 극단적인 형태의 성폭력을 보여준다. 1993년에 저술한 한 저자는 강간 문화를 '폭력이 섹시하다고 여겨지는 사회'라고 묘사했다.[235] 강간 문화는 여성을 성적으로 객관화하는 노래 가사, 광고 및 포르노 이미지뿐만 아니라 강간에 대한 논의가 사소한 농담과 코멘트가 되는 남성 지배적인 스포츠 및 사조직에서도 나타난다. 《남자들은 자꾸 나를 가르치려 든다Men Explain Things to Me》의 저자 인 레베카 솔닛 Rebecca Solnit은 강간 문화라는 용어가 '더 넓은 문화가 개인 범죄를 발생시킨다.'라는 이유로 유용하다고 주장한다.[236]

강간 문화에 대한 내러티브는 강간을 암시적인 논평과 같은 다른 행위와 함께 연속적으로 사회적으로 합법화된 행위로 표현하기 위해 일탈적인 개인이 행한 특정 행위로부터 주의를 돌린다. 2011년 강간 문화 토론은 토론토 경찰이 여성에게 '매춘부'처럼 옷을 입지 않음으로써 강간으로부터 자신을 보호하라고 말한 후 본격적으로 시작되었다. 이 논평은 성폭행을 저지하기 위해 남성보다는 오히려 여성의 행동을 바꾸려는 요구로 해석되었다. 주기적으로, 한 영국 판사는 비슷한 이유로 헤드라인을 장식했는데, 아마도 술에 너무 취해서 무슨 일이 일어났는지 기억하지 못하는 여성들이 강간 재판에서 신뢰하기 힘든 증인을 만든다고 말한 것 때문일 것이다. 그러한 태도는 강간당한 피해자를 비난하는 강간 문화의 증상이라고 불린다. 〈슬럿 워크Slut Walk〉(여성의 입을 권리를 포함한 자기 결정권을 내세우며 캐나다에서 시작된 여성 운동. 여성들이 야한 옷을 입고 거리를 행진하는 시위 행위) 시위자들은 남성과 여성이 똑같이 그들이 원하는 만큼 술을 마시고 강간당하는 것을 두려워하지 않고 그들이 선택하는 방식대로 입어야 한다고 주장한다.

강간 문화에서 실제 강간 발생을 구분하는 것은 모든 여성이 잠재적 피해자라는 관점을 전파하는 데 도움이 된다. 그것은 행동과 성폭력과 관련이 있는 노래 가사, 그리고 남성들이 강간을 칭송하는 단어를 숨김으로써 공포 분위기를 조성한다. 강간범은 평범한 사람이 아니며 그들의 행동을 책임지지 않는다. 웬디 맥엘로이Wendy McElroy와 같은 비평가들은 강간 문화를, 강간은 한 남자가 한 여자에게 저지른 범죄가 아니라, 남성이 여성에 대해 집단적으로 저지른 '정치적 행위'로 재 정의한다. 그녀는 강간 문화를 '가부장제'라는 개념에서 파생된 사회적 구성물이라고 설명하는데, 이것은 계급으로서의 여성들이 성폭력의 만재한 위협을 통해 계급으로서의 남성들에 의해 희생되는 억압적 체제다.[237]

강간 문화의 개념은 성폭행이 일반적이며, 보고가 부족하고 신화에 둘러싸여 있다는 가정에 의해 뒷받침된다. 그러나 강간의 유행을 정확하게 평가하는 것은 악명 높게 어렵다. 범죄 조사는 영국과 웨일즈의 8만 5천 명의 여성들이 매년 강간당하고 있다고 추정하지만,《왜 강간 문화가 위험한 신화인가Why Rape Culture is a Dangerous Myth》의 저자인 루크 지토스Luke Gittos가 지적했듯이, 이것은 기록된 범죄의 척도가 아니다. 그 대신, 여성의 0.5%가 지난 12개월 동안 침범에 의한 강간 또는 성폭력의 희생자가 되었다는 계산에 근거한다. 그런 뒤 이 수치를 곱하여 전체 인구를 나타낸다.

범죄 조사에 응답한 사람들은 강간당한 적이 있는가가 아닌 동의 없이 침입을 당했는지에 대한 질문을 받았으며, 이는 지토스가 암시한 것처럼 누군가를 강간이나 심각한 성폭력의 '피해자'로 만들지는 않는다. 강간 문화의 십자군이 놓친 중요한 점은 '강간은 가해자가 동의에 대한 정직한 믿음이 결여되어 있어야 한다.'라는 것이다. 8만 5,000명의 수치는 '고소인이 동의할 수 없는 상황을 포착할 수는 없지만, 가해자는 그러한 능력이 부족하다는 것을 알지 못했고 정직하고 합리적으로 동의한다고 믿었다.'[238] 흥미롭게도, 동의 없는 침입을 신고한 사람들 중 19%가 사건을 신고하지 않았다. 그들은 경찰 조사에서 '경찰의 일이 아닌 사적인 또는 가족의 문제'라고 답했고, 11%는 '너무 사소한 일이고 보고할 가치가 없다.'라고 응답했다.[239] 강간당했다고 생각하지 않는 여성이 범죄 통계에 기록되고 있는 것이다.

• 강간 신화

매년 추정되는 85,000건의 강간 중 15%가 유죄 판결을 받게 된다고 한다. 운동가들은 많은 수의 강간 사례가 보고되지 않을 것이라고 주장하지만, 본질적으로 보고되지 않은 범죄를 수치화하는 것은 어렵다. 또한, 강간범 중 극히 일부만이 처벌받고 있으며, 보고된 강간범의 수와 유죄 판결수의 차이는 사법 과정에 관련된 모든 사람들의 태도에 귀속된다고 가정한다. 당시 가족법 부교수인 헬렌 리스Helen

Reece는 '이 개혁은 상대적으로 효과가 없는 것으로 판명되었다. 왜냐하면 다양한 대리인들이 "강간 신화"를 갖고 있기 때문이다.'라고 말한다. 반대로, 리스는 '강간 신화가 널리 퍼져 있다는 주장은 세 가지 근거로 인해 어려움을 겪을 수 있다. 첫째, 태도의 일부는 신화가 아니다. 둘째, 모든 신화가 강간에 관한 것은 아니다. 셋째, 강간 신화가 널리 퍼져 있다는 증거는 거의 없다. 우리는 지금 신화에 대한 신화를 만들어내는 중이다.'라고 주장한다.[240] 운동가들은 '강간과 성폭력이 더 용인될 수 있는 환경'을 만든다고 하는 태도와 행동보다 실제 강간 사건에 대해 덜 염려하기 때문에 통계의 정확성에 구애받지 않는다.[241]

강간 문화의 지지자들은 강간이 일반화되었다고 주장한다. 미국에서는 강간 문화에 관한 토론이 오하이오 주 슈투벤빌Steubenville에서 십대 소녀의 성폭력과 관련된 사건으로 시작되었다. 페미니스트들은 '강간 일반화'의 사례로써 미디어가 피해자에 대한 피해보다는 소년들의 손실에 대해 초점을 두고 있다고 비판했다. 비슷한 혐의가 3건의 성폭력 혐의로 유죄 판결을 받은 학생 브록 터너Brock Turner의 적용 범위에서 평준화되었으며, 이는 그의 불운한 수영 경력에 대한 빈번한 언급을 하게 만들었다.[242] 영국에서는 프로 축구 선수인 체드 에반스Ched Evans가 강간죄로 투옥되었지만 나중에는 유죄 판결을 뒤집었다. 이것은 운동가들이 그가 자신의 경기 경력을 재개하는 것을 막아야 한다고 주장하는 것을 막지 못했다. 몇몇 유명 인사들에게 초점을 맞추는 것은 강간당할 가능성에 대해 합리적으로 조사하는 것으로부터 멀어지게 만든다.

여성들에게 경고하듯, 강간 문화 내러티브가 일반화되고 있는 것은 남녀가 법 앞에서 다르게 취급되어야 한다는 가정 때문이다. 운동가들은 특히 여성들이 술을 마셨다면, 여성들이 섹스에 완전한 동의를 할 수 없다고 주장한다. 성관계를 가질 때 양쪽 모두가 술에 취해 있으면 남자는 강간에 대한 책임을 져야 한다. 여성이 성관계에 찬성한다고 해도 남성은 여성이 자신이 동의한 것을 알고 있었다는 것을 증명할 필요가 있다. 이것은 캐서린 맥키넌의 '가부장적 사회의 맥락에서 여성은 사전 동의를 할 수 없다.'[243]라는 주장을 상기시킨다. 파타이가 주장하듯이, 이것은 '여성이 수동성과 나약함으로 사회화되어온 남녀에 대한 전통적이고 페미니즘적인 고정관념'을 놀랍게도 되풀이한 것이다. 오늘날의 많은 페미니스트들이 잃어버린 결론은 '남성은 자유와 책임감을 가지고 있지만 여성은 아무런 책임도 없다.'는 것이다.[244] 여성이 수동적이며 성적인 상대가 없다는 가정은 페미니즘을 수십 년 뒤로 설정해놓는다.

· 캠퍼스 내 섹스 공포

강간 문화에 대한 공포는 고등 교육에서 특히 치명적이다. 1990년대 캠퍼스는 케이티 로이프의 《다음 날 아침The Morning After》에 묘사되어 있다. '우리는 경고의 소용돌이 속에서 대학에 도착한다. 단순히 겉모습만으로는 누가 강간의 가능성을 갖고 있는지 알 수 없기 때문에 모든 남성을 경계해야 한다.'[245] 오늘날 이러한 경고는 유사 과학의 통계 자료를 뒷받침한다. 미국에서는 5명 중 1명꼴로 여성이 대학에서 강간을 당한 것으로 종종 무비판적으로 보도된다.[246] 한편 영국에서는 여학생의 3분의 1이 몸이 더듬어지는 경험과 4명 중 1명이 '원치 않는 성행위'를 경험했다고 한다.[247] 그러한 주장들이 반복될수록 그들의 진실성이 더 정확한 듯 보이지만 표면 밑을 파고들면 증거는 허물어져버린다.

'5명 중 1명'이라는 통계는 2007년 미국 법무부의 한 부서인 미국 법무성 사법 연구소the American National Institute of Justice에서 실시한 캠퍼스 성폭력 연구Campus Sexual Assault Study에서 나온 것이다.[248] 이 연구는 단지 두 대학에서만 실시되었지만 정치인, 언론인 및 운동가들은 이 작은 표본을 모든 미국 대학 캠퍼스 전체에 적용해오고 있다.[249] 자주 인용되는 이 수치는 심지어 그 연구를 주도한 연구자들에 의해 비판을 받아 왔다는 것은 거의 알려지지 않았다.[250] 영국에서 가장 자주 인용되는 2010년 보고서는 68%의 여학생이 성희롱의 피해자라고 주장한다.[251] 이 자료는 성차별적 농담과 부적절한 접촉에서부터 심각한 성희롱의 행동을 다같이 그룹화한 온라인 설문 조사를 완료한 단 2천명의 자가 선택 참가자의 작은 표본 크기를 기반으로 한다. 다시 말하자면, 이 수치는 전체 학생 인구에 대한 추정치이다. 강간 문화 히스테리의 평론가인 크리스티나 호프 소머스는 '우리는 편집증, 검열, 거짓 비난이 넘쳐나거나 분별 있는 사람들이 비판적인 재능을 포기한 공황 상태 중 하나'에 고통을 받고 있다고 주장한다.[252]

강간 문화 내러티브의 힘은 사실과 허구가 희미해지는 것이다. 2014년 11월 롤링스톤The Rolling Stone Magazine은 친목 파티에서 강간을 당했다고 주장하는 젊은 여성 '잭키Jakie'의 이야기를 게재했다.[253] 그녀의 진술을 입증할 증거가 없다는 것은 모든 페미니스트들이 캠퍼스에서 여성의 안전에 대한 최악의 두려움을 확인시켜주는 것처럼 보이는 이야기에 방해가 되지 않는다는 것이었다. 그러나 잭키의 주장은 해명이 되었고 이야기는 나중에 철회되었다. 만약 강간 피해자들을 둘러싼 예외주의가 우리를 '죄가 입증될 때까지 무고한'에서 무비판적인 '나는 그녀를 믿는다.'로 멀어지게 하지 않았다면 이것은 틀림없이 더 빨리 일어났을 것이다. 피해자의 진술에 의문을 제기하려는 시도는 트라우마를 야기하는 것으로 알려져 있으며 합법적인 법적 절차가 버려져야 한다는 논란이 있다.[254] 강간 문화에 대한 인식을 제고하려는 운동가 자신들의 노력이 더 큰 진실이라고 가정하는 것을 홍보하는 데 사용된 증거에 대해 무관심한 것처럼 보인다. 이 왜곡된 내러티브의 결과로 어떤 여학생들이 어둠이 내린 후에 동행자 없이 캠퍼스를 가로지르는 것을 두려워하게 되는 것은 인식을 제고시키려는 사람들의 잘못이 아니다. 반대로, 그것은 자기 영속적인 두려움에 대한 지나친 정당화로 간주된다.

캠퍼스 내의 페미니스트 십자군들의 눈에는 강간이 도처에 사려 있다. 맥키넌과 드워킨의 추종자들의 경우, 그들은 이성간의 성관계가 강간이라고 주장하는 것까지는 아닐 수도 있지만, 분명히 불쾌하거나 후회하는 모든 섹스는 강간으로 본다. 로이프가 말했듯이 '강간'이라는 단어의 의미 자체가 확장되어 여성이 부정적으로 경험 하는 모든 종류의 성관계를 포함하게 된다. 그녀는 '당신은 나중에 마음을 바꿀 수 있다. 후회는 강간을 의미할 수 있다. 어렴풋한 밤, 일어나지 않았으면 했던 밤, 모두 강간이 될 수 있다.'라고 말을 이었다.[255] 이러한 언어적 과잉의 결과로 섹스는 너무 문제가 되어서 일부 젊은 여성들은 자신들이 진정으로 강간을 당했는지 여부를 알지 못한다.[256] 과거에 강간 범죄의 심각성과 폭행의 물리적 본질은 의심의 여지가 거의 없었다. 오늘날 이러한 확실성은 더는 유지되지 않는다. 어떤 젊은 여성도 강간당하고 싶다고 말하지는 않겠지만 대학 내의 강간 생존자들의 진술은 이 결론에 도달하기 위해 과거 관계를 설명하려는 비뚤어진 결정을 제안하는 듯 보인다.

나딘 스트로센Nadine Strossen은 2000년에 저술하면서 '우리는 인간의 성性에 대한 모든 서술과 묘사가 교전 상태가 되어가고 있는 것처럼 보이는 완전한 "섹스 공황 상태"의 한가운데에 있다."라고 주장했다.[257] 그 공포는 사라지지 않는다. 이러한 맥락에서 성인이 되어 관계를 형성하고, 술을 마시고, 과시하고, 성관계를 하며, 후회하고 그리고 모든 일을 다시 하는 모든 절차는 성폭행의 서곡으로 해석된다. 강간 문화에 대한 인식을 높이는 것은 누군가에게 강간이 일어나는 것을 방지하는 것 같지 않다. 사실, 그 반대의 경우이며 그것은 보고된 강간의 수를 기하급수적으로 증가시킬수 있다. 이것은 젊은이들에게 재앙이다. 그것은 공포를 지닌 젊은 여성 세대가 젊은 남성들을 대학에서 제적시키고고소하고 법적인 혐의에 직면하게 만든다. 그것은 동의 수업consent classes, 샤프롱과 젊은이들의 사적인 관계의 규제를 위한 길을 열어준다.

• 확산되는 문제

드워킨과 맥키넌은 포르노를 불법화하는 데 성공하지 못했고 오늘날에는 그 어느 때 보다 쉽게 접근 할 수 있다. 가벼운 음란물은 광고, 뮤직 비디오, 심지어 아동복에도 성적인 이미지가 사용되어 일상생활의 일부가 되었다. 그러나이것은 긍정적인 성의 승리라고 할 수 없다. 성희롱은 차별이라는 합법적인 지위를 부여 받았으며, 이것은 여성을 기꺼이 더 피해자로 인식하려는 시대와 마찬가지였다. 1980년대의 에이즈 공포는 종교와 도덕에 대한 논쟁이 아니라건강의 프리즘을 통해 성행위에 대한 새로운 두려움을 불러 일으켰다. 성적 해방의 시대로의 복귀는 없었다. 오늘날포르노, 특히 셀프 포르노의 유행은 너무 자주 성관계에서 다른 사람을 참여시킬 필요성의 하락을 나타낸다. 누드 셀카는 침실에서의 개인의 사생활을 남기는 것을 꺼린다기보다 섹스에 대한 보다 더 자유로운 태도를 간접적으로 나타낸다.

드워킨과 맥키넌은 단기간의 성 전쟁에서 승리하지는 않았지만, 그들은 여성의 이미지를 객관화하는 것과 이성간의 성행위와 성폭행의 경계선을 흐리는 것에 대한 논쟁, 성에 대한 표현을 규제해야 할 필요성에 대해 후기 페미니스트들과 큰 공감을 이루었다. 오늘날 주관적이고 사회적으로 성립된 성희롱의 개념은 여전히 지속적인 문제로 제시된다. 표현은 점점 부풀려지고 있다. 우리는 희롱에서 폭력과 학대로, 여성에서 소녀로, 피해자에서 생존자로 즉시 생각을 바꾼다. 성폭력의 정의는 더욱 확대되었다.

여성에 대한 성폭력은 종종 낯선 사람뿐만 아니라 친밀한 파트너에 의해 저질러지며 강간, 성폭력, 원치 않는 성행위나 발언, 인신 매매, 성적으로 강압적인 행동 등을 포함한 다양한 형태로 나타난다. 전 세계적으로 3명 중 1명의 여성은 신체적 또는 성적인 폭력을 경험했다.[258]

페미니스트 운동가들은 반복적으로 우리에게 여성에 대한 폭력이 '대유행'이 되었다고 주장하고, 《남자들은 자꾸 나를 가르치려 든다》의 저자인 레베카 솔닛은 '그것은 젠더 이외에는 아무것도 설명하지 않으며 가장 광범위한 설명의 패턴으로만 보인다.'라고 언급한다.[259] 페미니스트들은 특정 집단의 남성보다는 일반적인 남성이 주로 성폭력의 가해자로 분류되기를 원할 수도 있지만, 피해자의 특성에서 벗어날 수 있는 성性은 없다. 우리는 성폭력의 피해자가 여성들이라는 점을 다시 한 번 상기시키게 된다. 느슨한 정의는 '여성과 소녀에 대한 폭력은 전염병 수준에 있다.'라는 혐의로 이어진다.[260] '전염병'과 같은 단어는 여성에게 점차 커지는 위협에 대한 팽팽한 긴장감이 도는 미래를 만든다. 이 폭력은 전쟁, 빈곤 또는 남녀 간의 불평등으로 거의 설명되지 않는다. 대신, 그것은 인간의 고유한 특성에 맡겨진다. 남성성은 여성이 직면하는 문제이다.

솔닛에 따르면 남성성은 주로 폭력과 관련이 있다. '폭력은 사람들을 침묵시키고 그들의 목소리와 신뢰를 부정하고 존재할 권리를 통제할 수 있는 권리를 강력히 주장하는 방법 중 하나이다.'[261] 폭력의 정의를 어느 정도 넓히기 위해 강간이나 성폭행을 당한 여성들의 경험은 사소한 것이 된다. 그러나 폭 넓은 정의는 모든 여성들에게 피해자라는 꼬리표를 달 수 있기 때문에 운동가들에게 선호된다. 분명히 서구의 모든 여성들이 성폭력의 피해자가 아니라거나 모두 순조롭고 안정된 삶을 살고 있다고 말하는 것은 아니다. 그러나 폭력을 경험한 여성들에게 자신의 경험을 무의미한 것으로 상대화시키는 것이 최선의 도움이 아니다.

성폭력과 강간은 의심할 여지없이 심각한 문제지만, 정의가 이렇게 광범위해질 때 놀라운 것은 여성 3명 중 1명이 피해자라는 것이다. 여성이 원치 않는 것으로 인식 한 모든 행동이 강간 및 폭력으로 이어지고 모든 여성이 피해자 범주에 포함되면 실제로 신체적 또는 성적 피해를 입은 여성을 확인하고 돕는 일이 점점 어려워진다. 가정 폭력, 성폭력 및 강간과 같은 범죄는 모든 의미를 잃을 정도로 확대되거나 부풀려지기보다는 심각하게 받아들여져야 한다.

• 정의定義의 확대

1990년대에 폭력에 대한 정의는 언어가 사람들에게 실제로 정신적 해를 입힐 수 있다는 생각과 함께 확대되었으며 해당 피해자 집단은 증가했다. 1993년에 발간된《상처를 주는 말Words of Wound》은 말들이 어떻게 무기로 사용되어 습격하고 위협하며 상처를 주고 비하하기 위해 사용되는지를 묘사한다.[262] 우리는 '악의적인 혐오 선동의 피해자들은 생리적 증상과 근본적인 공포에서부터 빠른 맥박, 호흡 곤란, 악몽, 외상 후 스트레스 장애, 고혈압, 정신병, 자살에 이르는 고통을 경험한다.'라고 듣는다.[263] 하나의 주범은 인종차별적 언어인 '정신적 살인'의 사용을 불러일으킨다.

폭력적인 단어의 방정식은 그 피해가 주관적으로 경험될 때에만 의미가 있다. 만약 내가 불쾌해진다면 그 발언은 정의를 내리자면 공격적인 것이 된다. 또한 이것은 자기 자신에 대한 연약한 감정을 가정한다. 견고한 개인이 아닌 언어를 통해 구성되기 때문에 이것은 언어를 통해 해체 될 수 있는 '정체성'이다. '정신 살인' 범죄는 정체성의 무효화이며 언어는 억압의 근원이 된다. 여성이 다른 어떤 것과 마찬가지로 취약하고 무효화되기 쉬운 정체성이 될 때 위협은 모든 곳에 있다. 여성이 된다는 것은 피해자가 되는 것이다. 페미니스트가 된다는 것은 정신 살인과 여성이 피해자라는 인식에 대항해서 싸우는 것이다.

오늘날 폭력의 정의는 피해자 범주에서 더 많은 여성을 포함한다. 2017년 3월, 트럼프 대통령을 반대하는 여성 단체들은 여성들이 시장, 부채, 자본주의적 재산 관계, 국가의 폭력, 레즈비언, 트랜스 및 퀴어 여성들에 대한 차별 정책의 폭력, 이주 운동의 국가 범죄화에 대한 폭력, 대량 투옥의 폭력, 낙태 금지와 무료 의료 및 무료 낙태에 대한 접근성 미비로 인한 여성의 신체에 대한 제도적 폭력과 같은 경험을 했다고 설명했다.[264]

실제적인 물리적 위협과는 거리가 먼 폭력의 정의와 함께 여기서 주목할 만한 점은 특별히 폭력적인 상황 때문이 아닌, 그들이 누구인지에 대한 결과로서 피해자의 지위를 가지게 된 레즈비언, 트랜스 및 퀴어 여성과 같은 특수 이익 집단의 목록이다.

• 결론

오늘날 젊은 여성들은 이전 시대의 도덕적, 종교적 압력에서 크게 벗어났지만 성적으로 자유롭지는 않다. 여성을 성희롱 및 강간의 피해자로 제시하고 포르노를 통해 차별하는 욕망은 성 행위자인 여성을 없애버린다. 젊은이들이 다른 사람과 성관계를 즐기고 서로 친밀한 관계를 형성하려면, 그들은 위험에 대한 서술로부터 자유로워질 필요가 있다. 나이든 세대의 경우 이것은 퇴행을 의미하며 밀레니엄 세대에게 비록 그들이 같은 실수를 저지르더라도 스스로 그 일을 해결하도록 놔두는 것을 의미한다. 결국 이것은 사람들이 역사의 시작부터 해왔던 것이다.

강간 문화 내러티브는 젊은 남녀가 자신의 동의를 얻는 방식으로 관계를 형성하여 사회화에 순응 시킬 기회를 얻으려는 페미니스트들에게만 도움이 된다. 다음 장에서는 친밀감의 붕괴와 남성성을 악마로 만드는 이 관계의 결과에 대해 탐구한다.

7장

남학생들의 문제

여성을 연약한 존재로 인정해야 한다는 요구에 대해 분명한 선입관이 함께 나타난다. 이것은 강간 문화와 이성간의 사랑이 여성 억압의 장소라는 가정에 대한 논의에서 가장 분명하게 드러난다. 페미니즘은 자체의 규제적 역동성을 취하고 여성이 취약한 것으로 제시되지 않더라도 도덕적 틀을 강화시키고 특히 페미니스트 가치를 주장하려는 자극에 지배된다. 이와 관련하여 페미니즘은 대중의 삶뿐만 아니라 잠재적 학대의 장소로 간주되는 친밀한 관계를 규제하기 위해 보다 폭 넓은 원동력으로 작용한다. 이 장에서는 이성간의 사랑과 남성성을 문제시 삼고 감시하는 것의 영향에 대해 탐구한다.

• 타이틀 나인

지식의 가르침과 추구에 대한 믿음을 잃어버린 대학들은 젊은이들의 사회화와 관련하여 새로운 역할을 개발했다. 《대학 내에서 무슨 일이 일어났는가?》에서 프랭크 푸레디는 사회화를 '아이들의 앞에 놓인 세상을 위해 준비되는 과정'이라고 설명한다. 그는 '지난 세기 동안 사회화에 대한 책임이 부모로부터 학교로 점진적으로 옮겨 갔다.'라고 주장했다. 그러나 푸레디는 '사회화 과정의 제도화는 최근 수십 년 동안 고등 교육 영역으로 원활하게 확장되었다.'라고 언급했다.[265] 오늘날 대학이 젊은 남녀를 사회화시키는 가장 명백한 방법 중 하나는 성관계를 하는 특별한 방법을 가르치고 시키는 것이다. 미국의 경우, 대학은 연방 정부가 지원하는 교육 프로그램에서 성차별을 금하는 법률인 타이틀 나인Title IX에 의해 규제를 받는다. 타이틀 나인은 다음과 같이 명명한다.

미국 내 어느 누구도 연방 재정 지원을 받는 교육 프로그램이나 활동에 따라 성性에 근거하여 참여에서 제외되거나 혜택을 거

부당하거나 차별을 당하지 않아야 한다.[266]

《타이틀 나인 비꼬기Twisting Title IX》의 저자 로버트 쉬블리Robert Shibley가 지적한 것처럼, 이 짧은 성명서에는 무수한 예외가 뒤따른다. 타이틀 나인은 처음에는 오늘날처럼 광범위하게 미치도록 의도되지 않았다. 캐서린 맥키넌이 전개한 1977년 사건에 이어 연방 법원이 명백한 차별 행위뿐만 아니라 교수의 성희롱 혐의에 대응하지 않기 위해 타이틀 나인에 따라 대학이 책임이 있음을 발견한 이후 훨씬 더 큰 의미를 갖기 시작했다. 쉬블리가 언급한 것처럼 이것은 '성희롱은 이제 차별로 간주될 수 있으며 따라서 타이틀 나인의 범주 내에 있다.'라는 것을 의미했다.[267]

이미 살펴본 바와 같이 성희롱에 대한 정의는 1970년대에 확대되기 시작했다. 교육에서 이 용어는 여성들이 성관계 때문에 불편하거나 원치 않는 '적대적인 환경'을 포함하게 되었다. 이 기준을 통해 성희롱은 전적으로 의도하지 않고 특정 목표 없이도 발생할 수 있게 되었다. 기관의 직원 및 관리자의 행동과 관계없이 동료 학생들이 적대적인 환경을 조성 할 수 있다. 쉬블리는 이러한 움직임의 결과를 다음과 같이 제시한다. '학교들은 이제 공식적으로 학생들 사이에서만 일어나는 성행위를 감시하는 곤란한 입장에 놓이게 되었다.'[268] 최근 몇 년 동안 미 교육부는 대학에 '성희롱과 성폭력을 종식시키기 위해 즉각적이고 효과적인 조치'를 취할 것을 촉구하는 점점 더 명백한 지침을 발표했다. 대학이 준수하려는 노력에도 불구하고 매년 타이틀 나인 정책을 위반한 것으로 많은 사람들이 조사를 받는다.

• 동의 교육

　대서양 양쪽에서 동의 수업consent classes은 학생들에게 강간과 합의된 성관계의 차이점을 교육하는 데 사용된다. 이러한 수업은 빠르게 대학 입학 절차의 표준 부분이 되고 있다. 정말로 지지자들은 화재 규정과 건강 및 안전 요구 사항에 대해 학생들이 교육을 받으면서 왜 강간에 대해서도 배우면 안 되는 이유가 무엇인지를 주장한다. 이 논리에 따르면 동의 교육은 학생들에게 화재 피난 장치를 찾는 방법을 알려주고 차 또는 커피 한 잔, 또는 케이크 한 조각을 원하는지 물어보는 것보다 더 복잡한 것은 아니다. 학생들은 섹스가 양 당사자의 모호하지 않은 '동의yes' 다음에만 진행되어야 한다고 배운다. 그들은 만약 한 사람이 꺼려하면 마음을 바꾸라는 그 어떤 압력을 가해서는 안 된다. 동의 교육

강사들에게는 불행하게도, 실제 생활에서 섹스와 관계는 그러한 사전 결정된 과정을 따르지 않는다. 동의는 학생들이 믿게끔 유도된 것처럼 간단하지 않다.

사람들이 섹스하기 전에 명시적으로 허가를 요청하고 부여하는 과정에 참여해야 한다는 생각은 최근의 발전이다. 1990년대 초반 대학교 1학년 때, 나는 '우리의 밤을 돌려달라Take Back The Night'라는 시위를 위한 '거절은 거절을 의미한다No Means No'라는 현수막을 만들고 있던 여성 그룹 멤버들과 합류했다. 당시에는 슬로건이 약간은 장황하게 보였다고 생각했던 것을 기억한다. 분명히 모두들 '아니오.No.'라는 단어의 의미를 알고 있었다. 오늘날 이 메시지는 긍정적으로 비치는 것처럼 보인다. 이것은 여성들은 자신의 마음을 알고 원치 않는 성관계에 대해서는 아니라고 말할 수 있다는 것을 시사한다. 또한 이것은 강간과 성관계의 명확한 구분을 암시한다. 그 핵심에는 '아니오.'라는 단어가 있다. 한 파트너가 '아니오.'라고 말할 때 다른 사람이 그것과 관계없이 성관계를 계속 가지려고 할 때가 강간이다.

긍정적 동의 정책, 또는 종종 '허락은 허락을 의미한다.yes menas yes.'로 불리는 동의는 학생들에게 '아니오.'라고 말하는 파트너에게 의존하지 말라고 가르친다. 학생들은 사람들이 항상 'No.'라고 말할 수 있다고 가정하지 말고 'No.'라는 말의 부재를 동의로 여겨서는 안 된다고 배운다. 심지어 'No.'라는 말을 한 적이 없더라도 성관계는 강간이 될 수 있다. 'No.'를 기다리는 대신에 학생들은 분명하고 열정적인 허락Yes을 받아야만 한다. 게다가 그들은 진행 과정의 한 단계에서 주어진 '네.Yes.'만으로는 충분하다고 가정할 수 없다. 게다가 진행 과정에서 한 단계에 주어진 'Yes.'가 충분하다고 가정 할 수는 없다. 동의는 계속 진행되어야 하며 새로운 단계마다 새로이 모색되어야 한다. 술에 취한 사람의 'Yes.'는 중요하지 않다. 사람들은 동의하기 위해 술에 취하지 않아야 한다. 전체적인 가정은 여성이 자신의 마음을 알지 못할 수도 있다는 것이다. 그녀는 한 가지 일을 할 수도 있지만 실제로는 다른 것을 의미하는 것일 수도 있고 단 몇 분 후에 그녀의 마음이 완전히 바뀔 수도 있다. 반면에 남자들은 약탈적인 것으로 간주되어 여자가 원하든 원하지 않든 섹스를 하기로 결심한다. 긍정적인 동의를 강조함으로써 학생들은 자발성과 열정이 위험하다고 믿게 된다. 왜냐하면 리허설 된 대본을 인용하지 않고, 공식적인 동의하에 진행되지 않는 섹스는 강간이기 때문이다.

학생들은 사적 관계의 수행을 위해 달성할 수 없을 정도로 높은 기준을 설정하는 극도로 단순한 동의의 개념을 제시받는다. 종종 사람들의 삶과 감정은 단순함과 거리가 멀다. 동의는 언제나 흑백이 아니다. 모든 인간 상호 작용에 분명하지 않은 선과 오해가 있다. 사람들은 분명히 즐겁고 편하기 때문에 성관계를 가지기 전에 술을 마신다. 유혹, 설득의 정교한 형태는 관계를 스릴 있게 만든다. 술이나 설득이 없다면 섹스를 할 수 있는 학생들은 거의 없을 것이다. 사람들은 술을 마시고 장난치거나 유혹하는 절차를 즐기고 섹스를 하고 차가운 햇살 속에서 술에서 깨어나 때로는 유혹한 사람에 대한 생각을 바꾼다. 때때로 그들은 성관계를 가진 것을 후회한다. 그러나 이러한 오해와 실수를 저지르고 다음에 그것으로부터 배우는 것을 겪는 것이 젊은이들이 자라나는 방식이다.

동의 수업과 타이틀 나인 정책을 뒷받침하는 것은 전문가 팀의 조언 없이는 학생들이 서로 신뢰하면서 성장하거나 서로 섹스를 하는 것에 대해 합의를 할 수 없다는 가정이다. 강간 문화 운동가들의 과열된 상상 속에서 규제되지 않은 관계는 위험하고 폭력적이다. 강간 문화 운동가들의 열렬한 상상 속에서 규제되지 않은 관계는 위험하고 폭력적이다. 열정, 감정, 욕망과 본능은 특히 알코올에 의해 불타오르게 될 때 항상 억제되어야 한다. 성관계 동의 수업은 금욕을 전파하지 않는다. 반대로, 강사는 남의 눈을 의식해서 섹스를 옹호하는 수사학을 사용한다. 학생 사이의 성관계를 금지하는 엄격한 교칙을 발표하는 대학은 거의 없다. 대신 동의 수업은 내부 규정을 통해 작동하며 강간을 당하거나 강간을 하는 것에 대한 학생들의 두려움을 이용한다. 이 공포가 발생하는 것을 방지하기 위해서 학생들은 무의식중에라도 실수의 공포를 피하기 위해서 자기 스스로 경계하는 연습을 해야 한다.

• 불신 교육

얼마 전만 해도 학생들의 성생활은 오늘날보다 훨씬 더 공식적으로 규제되었다. 원치 않는 임신과 그것을 둘러싼 낙인에 대한 실질적인 두려움에 기인한 사회적, 종교적, 문화적 규범은 가정에서 망사 커튼을 확 젖히는 이웃의 모습을 하거나 캠퍼스의 부모의 역할을 하는 교사와 같은 권위 있는 어른들에 의해 시행되었다. 대학에는 한쪽 성별만을 위한 시설을 갖추고 통금 시간을 강요했다. 후에 피임약의 사용 가능성 증가와 그러한 냉담한 사회적 관습의 완화는 점진적이고 자유로운 것으로 경험되었다. 1970년 영국의 성인 연령대가 21세에서 18세까지 법적으로 낮아진 것은 성인으로서 학생들이 삶의 다른 모든 부분과 마찬가지로 섹스와 관계에서 자신의 실수로부터 자유롭다는 견해를 반영했다.

그 후 몇 년 동안 섹스는 임신과 분리되어 공식적인 구식 제약으로부터 해방되었지만 친밀감과 감정과의 연관성은 관계의 맥락에서 항상 그런 것은 아니었지만 여전히 크게 남아있었다. 동의 수업은 학교 성교육 수업처럼 젊은 사람들에게 성관계와 친밀감을 분리하도록 가르친다. 교실에서 연습한 문구를 인용하는 것은 임신이나 성병을 예방할 수는 있지만 침실의 사생활 내에서의 사람들 사이에는 정서적 거리가 생기게 된다. 규칙을 따르고 미리 연습한 대본을 인용하면 성행위가 허용된다. 그러나 일련의 규칙에 순종하기보다는 열정과 본능에 의해 주도되는 사적이고 친밀한 관계는 두려워하게 된다. 친밀감이 문제시된다.

학교 아이들이 낯선 사람을 의심하도록 배우듯이 다른 아이들은 괴롭힘을 당할 수도 있다. '독점적인' 우정을 피하는 것이 가장 좋으며 성관계는 폭력적이고 학대일 수 있다. 동의 수업은 청년들이 감정적으로 다른 사람들에게 투자함으로써 자신을 취약하게 만드는 것을 피하도록 가르친다.

동의 수업과 정책 문서는 도덕적, 종교적 지시가 끝날 때까지 벌어져 있는 틈을 채운다. 그러나 이전 세대의 학생들은 숨 막히는 규정으로 인식된 것에 반항하기 위해 많은 노력을 기울였지만 오늘날에는 젊고 트렌디한 페미니스트들이 동의 수업을 가르치는 경향이 있다. 불법적인 성관계를 맺기 위한 룰rule을 어기는 것이 사람들 사이에 유대감을 형성하는 반면, 동의 수업은 학생들에게 다른 사람들이 실제로 'Yes.'를 말할 때조차도 사실은 'No.'일 수도 있으니 다른 사람을 절대 신뢰하지 말라고 가르친다.

• 세대별 동정童貞

지난 20년 동안 성에 관한 정보의 주요 출처로 학교 수업을 인용한 젊은이들의 수가 증가했다. 영국 메디컬 저널The British Medical Journal에 따르면 1990년과 2012년 사이에 학급에서 성관계에 관해 부모님이나 친구가 아닌 교사로부터 성에 대해 배운 비율은 28.2%에서 40.3%로 증가했다고 보고되었다. 학교 섹스 수업은 단순한 생물학 이상의 의미가 있다. 영국에서는 정부 지침에 '상당한 참작'을 해야 하며 섹스와 관계에 대한 더 넓은 개인 및 사회적 측면을 포함해야 한다.

성교육이 영향력을 가질 것으로 보인다. 미국의 '일반 사회 설문The American General Social Survey'은 1989년부터 사람들의 성생활에 관한 데이터를 수집해왔다. 그 기간 동안 18세 이후에 파트너가 없는 것으로 보고된 20세에서 24세 사이의 청소년의 비율이 1960년대에 6%에서 1990년대에 15%까지 증가했다. 그들은 18세가 된 이후로 X세대와 같은 나이였기 때문에 섹스 파트너를 가질 가능성이 적다.[269]

영국에서는 가장 최근의 '성性적 태도와 삶의 방식에 대한 전국 설문 조사National Survey of Sexual Attitudes and Lifestyles'에 따르면 지난 1년 동안 영국 16-24세의 23%가 성관계를 갖지 않았음을 보여준다. 이는 오늘날의 청소년들이 55세 미만의 어떤 집단보다도 성관계를 덜 갖고 있다는 사실을 의미한다. 오늘날의 사진 상으로 넘겨보고 고르는swipe-right hook-up 문화 뒤에 숨어 있는 죄책감의 비밀은 난잡함이 아니라 금욕인 것 같다. 학생들이 어울릴 때에도 자동으로 섹스를 한다는 의미는 아니다. 한 보고서는 81%의 학생들이 서로를 알아가는 동안 성행위가 있었다고 보고했지만, 34%만이 성관계라고 말했다.[270] 또 다른 연구에 따르면 대학 첫 학기 여성의 경우 최근의 관계 중 27%만이 질 섹스를 포함했다.[271]

베이비붐 세대Bemused Boomers와 X세대는 밀레니엄 세대들이 왜 섹스를 꺼리는지 정확히 설명하기 위해 노력하고 있다. 대서양 양측의 해설자들은 소셜 미디어와 비디오 게임을 통한 영구적으로 접근할 수 있는 일련의 가상의 위안을 제공하는 강박적인 스마트 폰 사용을 재빠르게 지적한다.[272] 온라인 포르노의 보편화는 실제 삶에서 훨씬 더 복잡한 관계에 대한 욕구를 향상시키기보다 억압하는 것일 수 있다. 어떤 사람들은 미국에서 금욕 전용 성교육으로의 전환과 순결 선서의 인기가 증가하고 있다고 지적했다.[273] 오늘날의 청소년들은 과거에 비해서 결혼할 확률이 낮고 안전한 직장을 유지할 가능성이 적으며 부모님의 집에서 살 가능성이 더 높다. 밀레니엄 세대는 분명히 너무 가난하고 스트레스를 많이 받고 있어 섹스를 할 시간이나 에너지가 남아 있지 않다는 것을 암시한다.[274]

그러나 대부분은 설명이 아닌 변명일 뿐이다. 이전 세대의 경우, 종교적 금기에 도전하고 부모와 교사의 협박에 반항하여 성관계를 부정한 짜릿함으로 만들었다. 영국에서의 성교육은 금욕을 선포하지 않으며 순결 서약은 거의 들어본 적이 없지만 우리는 여전히 섹스에 대한 거부반응을 보게 된다. 만약 오늘날의 청소년들이 성관계를 몹시 원했고,

전화기와 노트북을 꺼버렸다면 실제로, 그들은 부모의 집에서 감시를 견디기보다는 자기 자신의 독립적인 삶을 시작하는 데 더 많은 시간을 할애할 것이다. 젊은 사람들이 온라인에서 너무 바빠서 섹스를 하지 않는 것은 아니다. 오히려 실제와의 상호 작용을 피하기 위해 가상의 위로를 모색하고 있다.

가정의 안전과 안정에서 떠나는 것을 꺼리는 것은 왜 청년들이 섹스를 포기하고 있는지에 대한 가장 큰 단서를 제공한다. 그들은 너무 겁에 질려 다른 사람에게 위험을 무릅쓰지 못하고, 욕망으로 취약성을 극복하기에는 너무 긴장한 상태로 자랐다. 가장 최근의 '성性적 태도와 삶의 방식에 대한 전국 설문 조사' 통계에서 가장 슬픈 것은, 성적으로 가장 활동적인 젊은 남성의 33.8%와 여성의 44.4%가 통증과 불안을 경험하므로 섹스를 즐기지 않는다고 응답한 것이다. 게다가, 거의 10%의 여성들이 섹스 중에 즐거움이나 성적인 흥분을 경험하지 못했다고 말했다. 이것은 젊은 사람들이 직장을 구하고 스트레스를 많이 받아서 섹스 할 에너지가 전혀 없는 것이라기보다 섹스 그 자체가 스트레스인 것처럼 보인다. 섹스와 관계 교육, 동의 수업, 강간 문화에 대한 반대 운동, 객관화에 대한 공론과 공개적으로 몸매를 비판하는 것에 대한 경고, 성관계는 너무 복잡해져서 시도조차 할 수 없고 너무 두려워서 즐길 수 없게 되었다.

• 이성혐오

동의는 강간이 아닌 다프네 파타이의 '이성혐오'에 대한 개념이 표준화된 분위기에서 관심의 대상이 되었다. 섹스는 권력 행사라는 맥키넌의 견해, 즉 여성이 사회의 성차별주의와 가부장제 규범을 내면화한 결과 복종하도록 조건화된 남성 지배의 상징적인 행동은 비정통적인 것이 아닌 주류 페미니스트 사상으로 옮겨 갔다. 1999년에 저술한 저메인 그리어Germaine Greer는 다음과 같이 설명한다. '여성의 즐거움은 질에 음경이 있다는 것에 달려 있지 않다. 남성의 것도 아니다.' 그녀는 계속해서 말한다. '그러므로 우리는 왜 내성적인 태도가 여전히 정상적이거나 완전한 성교로 묘사되는지 물어봐야 한다. 그 설명은 지배 행위로서 성교의 상징적인 본성에 있는 것처럼 보인다.'[275] 폭군 같은 남성과 수동적인 여성 사이에서 성관계를 통해 나타나는 이 억압의 서술은 여성이 진정으로 이성과의 섹스에 동의하거나 즐길 수 없음을 의미한다. 오늘날, 이것은 너무 많은 남성을 '냉담한 성적 경멸'로 몰아가며 비난하는 페미니스트 언론인의 견해에 반영된다. 도널드 트럼프가 던진 '음부를 이용해 여성을 사로잡으라.grabbing women by the pussy'라는 발언은, 여성의 신체에 대한 남성의 특권 의식의 구현으로 묘사된다.

모든 남성이 잠재적 강간범이라는 가정은 남성만큼 여성에 대한 경멸을 전제로 한다. 여성은 전적으로 수동적으로 제시된다. 성관계는 그들에게 강제로 견디도록 일어난 일이며, 그들이 즐길 수 없는 어떤 것이다. 여성이 스스로 남성과의 성행위를 적극적으로 추구하고자 하는 발상은 이성 혐오주의자들에게는 저주이다.《그레이의 50가지 그림자Fifty Shades of Grey》와 같은 에로티시즘의 인기는 페미니스트들의 경멸에 상당수의 여성들이 성적으로 지배되고 있는 것은 정치적인 항의의 기회가 아닌 환상임을 암시한다. 남성과 여성이 성관계를 가질 뿐만 아니라 그것을 즐긴다는 것은 섹스를 오래된 성역할을 확인하고 강화하는 것으로 보는 페미니스트들에게는 위협이다. 그것은 생물학에 대한 무시와 성별과 성행위가 단지 사회적 구성 요소라는 그들의 믿음에 도전한다.

성희롱, 강간 문화 및 동의에 대한 페미니스트적 사고가 특히 여성에 의해 제기될 때 그 대응은 극단적일 수 있다. 페미니스트 문화 평론가이자 교수인 로라 키프니스Laura Kipnis

는 2015년에 에세이 《고등 교육 연대기Chronicles of Higher Education》에서 대학 직원과 성인 학생들 간 관계를 금지한 타이틀 나인Title IX 법안에 대한 대학의 해석에 도전했다. 키프니스는 새로운 규정이 학생들을 유아처럼 만들고 대학 행정관의 힘을 크게 증가시켰다고 주장했다. 그녀는 자신의 논문에 대한 반응에 충격을 받았는데, '한 학생은 이 에세이에 "매우 본능적인 반응"을 보였고, 또 다른 학생은 "끔찍한 것"이라고 했다.' 두 학생이 타이틀 나인에 따라 키프니스에 대해 불만 사항을 제기하자, 대학은 길고 관료적인 조사를 시작했다. 키프니스의 언급처럼 '성차별에서 성추행으로 타이틀 나인이 확대되면서, 그 권한뿐만 아니라 성폭력과 강간 구성에까지도 확대되었다.'[276] 키프니스가 실제로 누군가를 성폭행한 것이 아니라는 사실을 기억할 필요가 있다. 그녀의 범죄는 완전히 지적이었고, 그녀는 잘못된 생각을 가지고 있었으며 공공 영역에서 감히 그것을 말했다. 성에 관한 한 의도만큼 중요한 것은 행동이 아니다. 페미니즘에 대한 사상 범죄는 너무도 저지르기 쉬워 보인다.

· 유해한 남성성

키프니스의 '타이틀 나인 종교 재판Title IX Inquisition'은 젊은 여성들이 그들의 취약성과 보호의 필요성에 대해 페미니스트들의 메시지를 흡수한 정도를 보여준다. 이 같은 내러티브는 여성을 협박하고 강간 문화를 홍보한 혐의로 기소된 젊은 남자들을 악마화시킨다. 그것은 오늘날 남성의 존재, 또는 더 구체적으로 남성성이 여성에게 위협을 주는 것처럼 보일 수 있다. 그런 아이디어는 1970년대 후반의 페미니즘에 뿌리를 내리기 시작했다. 메리 데일리Mary Daly는 1978년 그녀의 저서《부인과학Gyn/Ecology》에서 '남성의 악'은 '강간, 인종 차별, 대량 학살, 집단 몰살 및 궁극적으로 생명 살해의 뿌리'에 있다고 주장한다.[277] 린 시걸Lynn Segal이 말한 것처럼 이 시기의 페미니즘은 남성의 '심리학 및 행동'의 문제를 '더 모호하고, 모성적이고, 협력적이고, 평화로운 '여성'의 '심리학 및 행동'과 비교하려고 노력했다.[278] 이러한 견해는 계속되고 있으며, 오늘날 경쟁력, 침략, 힘, 야망 및 위험 감수와 같은 남성으로 특징지어지는 전통적인 그리고 진부한 속성은 문제가 되는 것으로 간주된다. 그러한 마초적 자질은 2008년 금융 위기에서부터 기후 변화에 이르기까지 세계의 모든 나쁜 일에 대한 책임이 있다. 협업, 협력, 감수성 및 공감과 같은 더 많은 '여성' 특성이 대신 소중히 여겨진다. 호프 소머스는 '젠더Gender 학자들은 지난 20

년 동안 남자아이들을 그런 "유해한" 남성적 성향에서 벗어나도록 재사회화하려고 노력했다.'라고 주장한다.[279]

오늘날의 공포는 모든 남성을 향한 것이 아니라 오히려 남성적 행동 또는 '유해한 남성성'의 고정 관념에 있다. '유해'이라는 단어는 남성성은 여성에게 해롭지는 않지만 남성에게 위험한 독성으로 보이는 감각을 나타낸다. 대서양의 양쪽에서 대학 관리자와 학계는 특정 유형의 남학생, 특히 스포츠, 술, '농담'에 대한 문제, 즉 진부한 '사랑'에 대해 문제를 제기한다. 그룹에 속한 남성에 대해 특별한 관심이 표현된다. 영국에서는 '남성 문화'에 대한 공포가 있으며, 미국에서는 형제애를 금지하는 것이 바람직한 것이 아니라는 가능성에 관해 논쟁을 벌이고 있다.[280] 합법성에 대한 논의가 진행되는 동안 몇몇 기관들은 혼합된 성mixed-sex과 알코올이 없는 정권을 도입했으며 모든 남성 대학 협회의 전통을 효과적으로 종식시켰다.

이 새로운 계획의 배후에 있는 사람들은 여성의 존재가 성차별과 알코올 중독 위험수위를 조장한다는 비난을 받고 있는 교제를 문명화할 것이라는 가정하에 일을 하고 있다. 한편 영국에서는 옥스포드 대학의 무례한 럭비 클럽 회원이 성적 동의와 '좋은 청년' 워크숍에서 재교육을 받기 위해 파견되고 있다.[218] 런던 정경 대학London School of Economics 의 럭비 클럽은 성차별주의, 여성 혐오 및 동성애 혐오가 금 지되었다. 이를 보상하기 위해 청년들은 공공장소에 서서 그들의 잘못을 나타내는 포스터 보드를 착용할 것으로 기대 되었다. 한편, 듀크 대학Duke University에서 '남성 정체성을 가 진 학생들'에게 '여성 센터의 새로운 프로그램에서 남성성, 페미니즘 및 교차성에 대해 토론할 수 있는 기회를 제공한 다.'[282] 대학 남성들은 너무나도 자주 문제라고 여겨지고, 그 룹 내의 젊은 남성들은 더욱 그렇게 간주된다.

이러한 우려는 술로 가득 찬 밤에 펼쳐지는 남성 스포츠 팀들의 익살스러움을 넘어 교실로 옮겨간다. 남학생들은 학업을 심각하게 받아들이지 않고 일반적으로 방해만 하는 것으로 기소된다. 영국의 한 학자 그룹이 대학에서 남성의 행동을 조사하기 위한 기금을 받았다. 그들의 옹호적인 연 구는 다음과 같은 의문을 제기한다. '어떻게 강사와 대학들 이 문제가 되는 "남자다운" 태도와 행동에 도전하고 변화시 킬 수 있을까?'[283] 어쩌면 놀랍지 않게도 이 조사들은 '남자 들은 그저 앉아서 이야기하는 게 멋지다고 생각하는 것뿐 이다.'라고 밝혔다.[284] 상대적으로 온화한 남성 학생조차도 여성의 목소리를 침묵시키는 방식으로 세미나를 지배하는 것으로 간주된다.[285] 일부 강사들에게는 교실에 있는 남성의 존재가 단순히 일상적인 교육 경험의 일부이자 부분이 아니라 관리해야할 특별한 도전인 것으로 보인다.

• 여성 가치 증진

강인함이나 위험 감수성이 중시되지 않는 변화된 산업 환경에서, 학교와 더 넓은 사회는 이제 여성적 가치를 증진시키는 쪽으로 변화를 반영하고 있다. 남성들은 새롭고, 더 감정적이고, 치료적인 윤리에 동참할 것으로 예상된다. 그렇게 하는 것을 꺼리는 사람들은 학교에서 투쟁하며 직장에서 '역멘토링제reverse mentoring'를 받는다. 역멘토링제에 대한 아이디어는 고령의 근로자가 새로운 사고방식으로 어떻게 개선될 수 있는지에 대해 교육시키기 위해 젊은 근로자들과 짝을 이루는 것이다.[286] 페미니스트 역멘토링제를 통해 젊은 여성들은 나이 든 남성들에게 직장에서 행동하는 '올바른' 방법에 대해 교육할 수 있다. 한 가지 계획이 관리자들의 행동과 단어가 다른 사람들에게 어떻게 영향을 미치는지 이해할 수 있도록 돕기 위해 고안되었다.[287]

이것은 노벨상 수상 과학자인 팀 헌트Tim Hunt경이 실험실에서 여성의 '문제'에 대한 농담을 한 것과 같은 과거의 유물이나, 사치 앤 사치Saatchi and Saatchi사의 사장인 케빈 로버츠Kevin Roberts가 광고 산업에서 성 편견이 문제가 되지 않는다는 제안에 대해 얄팍하고 남성적이며 진부한 것으로 비난받고 대중의 조롱을 받고 있음을 의미한다. 여기서 우리는 페미니즘이 남성의 행동뿐만 아니라 그들의 말, 태도 및 가치를 조절하는 수단으로 어떻게 사용될 수 있는지를 알게 된다.

페미니즘, 더 구체적으로 여성성이 우세한 곳에서는 때로는 유일하게 받아들일 수 있는 남성은 여성이 되고 싶어하는 남성인 것처럼 보일 수 있다. 남성에게는 의심할 여지 없이 가장 문제가 되긴 하지만 사회에 남성성을 위한 자리가 없을 때 모든 사람들은 영원히 강력한 힘을 잃게 된다. 여성은 남성만큼이나 공격적이고 결단적이고 야심적이고 무자비할 수 있다. 문제시되는 남성성은 젠더 고정 관념을 고취시키고 개인의 취향을 부정하는 비뚤어진 결과를 낳는다. 여성은 남성만큼이나 협력과 가정에 대한 개인주의와 야망을 존중할 가능성이 있다. 여성들이 그러한 가치관을 존중하지 않더라도, 남성들은 존중할 수 있다. 열정은 규칙을 따르지 않는다. 확실히 모든 여성이 감정적이고 예민한 파트너에 대한 열망을 공유하는 것은 아니다.

남성성에 대한 공격과 여성에 대한 남성을 곤두박질시키려는 현대 페미니스트들의 경향의 결합은 남성 권리 운동의 출현으로 이어진다. 남성 권리 운동가들은 남성의 이익이 훨씬 더 일관된 방식으로 방어되어야 한다고 주장하며 교육에서 남학생들의 성과 부족과 '이혼 후 양육비를 주지 않는 아버지deadbeat dads'와 같은 남성의 부정적인 미디어 묘사 문제를 지적한다. 그들은 결혼 생활이 무너질 때 자살률 증가 및 가정 법원에서의 불평등한 대우와 같은 그들의 특별한 관심사가 간과되거나 사소해진다고 주장한다. 남성 권리 운동가들은 남성이 여성보다 폭력 범죄의 피해자가 될 가능성이 높으며 가정 폭력은 남성뿐만 아니라 여성에 의해 저질러질 수 있다고 주장한다. 이것은 몇 가지 중요한 문제를 제기하고 페미니즘의 지배에 유용한 균형을 제공한다. 그러나 이것은 남자다움을 방어하는 것이 아니라 남성이 자신의 특별한 문제에 대한 인식을 가질 것을 요구한다.

남성이 더는 역할을 할 수 없는 사회에서 남성성의 위기가 실제로 발생하고 있지만, 남성의 권리 운동은 이 문제를 해결하는 데 거의 도움이 되지 않는다. 남성의 가치에 대해 긍정적인 사례를 만들기보다는 남성 권리 운동가들은 남성도 피해자라고 주장한다. 그들은 특히 남성이 직면한 어려움에 대해 더 많은 인식을 원한다. 그들은 남성들이 '남자답게' 행동하고, 경직된 윗입술을 항상 유지해야 하며 어떤 약점도 드러내서는 안 된다는 압박을 받는다고 주장한다. 남성 권리 운동가들은 남성들이 공공장소에서 자유롭게 감정을 표현하고 예민함을 나타내기를 원한다. 그들 또한 고통받고 있다는 인식을 원한다. 그 결과 남성과 여성 모두 피해자의 입장을 요구하기 위해 싸우고 있다. 크리스토퍼 라쉬 Christopher Lasch가 1997년에 예언적으로 언급한 바에 따르면 《고등 교육 연대기 The Chronicle of Higher Education》는 최근 28권의 남성과 남성성에 관한 책을 열거하고 있으며, 이것이 시작에 불과하다는 침울한 느낌을 우리에게 남긴다. 자기 연민의 시장은 무궁무진한 것처럼 보인다.'[288]

남성 권리 운동가들은 남성은 여성과 마찬가지로 성에 대한 고정 관념의 희생자라고 주장하면서 여성과는 다르게 남성은 단순히 전통에 맞서 싸우는 것이 아니라 페미니스트들로부터도 공격을 받고 있으며 페미니스트들을 남성을 특히 비하시키고 세상에서의 정당한 위치를 부정하는 것을 목표로 하는 음모를 꾸미는 모임으로 보고 있다. 남성 권리 운동가들이 놓치고 있는 부분은 현대의 페미니즘이 남성만큼이나 대다수의 여성에게 해롭고 제한적이라는 것이다. 성 평등이 의미 있는 목표라면 피해자의 평등 이상의 것이 되어야 한다. 가장 억압받는 사람에 대한 논쟁은 불평의 경쟁속에서 남성과 여성이 서로 다투는 데에만 사용된다. 사람들이 공통으로 가지고 있는 것과 사회가 모든 사람들의 이익을 위해 어떻게 작동할 수 있는지를 고려할 여지가 없다.

• 결론

　오늘날의 페미니즘은 그 지위를 피해자에 대한 경쟁적인 주장에 근거하고 있다. 여성들은 특히 자신을 피해자로보고 약탈자인 남성에 의해 위험에 처해 있다고 바라보도록 배운다. 그중 하나는 사적인 관계를 규제하기 위해 고안된 동의 수업과 캠퍼스 규칙의 확산이다. 이것은 남녀 간의 친밀감과 신뢰를 파괴하는 효과가 있다. 결과적으로, 이성간의 사랑은 문제적이고 남성적이며 특히 해롭다고 표현된다. 그에 대한 반응으로, 누가 피해자의 입장에 가장 적합한사람인지에 대해 페미니즘과 경쟁하는 남성 권리 운동이나타났다. 바닥을 차지하려는 이 경주에는 승자가 있을 수없다.

3부

과거와 현재의 페미니즘

8장

할머니 세대의 페미니즘이 아니다

이전 장에서 묘사된 피해자 페미니즘은 여성이 억압 받는다는 개념을 전제로 하고 있다. 인기있는 기사와 블로그는 '그렇습니다. 여성들은 여전히 억압받고 있습니다.'라고 지적하고, '오늘날 여성들이 억압당하는 5가지 방법'을 언급한다. 다른 곳에서는 여성이 언론, 광고, 보수 정치, 남성에 의해 억압 받고 있다고 한다. 그러한 과장된 주장에 의해 억압의 구체적인 의미가 사라지고 대신에 억압은 페미니스트들이 불쾌하게 여기는 모든 것에 대해 편리한 약칭이 되어버린 것처럼 보인다.

동시에, 우리가 볼 수 있듯이, 남녀평등을 위한 많은 페미니스트 논쟁은 처음부터 남성과 여성이 근본적으로 다르다는 문제 있는 가정에 의해 제기되었다. 여성의 탄압에 도전하는 것은 지난 2세기 동안 정치 개혁과 사회 개혁의 목표였다. 울스턴 크래프트Wollstonecraft의《여성 권리 옹호Vindication of the Rights of Women》에서 밀Mill의《여성의 종속The Subjection of Women》이르기까지, 캔디 스탠턴Cady Stanton과 팽크허스트Pankhursts를 거쳐 드 보부아르de Beauvoir, 프리단Friedan, 그리어Greer에 이르기까지, 이 전투의 중심은 여성억압의 구체적인 성격과 원인을 이해하고 설명하려는 시도였다. 오늘날 이 프로젝트를 계속하는 것은 여성이 남성이 아닌 방식으로 억압받는지 여부를 평가하는 것이 중요하다. 이 장에서는 여성 권리 캠페인의 본질의 변화를 19세기부터 1970년대의 제2세대 페미니즘에 이르기까지 살펴본다. 이 기간 동안 사회에서의 여성의 지위는 모든 인정을 넘어서서 변화되었으며 성적 평등을 가져오는 데 있어 페미니즘의 역할은 중요했다. 이와 동시에, 우리가 보게 될 것처럼, 남녀평등을 위한 많은 페미니스트 주장은 처음부터 남성과 여성이 근본적으로 다르다는 문제가 있는 가정에 전제되어 있다.

• 선천적 차이

1762년 프랑스의 철학자 루소Rousseau는《에밀Emile》이나
《교육에 관하여On Education》에서 당시의 사상가들 사이에서
공통된 견해를 주장했다. 남녀의 자연적 차이는 사회 이전
의 자연 상태에서도 분명하게 드러나며 남녀 간의 현대적
불평등을 설명했다. 이러한 이유 때문에 그는 남성과 여성
은 다르게 교육받아야 한다고 주장했다. '거리낌 없이 여성
에게 여성의 교육을 제공한다면, 그들이 자신의 성性을 돌
보는 것을 사랑하고 정숙함을 지니고 있으며, 자신들의 가
정에서 늙어가고 집에서 바쁘게 지낸다는 사실을 알게 될
것이다.'[289] 사회에서 여성의 열등한 지위가 남녀 간의 생물
학적 차이의 역사적 영향에 달려 있다는 믿음은 20세기까
지 계속되었으며 리바이 스트라우스Levi Strauss와 같은 인류
학자들의 연구에서 뚜렷하다.

루소의 저서가 출간된 지 30년 후 글을 쓴 메리 울스턴
크래프트는 생물학이 아닌 남녀가 서로 다른 점을 설명하
는 방식으로 대하는 것이 옳다고 제안했다. 1792년에 출
간된 그녀의 강력한 논쟁인《여성의 권리 옹호》에서 울스
턴 크래프트는 여성이 스스로 행동하는 방식에 비판적이
다. 그러나 그녀는 여성의 행동이 타고난 성향에서 비롯된

것이 아니라 교육 부족으로 인한 것이라고 주장한다. 그녀는 기존의 생물학적 차이에 대한 응답과는 거리가 먼 교육이 실제로 남녀 간의 차이를 만드는 데 공헌을 한다고 제안한다. '여성은 그런 열등한 존재로 태어난 것이 아니며 "그렇지 않았을 때 보다 더 인위적이고 약한 인격"이 되기 위해 자란다.'라고 주장했다.[290] 그들의 교육과 양육은 여성들이 '정말로 미덕에 걸맞는 것을 얻기 위한 충분한 정신력'을 갖는 것을 방해한다. 울스턴 크래프트는 여성을 '항상 유년기 상태'로 유지하려는 노력이 남성과 여성 모두를 비하시킨다고 확신하며, 그녀는 우리가 '그것을 확대함으로써 여성의 마음을 강화시킬 것'을 제안한다.[291]

• 노예로서의 여성

울스턴 크래프트는 여성과 노예의 입장을 평등하게 묘사했다. '그들은 편리한 노예일지도 모르지만 노예 제도는 주인과 천한 종속성을 저하시키는 끊임없는 효과를 가질 것이다.'[292] 노예로서의 여성들의 비유는 19세기와 20세기 초반까지 여성 권리 운동가들의 반복되는 주제가 되었다. 이 비유는 여성들이 법적 권리가 없는 남성의 재산으로 간주되었다는 사실을 강조했다. 대부분의 미국 주에서 이 법은 기혼 여성을 남편의 연장선으로 간주했으며 남성은 아내의 몸, 재산, 수입 및 자녀에 대한 완전한 권리를 가지고 있었다. 영국과 미국에서 여성들은 합법적으로 남편과 불분명한 것으로 간주되었다.[293]

칼 마르크스Karl Marx는 가족 구조 내에서 여성의 지위를 노예 제도와 유사하다고 묘사했다. '현대 가족은 농업 서비스와 관련이 있기 때문에 노예뿐 아니라 농노도 포함한다. 그것은 미니어처로, 나중에 사회와 그 통계 전체에 걸쳐 확장되는 모든 모순을 포함한다.'[294] 여성이 노예화되었다는 아이디어는 여성들이 뚜렷한 사회 계층을 형성했다는 후기의 주장으로 합병되었다. 엥겔스Engels는 이 점을 가장 명확하게 제시하고 여성의 형성을 일류 결혼의 출현과 별개의 계층으로 연결시킨다. '일부일처제 결혼은 한 성性이 다른 한 성性을 정복하는 장면으로 등장한다.' 그는 이렇게 서술했다. '제1의 억압은 남성이 여성의 성性을 억압하는 것과 일치한다.'[295]

《여성의 종속》을 집필한 존 스튜어트 밀John Stuart Mill은 노예 제도의 비유에 대한 중요한 수정안을 작성한다. 그는 '가장 잔인한 사람을 제외한 모든 남자들은 그들과 가장 가까운 여성에게서 강제적인 노예가 아닌, 자발적이지만 단순한 노예가 아닌 마음에 드는 노예를 갖기를 원한다.'라고 언급했다.[296] 밀은 남성들이 기꺼이 노예를 원했기 때문에 여성들이 무력이나 두려움에 의해 통치될 수 없다고 주장한다. 이러한 이유로 남성들은 '모든 교육의 힘'을 노예화시킨 여성의 마음으로 바꿨다. 토머스 페인Thomas Paine의《인간의 권리》에 요약된 평등에 대한 깨달음의 개념은 실제로 그 공론화 당시 모든 사람들에게 확대되지 않았다. 그러나 그것의 철학에서 평등을 위한 지적인 토대와 처음으로 사회가 구조화된 방식을 지지하는 가정에 대한 의문을 제기할 가능성을 마련했다. 남녀평등의 가능성과 사회가 다를 수 있다는 가능성은 울스턴 크래프트, 마르크스, 밀과 엥겔스가 여성의 지위에 의문을 제기할 수 있도록 했다.

미국에서는 엘리자베스 캔디 스탠튼Elizabeth Cady Stanton, 루시 스톤Lucy Stone, 루크레치아 모트Lucretia Mott와 같은 여성의 권리를 선도하는 모든 주요 지지자들이 폐지 운동에서 처음으로 목소리를 냈다. 노예 제도에 반대하는 캠페인은 일부 여성들에게 제한된 플랫폼과, 여성의 권리 운동가를 형성하는 것으로 입증된 불평등에 대한 논쟁에 직면하는 수단을 제공했다. 그들은 이를 통해 집회와 출판물을 조직하고 계획할 수 있었다. 최초의 여성 집회는 1848년 미국에서 열렸다. 이곳에서 캔디 스탠튼은 독립 선언을 모델로 한 여성의 권리를 요약한 결의안 목록인 〈감성 선언서 Declaration of Sentiments〉를 발표했다.

이 선언은 여성의 입장을 이렇게 요약했다. '인류의 역사는 남성이 여성에 대해 반복되는 침해와 착취의 역사로서, 직접적인 반대 속에 여성에 대한 절대적 폭정의 확립을 가지고 있다.'[297] 여성의 지위에 대한 비난은 남성과 함께 확고하게 자리 잡고 있었다. '남성은 가능한 모든 방법으로 여성이 자신의 힘에 대한 자신감을 파괴하고, 자존감을 낮추고, 의존적이고 비참한 삶을 살도록 만들기 위해 노력했다.'[298] 모든 결의안은 캔디 스탠튼이 여성 참정권 결의안을 추가한 것을 제외하면 만장일치로 통과되었다.

이러한 여성 권리 운동가들에게 인종 불평등의 근거에 의문을 제기하면서 성적 불평등이 뚜렷한 구제 수단이 되었다. 크리스토퍼 라쉬는 노예 제도에 맞선 투쟁이 가부장적 권위에 대한 최초의 비판을 위한 토대를 제공했다고 언급한다.[299] 그러나 이렇게 함으로써 흑인 시민권과 여성의 권리 증진 사이의 초기 페미니스트들의 긴장 또한 분명해졌다. 노예 제도 폐지론자이자 여성 권리 옹호자 소저너 트루스Sojourner Truth는 1851년 연설에서 다음과 같이 선언했다. '나는 남부의 흑인들과 북부의 여성들을 배반하고 권리에 대해 이야기하는 백인 남성들은 곧 곤란해질 것이라고 생각한다.'[300]

'트루스의 연설은 현재 '나는 여성이 아닌가?'라는 자주 반복되는 유명한 말을 포함하고 있다. 그녀는 흑인 시민권 운동이 출현하고 다른 한편으로는 여성의 권리가 출현하면서 흑인 여성들이 경험하는 문제에 대한 여지가 어디에 있는지 알 것을 요구했다. 두 그룹을 하나로 모으기 위한 트루스의 노력에도 불구하고, 여성의 권리를 위한 캠페인은 주로 부유한 백인 여성과 동일시되었다. 1896년에 해리엇 터브먼Harriet Tubman과 아이다 B. 웰스 바넷Ida B. Wells-Barnett을 포함한 메리 처치 테럴Mary Church Terrell이 이끄는 별도의 '전국 유색 여성 협회the National Association for Colored Women'가 결성되었다.[301]

• 소녀들을 교육하기

여성 권리에 대한 초기 운동은 선거권 요구에 초점을 맞추지 않았지만 여성의 삶의 다른 측면에 초점을 맞추었다. 울스턴 크래프트의 지도에 따라, 소녀들을 위한 훌륭한 교육을 확보해야 할 필요성이 강조되었다. 캔디 스탠튼은

1820년대에 시기 상조로 축소된 그녀 자신의 공식적인 학교 교육의 영향을 받았다. 그녀의 남성 급우들이 대학에 계속 다니는 동안, 당시에는 아무도 여성을 허용하지 않았다. 소녀들의 열등한 교육이 여성의 지적이고 정서적인 성장을 저해했다는 울스턴 크래프트의 주장은 논쟁의 여지가 있지만 나중에 지지를 받았다. 소년들과 비슷한 수준으로 소녀들을 교육시키는 캠페인은 이것이 남녀 간에 더 큰 평등을 위한 길을 열 것이라고 주장했다. 1869년 밀은 '여성으로서 견실한 교육을 받고 남성과 똑같은 지식을 가진 여성에 대한 요구는 점점 커지고 있다.'라고 기록했다.[302]

19세기의 일부 여성들은 다르게 취급받는 데 만족했지만, 다른 여성들은 '남성과 같은 지식의 분과'와 그들이 이끌어갈 것으로 예상되는 삶의 제한된 시야를 넘어설 수 있는 아이디어에 접근하기 위해 싸웠다. 사회 개혁 운동이 미국과 영국에서 점점 인기를 얻고 있는 시기에 여성의 이익을 증진시키기 위해 고안된 사회와 정치 단체가 생겨났다. 여학생들을 위한 학교의 추진은 사회 개혁을 위한 압박의 일부가 되었다. 영국에서는 1854년 첼트넘 여자 대학교 Cheltenham Ladies College가 설립되고 1872년에 여학생 공립학교GPDST, Girls 'Public Day School Trust가 설립됨에 따라 여학생들에게 학업 교육을 제공하는 최초의 학교가 설립되었다. 1880년까지 5세에서 10세 사이의 모든 영국 아동들에게 기본 교육이 의무화되었다. 이 초등 수준을 넘어서 교육을 계속할 수 있는 대다수의 사람들에게는 남학생과 여학생을 위해 분리된 학교와 다른 교과 과정을 유지했다.

남성과 같은 세계에 대한 지식 접근에 대한 탐구는 젊은 여성들로 하여금 대학 입학을 요구하게 만들었다. 그러나 미국 여성의 권리를 주장하는 캠페인에서 캔디 스탠튼과 루시 스톤Lucy Stone은 입학만으로도 교육이 동등하지 못하다는 사실을 발견했다. 스톤은 여성을 받아들일 수 있는 최초의 미국 대학인 오벌린Oberlin에 자리를 잡았다. 그러나 베티 프리단Betty Friedan이 우리에게 말했듯이, 스톤Stone은 '숲 속에서 비밀리에 대중 연설을 해야만 했다. 오벌린에서 조차 여학생들은 공개 발언이 금지되었다. "대학의 관점에서 볼 때, 교육의 목적은 '지적인 어머니와 제대로 종속된 아내'에 머물러 있었다.[303]

1860년대 영국 여성들은 리버풀과 맨체스터에서 강의를 들을 수 있었고 1869년 에밀리 데이비스Emily Davies는 여성을 위한 최초의 주거 대학인 케임브리지Cambridge에 있는 거튼 컬리지Girton College를 공동 설립했다. 일단 사회 관습, 독립에 대한 법적 제한, 부적절한 학교 교육 및 때로는 대학에 입학하기 위한 빈곤에 맞서 싸운 여성들은 남성에게는 기대하지 않았던 방식의 제도적 규칙과 사회적 편견을 극복하고 학업 능력이 있고 도덕적으로 유덕하며 육체적으로 건강한 것으로 입증해야 했다. 미국의 경우 조지아 여성 대학Georgia Female College, 마운트 홀리요크 여성 신학교Mount Holyoke Seminary, 엘미라 여자 대학교Elmira Female College를 비롯한 여성 대학 설립, 특히 하버드, 컬럼비아, 브라운과 같은 대학과의 제휴는 여성이 제한된 방식으로 남성에게 제공되는 교육 기회에 참여할 수 있게 했다.[304] 학창 시절, 여성들은 남성 학자들에게 배우기를 거부하는 것과 '어떤 상황에서, 언제, 어디서, 무엇을, 얼마나 오래 입을 수 있는지 정확히 규정하는' 사소한 규정을 과도하게 견뎌야 했다.[305]

여성이 미국 대학에 등록하는 것을 꺼리는 것은 여성의 특별 교육 수요를 충족시키도록 고안된 스미스Smith, 마운트 홀리요크Mount Holyoke, 웰즐리Wellesley, 버나드Barnard, 래드클리프Radcliffe, 배사Vassar 및 브린 모어Bryn Mawr와 같은 단일성별 대학의 출현으로 이어졌다. 20세기 초반까지 미국 대부분의 공립 중등학교와 대학은 주로 남녀 공학이 되었지만 영국과 마찬가지로 평등한 기회를 보장하지 못했다. 1918년 중등 교육 개편위원회the Commission on the Reorganization of Secondary Education는 2트랙 시스템을 창안한 사례를 만들었다. 한 트랙은 주로 남학생들을 대학 준비 과정으로 이끌었고, 다른 트랙은 직업 훈련을 제공했다. 여학생들, 심지어 학업 성적이 높은 학생들도 직업 경로를 따라 내려가도록 장려되었고 가정 과학이나 가정 경제학 수업을 들어야 했다.

1920년대까지 몇몇 대학의 여성들은 어디를 가든지 보호자를 동반할 것으로 기대되었다. 여성이 남성과 동일한 과정과 시험을 치렀고 동일한 기준에 의해 판단되었지만 많은 여학생들은 최종 학위 자격으로 졸업할 기회가 없이 일을 했다. 남성들은 '여성들을 독점적인 권력의 형태를 지지하는 곳에서 멀리 떨어뜨리기로' 결심했다.[308] 1948년이 되어서야 여성들은 케임브리지 대학을 졸업할 수 있게 되었고, 1959년 옥스포드의 여성 단과 대학이 대학에 완전히 통합되기 전까지만 해도 졸업이 허용되지 않았다.

• 일부 여성들을 위한 투표

소녀들이 교육에 접근할 수 있도록 캠페인을 하는 것은 많은 여성 인권 개척자들에게 투표권을 확보하는 것보다 더 중요한 우선 순위였다. 실제로, 여학생 교육의 중요성이 더 널리 받아 들여졌을 때에 참정권에 대한 요구가 시작되었다. 대서양 양쪽에 있는 선거권 운동은 더 자유주의적인 분위기를 가져오지 못했다. 영국의 참정권 운동가이자 노조 지도자인 밀리센트 포셋Millicent Fawcett은 다음과 같이 언급했을 때 옳았다.

여성의 참정권은 오지 않을 것이며, 그렇게 되면 고립된 현상으로, 이 세기에 걸쳐 우리 나라의 사회사를 점진적이고 꾸준히 수정해온 다른 변화들의 필연적인 부조리로 다가올 것이다. 그것은 이미 일어난 사회적, 교육적, 경제적 변화에 근거하여 그 자체로 매우 위대하거나 광범위한 성격이 아닌 정치적 변화가 될 것이다.[307]

19세기 후반의 다른 중요한 여성 권리 캠페인은 여성이 이혼하고 이혼 후 자녀에게 접근할 수 있는 권리, 상속, 재산을 보유하고 법률 및 의학과 같은 직업에서 실습할 수 있는 권리에 중점을 두었다. 여성의 투표권 운동은 최소한 처음에는 여성의 지위를 향상시키는 데 있어 실용적인 의미보다는 상징적인 것으로 간주되었다. 그것은 여성들이 시민권을 거부당했고 그들의 정치적 이익이 남성의 권리에 포함되었다는 사실을 강조했다.

선거권에 대한 요구로 인해 여성의 권리에 대한 선거 운동가 간의 정치적 차이가 발생했다. 오늘날 밀리센트 포셋이 대표하는 여성 참정권자들과 팽크허스트Pankhursts를 상징적 인물로 나타내는 여성 참정권자들은 공통의 목표를 공유했지만 전략에 대해서는 의견이 분분했으며, 호전적인 참정권 운동가들과 비교하여 평화로운 항의에 찬성했다. 그러나 이것은 두 집단 간의 중요한 정치적 차이를 상당 부분 간과한다. 그러한 의견 차이 중 하나는 여성이 선거 운동에 포함될 것이라는 점에 대해 발생했다.

철학자이자 여성 권리 운동가 해리엇 테일러Harriet Taylor의 딸인 헬렌 테일러Helen Taylor는 1866년 의회에 청원했다. 탄원서는 '여성들이 재산을 소유할 수 있게 허용되었기 때문에 우리 법에 따라 재산 소유권이 부여되는 모든 권리를 행사할 수 있어야 한다.'라고 주장했다.[308] 테일러에게 참정권에 대한 요구는 재산을 가진 여성들에게 시민권을 확대하라는 요구였고, 그녀가 분명히 말했듯이, '어떤 추상적인 권리에 대한 언급 없이 전적으로 그렇게 진보했다.' 반대로 에머린Emmeline의 남편인 리차드 팽크허스트Richard Pankhurst

는 '정치적 자유의 기초는 모든 인간, 모든 인류와 모든 사람이 법 앞에 평등하다는 것을 극대화하는 맥락에서 나타난다.'라고 주장했다. 그는 계속해서 '각 개인은 지성과 적절한 추론력을 가지고 인간의 성격에 따라 투표권을 얻는다.'라고 강조했다. 테일러와 팽크허스트는 사람들의 권리와 재산의 권리 사이의 근본적인 차이점을 표현하고 있었는데, 나중에는 제1세대 페미니즘이라는 논쟁의 중심이 되었다.

이것으로부터 발생한 것은, 선거 운동가들이 보편적인 참정권을 주장해야 하는지 아니면 특정 여성들을 투표할 자격이 있는 사람으로 제시해야 하는지에 대한 전술에 대한 의견 차이로 대표되는, 훨씬 더 중요한 정치적 차이였다. 보통 선거권을 요구하는 사람들은 남성과 여성을 동등한 것으로 인정하고 자신이 통치되는 방식에 대해 말할 권리가 자연스러운 인권이라고 주장했다. 참정권의 투쟁은 처음에는 남성과 같은 싸움을 가정한다는 전제하에 이루어졌다. 반면 참정권 주의자들은 여성들이 남성과 다르다는 것과 여성이 유권자로서의 가치를 증명해야 투표권을 얻을 수 있다고 주장했다. 시간이 지남에 따라 이러한 정치적 차이는 에멀린과 딸 크리스타벨Christabel이 투표를 위한 캠페인을 보류하고 제1차 세계 대전 이후에 노력을 기울이는 것에 만족했던 팽크허스트 가家 사이에서 나타났다. 한편 실비아 팽크허스트Sylvia Pankhurst는 남성과 동일한 이유로 여성에게 투표권을 부여할 것을 요구했고 선거권은 남녀가 아닌 재산으로 확대되기를 원했다. 실비아는 제국주의적이고 반反서민 투쟁으로 간주되는 영국의 노력을 지지하기를 거부했다.

• 도덕적으로 우수한 여성

미국에서 남성과 여성의 관계에 대한 논쟁은 여성이 남성과 도덕적으로 다르지 않다는 견해로 이어졌다. 도덕적 우월성에 대한 이러한 인식은 부분적으로는 가부장제와의 싸움으로서 노예제에 반대하는 싸움에서 기인한다. 아마도 금주 운동이 많은 여성 권리 캠페인의 기원에서 비롯된 것일 수 있다. 여성들은 알코올 판매 금지 요구의 최전선에 있었다. 마찬가지로, 성행위에 대한 논의에서 남성은 동물의 식욕에 종속되는 것으로 간주되었고 여성의 역할은 그들에게 주어진 성적 압력을 견디는 것이었다. 여성의 권리에 대한 요구는 선천적으로 보살핌과 양육을 받는 여성이 사회에 대한 문명화된 영향력이 될 수 있다는 관점에서 제시되었다.

운동가로서의 초창기 캔디 스탠튼은 남성과 여성이 비슷한 본성을 가지고 있었기 때문에 법에 따라 평등을 누릴 자격이 있다고 믿었다. 그러나 1854년 평등에 대한 견해를 유지하면서도 여성은 남성보다 도덕적으로 우월하다고 전략적으로 주장했다. 그녀는 '집안뿐만 아니라 투표에 있어서도 여성의 도덕적 힘은 알려져야 한다.'라고 주장했다. 여성들에게 투표권을 주면서 청년들을 유인하는 술집과 도박장의 규정을 통해 사람들을 개혁할 것이라고 주장했다.[309] 그녀의 노년에 캔디 스탠튼은 남녀의 타고난 도덕적 우월성의 차이가 존재함을 더욱 확신하게 되었다. 그녀는 전쟁과 폭력과 같은 문제는 세계가 '남성적 요소'에 의해 통제된 결과라고 주장했다. 그녀는 이렇게 제안한다. 여성적 요소가 '처음부터 스스로를 주장'했다면, '저주받은 강압과 종교의 정부들은 오래전에 수정되었을 것이고, 자비는 정의를 완화시키고 미신을 추방했을 것이다. 사형과 전쟁, 지옥이라는 개념은 어머니의 영혼에서 나올 수 없었을 것이다.'[310]

여성이 남성보다 도덕적으로 우월하다는 논쟁은 남성이 '남성적인 요소'나 어떤 내재된 덕목 때문이 아니라 사회가 그들에게 부여한 교육, 양육, 기회 때문이라는 메리 울스턴크래프트의 견해와 동떨어져 있다. '남성은 여성이 이성적인 창조물의 기준 아래로 거의 가라앉을 때까지 그 열등감을 증가시켰다.[311] 울스턴 크래프트는 비슷하게 여자아이들이 남자아이들보다 선천적으로 더 잘 돌본다는 생각을 신랄하게 비난한다. 그녀는 이렇게 주장했다. '그 인형은 감금이 그녀에게 어떤 대안도 허락하지 않는 한 결코 관심을 끌지 못한다.' '남성과 여성이 평등하게 태어났지만 다르게 창조되었다.'라는 이 견해는 "진정한 여성"은 문명이 만든 인공 제품이라고 주장한 드 보부아르부터'[312] '여성은 거세되고 여성화된다.'라는 저메인 그리어와 같은 페미니스트 작가들에 의해 그 후로도 반향을 일으켰다.[313] 그러나 이러한 주장은 남녀 간의 선천적 차이와 여성이 선천적으로 양육을 하고 공감적이라는 믿음을 지속적으로 바라보는 관점과 나란히 놓여 있다.

궁극적으로 캔디 스탠튼과 에멀린 팽크허스트가 보여준 실용주의와 타협안으로 1918년 인민법 대표와 1920년 미국 전역에 여성에게 투표권을 부여하는 헌법 수정안에서 30세 이상의 여성에게 투표권이 부여되었다. 선거권은 중요한 승리를 나타냈지만 남녀평등에 대한 요구가 사라진 후에만 부여되었다. 로잘린드 델마Rosalind Delmar가 지적했듯이, 19세기 말과 20세기 초의 페미니즘 활동의 역학은 평등이라는 개념에서 멀어졌다. '이전에는 남녀 간의 피할 수 없는 차이라는 개념을 발전시킴으로써 평등권이라는 개념에서 벗어났으며, 평등이라는 용어는 다른 내용으로 채워졌다.'[314] 인간의 권리를 위한 투쟁은 '여성의 권리'에 대한 요구로 대체되었다. 운동가들은 여성을 '남성'의 일반적인 범주에 속하지 않는 인류의 하위 집단으로 생각하게 되었다. 여성들이 자신의 대표자가 필요하다고 주장하는 것은 이러한 근본적인 차이를 전제로 한 것이었다. 그러한 주장은 오늘날 여성들을 이사회에 대표하여 여러 기업들이 남성다움에 덜 이끌리고, 고등교육에서 젊은이 문화에 반대하는 캠페인에 반영되도록 하는 페미니스트 캠페인에 반향을 일으키고 있다.

• 가족

여성 권리 운동가들에 의한 성별 차이의 재구성은 아리스토텔레스Aristotle와 루소Rousseau에 의해 제기된 오래된 아이디어를 환기시킨다. 남녀 간의 자연적 차이는 그들의 불평등을 설명한다. 이것은 여성의 복종을 '보편적 관습'으로 묘사 한 밀의 시계를 되돌려놓았으며, '평범한 모든 것은 자연스럽게 보인다.'라고 설명했다. 자연적 또는 생물학적 차이에 따라 여성의 억압을 설명하는 것만으로는 충분하지 않다. 이것은 불평등의 사회적 본질과 남성과 여성 간의 관계를 이해하는 데 방해가 된다.

울스톤 크래프트, 밀과 캔디 스탠튼은 생물학을 넘어서서 양육과 교육을 통해 소녀들의 사회화를 바라보았다. 그러나 남녀가 다른 방식으로 사회화 된 이유를 이해하려면 남녀를 개개인이 아닌 서로간의 집단적 관계로 바라 볼 필요가 있다. 프리드리히 엥겔스Frederick Engels는 1884년《가족, 사유 재산, 국가의 기원The Origin of the Family, Private Property and the State》에서 가족 제도에서의 여성의 억압을 제기했다. 그는 여성들이 가사 영역에서 실행하는 역할이 그들이 공공 생활에 완전히 참여하는 것을 막았다고 주장했다.

1960년대와 1970년대 초반 베티 프리단이나 저메인 그리어와 같은 페미니스트들은 남성과 같은 방식으로 사회의 모든 측면에 참여할 수 없기 때문에 공식적인 입법과 비공식적인 관행의 결합은 여성이 여전히 억압당했다는 것을 의미한다고 주장했다. 피임, 낙태 및 육아에 대한 접근성 부족으로 여성들은 자신들의 관점에서 공공 영역에 참여할 수 있는 능력을 방해 받았다. 엥겔스는 여성이 문명의 출현, 특히 일부일처제 결혼과 함께 가정 내에서 공동의 관심사를 가진 억압적인 계층이 되었다고 주장한다.

엥겔스는 남편은 부르주아이고 부인은 프롤레타리아를 대표한다고 설명한다.[315] 저메인 그리어는 이 주장의 논리를 따른다. '여성이 진정한 프롤레타리아라면, 진정으로 억압받는 다수파라면, 자본주의 체제에 대한 지지를 철회함으로써 혁명은 더욱 가까워질 수 있다.'[316] 엥겔스는 여성의 억압은 경제적 단위로서의 가족의 발전으로 시작되었다고 주장했다. 재산은 사유화되어 가족 소유가 되었고 아버지에서 아들로 넘어갔다. 상속받을 수 없는 여성들은 대신 그 남자의 소유가 되었다. 산업 혁명으로 상품 생산은 국내 영역에서 공장으로 옮겨졌다. 이것은 남성을 가족의 일상에서 분리시켰고, 나중에 많은 여성들을 경제 생산에서 분리했다. 종교와 교육을 통해 길들여진 이 분리는, 중산층 중 많은 사람들이 존경하지만 여전히 돈을 벌 필요가 있는 노동 계층 여성들이 추가적인 부담으로 경험하는 지위는, 여성을 전적으로 가정에 대해 책임을 지도록 만들었다. 남성 임금 소득자가 충분히 먹고 일을 계속할 수 있도록 돌보는 것이 여성의 역할이 되었다.

오늘날, 우리는 슬프게도 그것을 가족을 문제라고 보는 데 익숙해졌다. 우리는 가족 관계의 친밀감을 가정 폭력과 아동 학대를 피하는 것으로 생각하는 데 익숙해졌다. 이것은 결혼이 여성 억압의 현장이라는 주장을 받아들이기 너무 쉽게 만든다. 그러나 이것은 엥겔스가 의미한 것이 아니다. 부부나 가족으로서는 두 사람의 관계가 억압적인 것은 아니었지만, 그 가족이 개인 경제단위로 조직되고 여성이 경제적 피부양자로 만들어지는 방식은 아이들과 가정과 관련된 특정한 역할을 하게 했다.[317]

• 일을 할 자유

20세기 이전에 고용된 여성의 수에 대한 정확한 그림을 얻는 것은 여성 노동자의 낮은 지위와 비공식성으로 인해 복잡해진다. 처음으로 직조가 가정에서 공장으로 설립되었을 때, 직조기 작동에 가장 적합한 것으로 여겨지는 것은 여성과 아동이었다. 유급 여성 근로자는 남성이 수행하는 업무만큼 힘들 수 있지만 그렇다 해도 저렴하고 손쉽게 일회용 노동력으로 간주되었다. 시몬 드 보부아르Simone de Beauvoir는 동일한 일을 하면서도 남성보다 적은 수입을 올리는 여성들의 길고도 불가사의한 역사를 상기시킨다. '1889~1893년에 이루어진 한 연구에 따르면, 프랑스의 여성 노동자는 하루의 노동에 대한 임금의 절반밖에 받지 못했다.'[318]

여성은 1900년에 미국 노동 인구의 약 18%를 차지한 것으로 보고되었지만 실제 수치는 더 높았을 수도 있다.[319] 이 시기 영국에서는 현재 여성의 3분의 2가 유급 노동을 한 것으로 여겨진다.[320] 19세기에 많은 노동 계층 여성들이 여전히 자신의 집안일에 고용되어 있었고, 아마도 바느질 같은 '삯일'에 종사했기 때문에 정확하게 파악하기가 어렵다. 대신, 그들은 다른 사람들의 집에서 가사도우미로 일하거나 가족이 운영하는 농장과 사업을 위해 일했다. 중산층 여성의 경우 취업 선택의 폭이 제한적이었고 주로 교육 또는 간호 분야에 집중되었다. 단지 적은 임금보다는 지적 만족을 제공할지도 모르는 직업, 직업보다는 직업을 가진 여성이라는 생각은 실로 드물었다.

이 책의 첫 부분에서 살펴보았듯이, 직장에서 여성의 권리에 관련된 캠페인은 오늘날 페미니즘의 초점이 된다. 유급 노동은 여성의 사회적 지위와 경제적, 감정적, 지적 성취의 원천으로 표현되고 있다. 그러나 과거에는 여성이 일할 수 있는 기회가 제한되었고, 훨씬 더 노동 집약적인 가사 노동의 요구조차도 많은 여성들이 집 밖에서의 자원봉사와 개혁 사회에 참여하는 것을 막지 못했다. 크리스토퍼 라쉬가 우리에게 상기시키듯이 임금을 위해 일하지 않은 여성들은 종종 집 밖에서 활동했는데, 그것은 여성들에게 단순한 약간의 기금 모금보다 훨씬 더 많은 것을 요구하는 자발적인 조직이었다.

• 공공의 범위

20세기의 초반 여성들은 시민 사회에서 적극적으로 역할을 맡았고 위원회에 앉아 예산을 관리하고 지역 계획 결정에 관여했다.[321] 그들은 도서관, 놀이터 및 청소년 클럽의 형태로 국내 민간 영역과 사업 및 이익 영역과는 구별되는 형태로 지방 자치적인 생활을 창출했다. 유급 노동이나 가사 이외의 활동은 중산층 여성의 영역이 아니었다. 사회학자 앤 오클리Ann Oakley가 말한 것처럼 노동 계층 여성들의 정치 활동은 19세기에 걸쳐 계속되었다. '여성 지도 작성자들은 여성들의 정치적 노조를 운영하고 여성의 독립, 성평등 및 정치 참여에 관한 문제를 추구했다.'[322]

자발적인 업무가 여성을 공적 영역으로 데려 왔지만 그들의 가정 내 책임은 줄어들지 않았다. 반대로 라쉬가 지적한 바와 같이, '자발적인 일은 부분적으로는 유급 노동에 의해 부과되는 유연하지 못한 일정과는 달리 가정 내 책임과 쉽게 결합되었기 때문에 매력적이었다.'[323] 아동 양육은 오늘날처럼 노동 집약적이고 민영화된 관심사로 간주되지 않았기 때문에 시민 사회에 대한 참여가 부분적으로 가능했다. 아주 어린 아이들조차 감시받지 않고 시간을 보내고, 집 밖에서 놀고, 나이 많은 형제자매와 대가족에 의해 보살핌을 받을 수 있다고 생각했다. 많은 여성들이 직장과 가정, 유급 노동과 공무 사이의 공식적인 경계는 20세기가 될 때까지 계속 모호했다. 그러나 동시에 사회는 성, 계층 및 인종에 따라 엄격하게 분리되어 있었다.

- 제2차 세계대전

제2차 세계대전은 여성의 삶에 중요한 전환점을 남겼다. 싸우기 위해 징집된 남성들과 함께 여성들은 공장, 광산, 행정 및 농업을 포함한 모든 분야에서 일할 것으로 기대되었다. 국영 보육원은 육아 서비스를 제공했으며 많은 여성들은 직업이 제공하는 해방과 격려를 즐겼다. 그러나 여성들은 그들이 대체한 직업을 가진 남성과 동일한 임금을 받지 못했다. 1942년에 미국에서는 전시 노동자 위원회National War Labor Board가 고용주에게 품질과 양에 해당하는 작업에 대해 남성과 여성에게 동일한 비용을 지불할 것을 촉구했다. 불행히도 고용주들은 이 여성들의 충고에 귀를 기울이지 않았다. 스코틀랜드에서는 직조공인 벨라 키저_{Bella Keyzer}가 제 제2차 세계대전 중 스코틀랜드 조선소에서 용접공으로서 훈련을 받았다. 벨라의 계약이 일시적이라는 메시지를 강화하는 데 핵심적인 역할을 한 것은 노동조합이었다. 노조는 그녀가 동등하게 일한 남자들이 그녀가 한 것보다 3배 많은 돈을 벌었다는 사실을 환영했다. 전쟁이 끝난 후, 그들은 여성들을 집으로 돌아가게 하고 '남자들의 직업'이 남성에게 돌아갔음을 보장하는 것을 도왔다. 벨라는 용접 일을 뒤로 한 채 '여자들의 일'로 돌아가야 했다.[324]

제2차 세계대전 이후 영국과 미국의 여성들, 특히 결혼했거나 자녀를 둔 여성들은 새로 발견된 자유를 포기하고 집으로 돌아갈 것으로 기대되었다. 일부 여성들은 마지못해 집으로 돌아가 국영 탁아소 폐쇄와 실업에 맞서 싸웠다. 다른 이들은 전쟁이 붕괴된 후 가사 영역의 안전을 보장하는 복귀를 받아들였다. 영국에서는 아동 심리학자 존 보울비_{John Bowlby's}가 애착 이론에 대해 연구하고 모성 박탈의 결과를 통해 여성이 자녀와 함께 있어야 할 장소는 집이라는 메시지를 전파하는 데 일조를 했다. 미국에서 베티 프리단은 1950년대 미국 사회를 지배했던 가톨릭 신자유주의를 묘사하면서 '여성이 자기 자신에 대해 꿈을 꿀 수 있는

방법은 자녀의 어머니, 남편의 아내를 제외하고는 없다.'라고 지적했다.[325]

여성이 집으로 복귀한 것은 단순히 개인적인 선택이나 사회적 관습의 문제가 아니었다. 노동조합 및 국가 노동법조차도 공식적으로 여성의 노동권을 제한했다. 앨리슨 울프Alison Wolf가 지적한 것처럼 '교사와 공무원을 위한 결혼을 위한 바bar는 영국에서는 1945년, 네덜란드 공무원을 위한 바는 1957년, 호주는 1960년대, 아일랜드는 1973년까지 지속되었다.'[326] 미국에서 이 고용 바bar는 특히 흑인 여성들에게 심각했다. 법적으로 직장에서 일하지 못하는 여성들은 결혼하거나 첫 아이를 낳은 후 종종 일을 포기해야 한다는 도덕적 강요를 느꼈다.[327] 그들이 누렸던 유급 고용은 사라졌고 자발적인 역량으로 수행한 공공 서비스 역할은 이제 주 또는 민간 기업에 의해 공동 선택되었다. 여성들은 공공 생활에서 효과적으로 제외되었고, 일부 여성들은 처음으로 가사 영역에만 국한되었다. 비록 라쉬가 지적했듯이, 교외로의 이동의 초기 자극은 공공의 책임과 대가족이 없을 때 인식된 자유였지만, 미국에서는 이러한 배제 의식이 교외로의 이동에 의해 악화되었다.

새로운 유형의 교외 가족의 새로운 모델은 처음에는 환

영받았다. 구세대의 관습 및 가족 관계에서 벗어나는 것은 많은 사람들에게 해방된 것으로 여겨졌다. 라쉬의 표현을 빌리자면, '무자비한 세상에서의 피난처'라는 표현은, 아내와 어머니의 모습을 중심으로 한 것이었는데, 사람들이 점점 기계화되고 소외되는 것처럼 경험되는 세상의 추이와 통제 불능 상태로 보이는 일에 대처하는 중요한 수단이었다. 라쉬가 지적했듯이, '도시보다 교외에 있는 여성들이 훨씬 더 많이 전업 주부와 가정주부가 되었다.'[328] 교외 지역은 남성 가장이 생계를 꾸려 나갔고, 가족 소득을 얻는 데 전적으로 책임이 있었으며, 도시로 통근하여 주부와 어머니로서만 가치가 있는 사회적으로 고립되고 재정적으로 의존적인 여성을 남겼다. 이것은 산업화와 함께 처음 등장한 대중과 사적 영역의 분리를 더욱 심하게 했다.

이 시기에 집 밖에서 계속 일한 여성들은 매우 고립된 노동 시장을 접했다. 1960년대에 들어서면서 신문의 '구인란' 칼럼은 남녀의 일자리를 지속적으로 따로 광고했다. 여성들의 직업은 상당히 낮은 임금으로 제공되는 직업이라는 것을 쉽게 알 수 있었다. 1950년에서 1960년 사이 미국에서 정규직으로 일하는 여성은 평균적으로 남성 소득 1달러당 59센트에서 64센트를 받았다. 여성과 남성의 일자리를 구별하면 여성에게 급여를 덜 지불하는 것을 쉽게 정당화 할 수 있었다. 실제로, 그들은 다른 직함으로 동일한 일을 하는 것에 대해 더 적은 비용을 받았다. 일반 교사와 수석 교사로 분리된 교사는 동일한 수업, 동일한 과목 및 동일한 시간 동안 가르칠 수 있지만 여전히 임금은 다르게 받았다. 상대적으로 적은 수의 여성이 집 밖에서 일할 때 불평등한 임금은 모두 불가피한 것으로 받아들여졌으며 여성은 '소액의 돈pin money'을 위해 일하고 있다고 가정되었다.

제2차 세계대전 직후 몇 년 동안 3분의 1이 채 안 되는 미국 여성들도 집 밖에서 일했다.[329] 1971년까지 이 숫자는 38%로 약간 증가했다.[330] 이시기의 일하는 여성들은 주로 나이가 많고 미혼이었으며 유색인종이었다. 경력을 추구하는 사람은 거의 없었다. 그들은 그 당시 직장에서 유행했던 성차별의 피해를 견뎌냈다. 오늘날과 달리 노동 시장에서 실종된 그룹은 베티 프리단이《여성의 신비The Feminine Mystique》에 쓴 젊은 백인 중산층 여성이었다. 프리단은 1960년대 교외 주부들이 '명명할 수 없는 문제'로 고통받고 있다고 묘사한다. '각 교외의 아내들은 혼자서 그 일을 처리하려고 고군분투하고 있다. 그녀는 잠자리를 준비하고, 식료품을 사러 가며, 가구 커버 재료를 맞추며 아이들과 땅콩버터

샌드위치를 먹고, 스카우트 모임에 자녀를 데려다주고 그녀는 자기 자신도 모르게 밤에 남편 옆에 누워서 "이게 전부야?"라는 질문을 받는 것을 두려워했다.[331]

영국에서는 여성의 지위가 조금 더 바뀌었다. 여성들은 1960년대 내내 상당한 수의 인력으로 재입사하기 시작했고, 1971년까지 여성들의 53%가 유급 일자리 가지고 있었다. 이미 언급했듯이 대다수의 사람들은 임시직이었다.[322] 고용은 50년 전보다 덜 엄격하게 구조화되었지만 여성들은 여전히 일부 직업에 입문하거나 특정 수준을 넘어서 승진하는 것을 막았다는 것을 깨달았다. 그 수치가 더 좋았을지는 모르지만, 많은 여성들에게 직장의 현실은 '최악의 일자리, 최악의 임금, 최악의 조건'을 의미했다.[333]

• 제2세대 페미니즘

제2세대 페미니즘이 알려지게 된 것은, 점점 더 억압적인 가정 또는 극도로 분리되고 차별적인 직장을 경험한 것 사이의 선택에서 여성들이 직면하고 있는 맥락에서였다. 1920년에서 1960년까지의 40년은 참정권 운동의 성공에 따른 페미니즘의 공백으로 종종 제시된다. 실제로 여성 운동은 여성들이 처음으로 일터와 가정 전선에서 전쟁을 한 후 직장에서 벗어나 가정의 중심 무대로 돌아가는 움직임이 공공연하게 드러남에 따라 대중의 명성에서 사라졌다. 그러나 적극적인 여성 운동이 없다는 것은 페미니스트 사상의 발전을 배제하지 못했다. 로잘린드 델마Romalind Delmar는 여성 운동에 대한 페미니즘을 지나치게 엄격하게 규명하는 것은 페미니즘을 이론이 아니라 활동으로 정의하는 것에 달려 있다고 주장한다. 그녀는 이 능란한 솜씨가 1세기 전부터 시작된 투쟁 사이의 끊임없는 연속성을 암시하는 '제1세대'와 '제2세대' 페미니즘의 사용에서도 발견된다고 주장한다. '과거는 현재를 증명하는 데 사용된다.'[334]

묵시적인 연속성에도 불구하고, 제2세대 페미니즘을 주도하는 맥락, 이슈 및 정치는 제1세대의 선점과는 명백히 구별되었다. 여성의 운명을 자연스럽게 성취하는 어머니의 역할에 대한 언론, 광고, 학계 및 정부 선전에서의 발표는 마치 핵가족의 가정이 항상 사회의 특징이었던 것처럼 보였다. 실제로 그것은 역사적으로 최근의 사회적 현상을 나타낸다. 프리단은 '남성과 비교하여 대학에 다니는 여성의 비율은 1920년 47%에서 1958년 35%로 떨어졌다.'라고 말한다. 이 기간 동안 결혼 연령대와 여성의 첫 출산 연령은 모두 하락했다. 제2차 세계대전이 있은 지 수년이 지난 후,

많은 젊은 여성들이 교육이나 경력보다 자녀를 지닌 교외에 있는 잘 관리된 집을 더 열망하는 것으로 보였다. 프리단은 다음과 같이 지적한다. '1세기 전, 여성들은 고등 교육을 위해 싸웠고, 이제 소녀들은 남편을 얻기 위해 대학에 진학했다.'[335]

1960년대 중반 유럽과 북미 전역에서 시작된 여성운동이 단순히 가정에 대한 자발적인 반응으로 간주되는 것은 실수일 것이다. 그것이 등장한 정치적 맥락은 여성들이 발견한 사회적 지위만큼이나 중요하다. 1960년대 좌파 정치세력에서 나온 신좌파는 동유럽의 스탈린주의와 서구의 부활 자본주의에 반대하며 자본주의와 결탁하고 소비자의 생활방식을 수용한 것으로 보이는 노동계층에 대한 좌절감이 커졌다. 신좌파는 자본주의를 유지하고 교외화郊外化의 추진을 촉구하는 대중문화의 역할에 점점 더 집중하게 되었다.[336] 여성이 구매 가능한 국내의 목가적인 신화를 판매한 잡지, 광고 및 백화점에 대한 프리단의 비판은 이 주장의 전형이었다. 신좌파는 여성들이 가정을 긍정적으로 받아들이거나 대체 생활 방식에 실질적인 장애물에 직면하는 것을 보기보다는 개인의 자유 자체가 '문화 산업'의 신화적인 창조라고 생각하기 시작했다. 제2세대 페미니즘은 이러한 정치 분석의 영향을 받았을 뿐만 아니라 신좌파에서 두드러진 급진적인 여성들에 의해 시작되었다.

1966년 전미 여성기구NOW, The National Organization of Women 가 사회적 정치적 맥락에서 비롯되어 1967년에 미국에서 설립된 최초의 전국 대회를 개최했다. 델마르가 우리에게 상기시키듯이 여성 운동은 당시 페미니스트로 분류되지 않았다. 페미니즘은 단순히 운동 내의 특정 그룹에 의해 채택된 한 입장에 불과했다.[377] 제2세대 페미니즘이라는 이름표는 1968년 〈뉴욕 타임스New York Times〉의 기사에서 마사 와인먼 리어Martha Weinman Lear가 NOW와 그 활동을 다루는 데처음 사용되었다. 그것은 북미와 서유럽 전역에서 빠르게성장하는 여성 인권 운동에 의해 신속하게 채택되었다. 이명칭은 여성의 권리를 위한 운동으로 역사적인 연속성을 강조한 좌파의 이데올로기에 확고하게 근거를 두고 있었다.

• 성性 평등

제2세대 페미니즘의 요구는 여성이 남성과 경제적, 사회적 및 정치적 권리가 동일하다는 성평등을 위한 것이었다.주요 목표는 법 앞에 공식적인 평등을 위한 초기 페미니스트 세대들에 의해 시작된 추진을 완료하는 것이었다. 1960

년대 말 여성해방 운동이 출현하기 전에 많은 법적 변화가 이미 도입되었거나 도입 과정에 있었다. 미국에서는 동일임금법이 1963년에 통과되어 고용주가 남성과 여성에게 동일한 작업에 대해 다르게 지불하는 것을 불법으로 만들었다. 1964년 성차별은 민권법 제7조에 따라 불법이 되었다. 이 법은 고용주가 개인의 인종, 피부색, 종교, 성별, 출신 국적으로 인해 자신의 보상, 조건, 고용 특권과 관련하여 개인을 고용하거나 해고 또는 차별하는 것을 불법으로 규정했다.[338] 1960년대 미국에서는 사회 변화에 대한 가장 중요한 수요를 대표하는 것은 여성이 시민 권리의 광범위한 확대에서 발전함으로써 이익을 얻은 많은 법적 발전을 대표하는 민권 운동이었다.

1972년, 의회에 선출된 흑인 여성 셜리 치좀Shirley Chisholm이 민주당의 대통령 후보 지명을 거머쥔 최초의 흑인 후보가 되었고, 최초로 민주당을 대표하는 여성이었다. 치좀은 자랑스럽게 제2세대 페미니즘을 동일시했다. 그녀의 선거 슬로건은 2년 전에 발매된 자서전의 제목인 'Unbought and unbossed'이었다. 그녀의 입후보는 여성해방 운동의 초점을 제공했으나, 그녀의 선거 운동은 자금이 충분하지 못했고, 그녀의 원칙은 당시 사람들에게 너무 급진적이라고 여겨졌다. 치좀은 나중에 그녀가 흑인보다 여자로서 더 차별을 경험했다고 언급했다. 그렇다 해도 여성해방 운동은 사회 변화를 수용 할 수 있는 분위기로 부상했으며 2년 내에 북미 전역과 서유럽 전역에 걸쳐 설립되었다.

영국에서도 평등 법안의 통과는 항상 제정되지는 않았지만 여성 운동의 출현과 동시에 일어났다. 낙태법은 1967년에 통과되었고 1970년에는 동일임금법이 통과되었지만 1975년까지는 시행되지 않았다. 법안이 조정되는 동안 고용주는 종종 여성을 다른 역할로 옮기거나 중복되게 하여 새로운 법안을 무시하고 남성과 여성이 다른 일을 하고 있다고 주장하는 것이 더 쉬워졌다. 이것은 남성과 여성의 업무 사이에 훨씬 더 엄격한 구분을 유도했다.

법적 변화의 부당함은 양성평등을 불러오는 데 있어서 법의 변화만으로 충분하지 않다는 사실을 드러내는 데 도움이 되었다. 여성은 단지 남성과 동등하게 대우받을 필요가 없었다. 또한 추가적인 권리와 보호가 필요했다. 당장의 주요 요구 사항은 민권법 제7조가 시행되어야한다는 것이었다. 보육 센터 네트워크 구축 및 보육비 지출은 맞벌이 부모에게 세금 공제 혜택을 제공할 수 있었다. 또한 현재 출산 혜택과 복직을 보장하는 권리 및 이혼법 개정을 위해 캠페인을 벌였다.[339] 영국에서는 1970년에 개최된 최초의 전국 여성해방 학술회의가 동등한 임금과 동등한 교육과 기회, 24시간 보육 및 피임과 낙태의 자유에 대한 네 가지 주요 요구 사항을 제시했다.

회의 성명서에서는 여성 억압의 원인을 다음과 같이 설명한다. '우리는 광고, TV 및 언론에 의해 상업적으로 착취당하고 있다. 합법적으로 우리는 종종 아동의 지위만을 지니고 있다. 우리는 남성보다 더 좁은 지평선으로 교육받도록 부적절하게 자랐다. 이것이 바로 우리 여성에 대한 구체적인 억압이다.'[340] 우리는 여기에서 신좌파와 문화와 미디어에 중점을 둔 것이 합법이고 실제적인 변화 요구와 함께 걸치고 있는 미디어에 초점을 맞추고 있는 것을 볼 수 있다.이러한 이분법은 다른 우선순위로 나타나는데, 한편으로는 법률적인 변화, 다른 한편으로는 여성에 대한 사회적 문화적 구속에 대한 비판이었다. 제2세대 페미니즘은 다른 방향으로 발전하기 시작했고 선거권에 대한 초기 운동과 마찬가지로 모든 여성들을 동반하지 않는 운동이었다.

• 형식적 평등의 한계

한편, 여성에 대한 새로운 법적 권리에 대한 요구는 계속

되었다. 미국에서는 1970년과 1974년의 법원 사건들이 동일 임금을 보장하기 위해 일의 공정성이 엄격하게 동일할 필요는 없고 '실질적으로 동등한' 일이며, '시장 금리가 낮아지는' 것은 여성에게 돈을 덜 주는 것을 정당화하는 데 사용될 수 없다고 판결했다. 1973년 대법원의 로 대 웨이드 사건Roe v. Wade의 경우 획기적인 결정은 낙태에 대한 주 및 연방 제한을 허용하지 않았고, 낙태를 허용하고 접근할 수 있는 여성을 위해 태아가 자궁 밖에서 생존할 수 있다고 여겨질 수 있는 시점까지 낙태를 합법화했다. 종교적, 사회적으로 보수적인 운동은 페미니스트와 정치적 권리 사이의 후기 문화 전쟁을 위한 토대를 마련하면서 그러한 발전에 반대하여 형성되기 시작했다.

영국 여성들은 미국 여성들보다 6년 먼저 제한된 생식권을 얻었지만, 원하는 모든 것을 신청할 수 있게 되기 전에 1975년 성차별법이 통과될 때까지 기다려야 했다.[341] 마지막으로, 우리가 이전에 만났던 벨라 키저는 제 제2차 세계대전이 끝난 후 30년 동안 용접공으로 돌아갈 수 있었고 벨라와 같은 많은 여성들에게 주간 임금이 27파운드에서 73파운드로 뛰어넘는 것을 보았을 때[342] 법안은 여성이 동일한 일을 한 남성보다 돈을 적게 받는 곳을 폭로하는 데 도움이 되었으며, 이전에 거부된 더 나은 임금 일자리를 여성에게 신청할 수 있는 자유를 허용했다. 그것은 아직 취업하지 않은 소녀들을 위한 새로운 직업 가능성을 열었다.

불행히도, 고용과 임금 입법의 변화는 성별 임금 격차를 좁히는 데까지만 기여했다. 성별로 구분된 노동 시장의 오랜 역사는 '남성들의 일'과 '여성의 직업'에 대한 문화적 태도가 확고해졌다는 것을 의미했다. 이것은 비숙련 직업에서 여성을 가장 힘들게 만들었다. 여성 '육체노동자'는 '유사한 직업을 가진 남성의 절반 이하로 임금을 받았다.'[343] 법안이 임금 격차에 제한된 영향을 미친 또 다른 이유는 여성이 여전히 가정과 어린이에 대한 책임이 있어야 하기 때문이었다. 직장에서 시간을 없애고 파트타임으로 돌아오는 것은 여성들이 자녀를 갖기 전에 그들이 맡은 일로 돌아가기보다는 직장에서 몇 년을 떠난 후에 종종 처음부터 시작했다는 것을 의미했다. 모든 여성들은 교육 수준이 무엇이든 직업보다는 저임금 및 비숙련 직업에 남아 있다고 판명되었다. 3장에서 보았듯이, 이 불평등의 유산은 오늘날까지도 계속해서 나타나고 있다.

• 가사 노동에 대한 임금

여성과 남성에게 동등한 지위를 부여하는 것은 출산 휴가 및 임신 중절에 대한 추가 법적 조항과 마찬가지로 여성의 권리에 대한 중요한 움직임이었다. 그러나 그러한 법적 변화의 발전만으로는 여성의 억압을 종식시킬 수 없다는 것이 밝혀졌다. 이것은 페미니스트들이 공공 영역을 넘어 성적 불평등의 근원에 대한 사적인 영역을 바라보도록 촉구했다. 주부의 역할과 경험을 연구한 앤 오클리는 여성의 억압의 원천이 아내와 어머니로서의 역할과 남편에 대한 재정적 의존성에 있다고 주장했다. 여러 면에서 이것은 1세기 전에 엥겔스가 시작한 일련의 사고의 연속으로 볼 수 있다. 엥겔스는 가족 제도 내에서 자리 잡은 여성의 억압을 발견했지만, 사람들 간의 관계에서는 아니었다. 오클리의 경우, 이 선은 덜 명확하다. 가부장제의 새로운 이론은 가족 내의 여성의 억압이 종종 남편과 아내의 결혼 관계에서 비롯된 것으로 이해되었다는 것을 의미했다.

이러한 형태의 억압에 대한 한 가지 해결책은 여성과 그들의 특별한 투쟁을 사적 영역에서 공적 영역으로 가져오는 것이었다. 부분적으로 이것은 여성을 직장에 데려오는 것에 초점을 두는 것을 의미했지만 또한 국내 노동의 재정적 가치에 대한 논의를 촉발시켰다. 운동가 셀마 제임스 Selma James는 '가사 노동을 위한 임금'을 지지하는 핵심 인물이었다. 비록 그것이 인기 있는 슬로건을 만들었지만, 집 안일의 사적이고 개인적인 성격과 가족을 돌보는 데 내재된 감정은 가사 노동에 가격을 매기는 것이 불가능할 뿐만 아니라 많은 사람들에게 불쾌감을 주었기 때문에 그러한 캠페인은 결코 진척을 이룰 수 없었다.

• 공과 사의 모호함

전후戰後의 핵가족은 공적과 사적인 경계가 강하게 표시되어 있었는데, 아마도 울타리, 창문의 그물 커튼 또는 영국인의 집이 그의 성이라는 전통적인 격언으로 가장 잘 상징될 것이다. 초기 시대에 이 집은 생계뿐만 아니라 일터였을 것이고 이웃뿐만 아니라 대가족 구성원에게도 개방되었을 것이다. 그러나 이것은 주부의 자율성에 도전하거나 가족이 폐쇄된 원 밖의 사람들로부터 면밀히 조사를 받도록 강요하지 않았다. 1970년대에 사적 영역은 페미니스트들에게 매우 중요하게 여겨졌는데, 그것은 사회와 인간관계를 구성하는 방법으로써뿐만 아니라 개인의 의식을 형성하는 이데올로기적 수단으로서 이해되기 때문이었다. 이 이해에 따르면, 사적 영역과 개인적인 관계의 변화를 가져오는 것은 개인이 세상을 바라보는 방식을 바꿀 것이다. 차례로, 이것은 마르크스주의자들의 이전 세대처럼, 정반대로 사회 변화를 가져오는 데 도움이 될 것이다.

사적 영역에 대한 논의를 공적 영역으로 가져오기 위한 결정은 제2세대 페미니즘의 중심 교리가 되었으며 이전의 반복과는 아주 다른 한 가지 방법을 표시한다. 케이트 밀렛Kate Millett의 1969년 작품《성의 정치학Sexual Politics》은 개인적인 관계의 가장 은밀한 측면을 공적 영역으로 가져오는 것에 대해 찬사를 받았다. '남성들은 여자로서, 대상으로서, 노예로서의 여성들과 성교를 한다.'[344] 1950년대 미국 주부들이 믿도록 배운 것처럼 섹스는 더는 여성들의 성취의 유일한 원천이 아니었다. 하지만 남녀의 관계도 평등하지 않았다. 밀렛이 설명했듯이, 섹스는 여성에 대한 남성의 힘을 행사하는 패러다임이었다. 개인적인 것이 정치적인 것이 되었다.

캐롤 하니쉬Carol Hanisch는 개인적이고 주관적인 경험을 공적 영역으로 가져오는 것이 중요하다는 것을 논의하며 1969년 자신의 글에서 '개인은 정치적이다.'라는 문구를 사용했다. 주관성에 초점을 맞춘 것은 개인의 정서적 반응과 개인적인 이해에 초점을 맞추어 1960년대 좌익 사고를 지배하게 되었다. 그것은 한편으로는 스탈린주의로, 다른 한편으로는 파시즘으로 이어진 것으로 추정되는 총체적인 '거대한 서사'에 대한 반발이었다. 주관성을 도입하는 것은 정치 영역을 확장시키는 것으로 여겨졌다. 밀렛은 거부정치를 '회의, 의장 및 정당들의 협소하고 배타적인 세계'로 주장하며 정치를 '권력 구조적 관계, 한 그룹의 사람들이 다른 사람들에 의해 통제되는 준비'로 간주하고 섹스를 통제의 주요 메커니즘으로 삼았다.[345] 사회학자 제니 브리스토우Jennie Bristow는 개인 영역에 대한 이러한 변화는 '대서사와의 관계에서 비롯된 것이 아니라, 역사의 프로젝트가 개인적인 행동과 경험 속에 놓여 있다는 감수성으로 이루어진 세대적 주관성'이 되었다고 제기했다.[346]

개인적인 정치를 만드는 프로젝트, 즉 의식을 키우는 집단을 목표로 하는 프로젝트는 본질적으로 문제가 있었다. 이는 사적인 경험을 공유함으로써 집단적 전망을 창출하는 것을 목표로 했다. 하지만 개인에게만 집중하는 것은 모든 여성의 사적인 경험의 핵심에 있는 본질적인 차이점만을 드러냈다. 매주 두 번씩 가정을 돕고 모든 현대적인 편의 시설을 갖춘 중산층 어머니는 지역 공장에서 교대로 자녀를 돌보는 노동 계층 여성과 다른 문제에 직면했다. 유일한 공통의 경험은 남성과의 개인적인 관계에서 발견되는 것이었다. 이것은 남성의 집단적 이익과 남성의 행동 내에서 여성의 억압의 위치를 초래했다. 여성의 열등한 사회적 지위는 권력을 행사하는 가부장제의 결과였다.[346]

가부장제는 중요한 형태를 취했다. 밀렛에게 그것은 '군사, 산업, 기술, 대학, 과학, 정치 사무소 및 금융, 간단히 말해서 경찰의 강압적인 힘을 포함하여 사회 내의 모든 권력은 전적으로 남성의 손에 달려 있는 것'이었다.[347] 가부장적 이데올로기는 남녀 간의 관계를 형성했을 뿐만 아니라 출생의 순간부터 가족, 교육, 직장 내의 개인의식을 형성하여 그 주제에 대한 완전한 통제권을 행사할 수 있었다. 가부장적 지배는 그 자체로 완전히 자연스럽게 속여 넘길 수 있었기 때문에 성공할 수 있었다.

그러나 페미니즘은 의식이 높아진 후에도 가정의 영역, 특히 엄마의 역할이 모든 여성들이 억압적인 것으로 경험하지 못했던 이유를 설명하기 위해 더 나아가야 했다. 사실, 모든 여성들이 그들의 남편이 출근하는 것을 부러움을 가지고 보는 것이 아니며, 어떤 사람들은 엄마의 지위를 버리고 지루하고 피곤한 직업을 위해 가기에는 너무 기뻤다. 이에 대해 밀렛은 가부장제의 힘을 주로 '내부 식민시화'를 통한 운영으로 인해 '우리 문화의 가장 설득력 있는 이데올로기'라고 묘사한다.[348] 가부장제가 여성을 자신의 억압에서 기꺼이 협력자로 바꾼 이 개념은 제2세대 페미니즘의 중요한 주장이 되었다. 오클리가 설명했듯이, 이 내부 식민지화의 핵심 특징은 '여성성과 가정이 동일하다.'라는 잘못된 신화를 널리 수용하는 것이었다.[349] 페미니스트들은 남녀의 '사회화'의 시점에서 성 정치가 기질, 역할 및 지위와 관련하여 '기본 가부장제 정치'로 양쪽 성의 '사회화'가 강요되는 시점에 동의를 통해 성 정치가 어떻게 운영되는지를 탐구했다.[350] 다시 말해, 소녀들은 아내, 주부 및 어머니로서의 미래의 역할을 위해 어릴 때부터 사회화되었다. 다른 모든 야망이 그것들 중에서 교육되었기 때문에, 그들의 운명에 대한 성취는, 아무리 불가피하더라도, 개인적인 선택의 문제처럼 보였다.

• 가부장적 사회

경험의 정치학에서 제2세대 페미니즘의 기반은 특히 여성 의식과 종속성을 형성하기 위한 언어, 이미지, 음악, 장난감, 패션 및 엔터테인먼트의 역할에 다시 초점을 맞추게 되었다. 남성에 대한 부차적인 여성의 가부장적 개념은 남녀 간의 관계와 개별 남성과 여성의 정체성을 변화시키는 문화의 모든 측면에 기록된 것으로 여겨졌다. 문화로의 전환은 사회가 구성된 방식에 도전했기 때문에 급진적인 움직임으로 인식되었다. 여성이 남성이 설계하고 운영하는 방침에서 평등하게 경쟁할 수 있도록 법적 변경을 요구하는 대신 페미니스트들은 여성적인 노선을 따라 사회를 조직하는 새로운 방법을 요구했다. 여성이 남성 기준에 부합하고 남성 규범에 의해 판단되는 대신, 그들은 규범이 변화해야 한다고 주장했다.

초기 세대의 페미니스트들이 여성들이 남성과 동등한 진정한 잠재력에 도달할 수 있도록 권리를 요구한 곳에서, 제2세대 페미니즘은 여성이 남성을 모방하도록 강요받았지만 영구적으로 열등하다고 판단될 것이라고 주장했다. 실제로 이것은 오클리가 분명히 말했듯이, '성 역할 체계 자체와 경제 기반에 의문을 제기하지 않는 한, 여성이 얻게 되는 권리는 너무 쉽게 남성을 위해 봉사하게 된다.'[351] 남성적 규범을 거부하는 것은 저메인 그리어의《여성, 거세당하다The Female Eunuch》에서 받아들여졌다. '여성들이 해방을 통해 남성적 역할의 채택을 해방시킴으로써 이해한다면, 우리는 정말로 길을 잃게 된다.'[352] 그녀는 '남성 현상 유지'를 여성이 열망하는 조건으로 받아들이는 것은 '여성이 가장 작은 영향력을 행사하기 위해 고군분투하고 있는 상황에서도 근본적으로 자신을 변화시키는 외계적이고 혐오스러운 세상에서 자신을 발견하기' 때문이다.[353] 남성 규범의 거부는 궁극적으로 남성과 여성의 차이를 축하하기 위해 성적 평등을 거부한 것이다. 여기서 제2세대 페미니즘은 여성이 남성과 다르지만 도덕적으로 우월하다는 엘리자베스 캔디 스탠튼의 주장을 공유하게 된다.

자본주의와 부르주아 가족에 대한 비판을 페미니즘에 포함시키기 위한 사회주의자들의 최선의 노력에도 불구하고 가부장제의 전체 이론은 사회 계층이 사회 구조화 및 경험과 관계에 미치는 영향을 설명할 여지를 거의 남기지 않았다. 어떤 사람들은 사회 계층이 종종 직장 밖에서 첫 번째 아버지와 남편에게 사회적 지위를 의존하는 여성의 지위를 이해하는 것과 관련이 없다고 주장했다. 밀렛은 더 나아가 가부장제 아래서 계층이라는 개념은 '한 여자를 다른 여자와 맞서게' 하려는 의도에 불과한 것이라고 주장했다.[354]

1970년대 중반까지 여성들은 1세기 전에 있었던 그들의 사회적 지위가 변화되는 것을 보여주는 중요한 법적인 승리를 달성했다. 이러한 법적 변화가 여성의 해방을 가져오기에 충분하지 않다는 제2세대 페미니즘의 인식은 중요한 통찰이었다. 남성과 여성의 사회화에서 가족, 직장, 관계 및 문화가 수행하는 역할에 대한 탐구와 성별 차이의 순응은 중요한 정치적 이해를 나타냈다. 그러나 사적인 것과 공적인 것의 모호함과 여성의 주관적인 경험에 초점을 맞추려는 시도는 더 많은 문제를 드러냈으며 필연적인 여성의 차이를 축하하는 '남성적 규범의 거부'는 페미니즘을 곤란하게 만들었다.

• 결론

여성해방에 대한 요구와 함께 페미니즘 의식 제고 워크샵과 브래지어를 불에 태우는 사실이 아닐 법한 이야기는 교외의 보수적인 사회를 급습하고 철저하게 흔들었다. 아니면 적어도 전설로 남을 법한 일이었다. 확실히 가정에서 가부장제의 힘이 행사되었다는 생각은 한때 사적이었던 쟁점을 대중의 공개 토론으로 제공하고 여성 억압의 지속적인 본질을 드러내는 데 도움이 되었다. 여성의 개인적인 경험과 친밀한 관계에 새로운 초점을 맞추면서 페미니즘은 생식권, 보육 및 가사 노동에 관심을 기울였다. 그러나 성적 평등 운동은 적어도 이론적으로 모든 사람들의 삶을 개선하기 위한 것이었지만 남성을 여성 문제의 원인으로 던지면 남성과 여성의 공통된 원인을 발견할 가능성이 사라졌다. 그러나 전통에 대한 도전과 평등권과 같은 개념에 내재된 보편주의에 대한 도전은 페미니즘의 제2의 구체화 이전에 이미 잘 진행되고 있었다.

자신들의 위치가 가장 위협받고 있다고 느끼는 사람들의 저항에도 불구하고 1970년대의 페미니즘은 때로는 묘사되는 것보다 덜 혁명적이었고, 여러 가지 면에서 수용적인 정치 환경을 만났다. 그것은 정확하게 제2세대 페미니즘이 오래된 가치들의 집합이 이미 그러한 중대한 영향을 미쳤다는 믿음을 의심 받고 있는 시기에 등장했기 때문이다. 도구적 이유, 과학적 진보 및 자연에 대한 인류의 지배에 대한 계몽주의 개념은 제 제2차 세계대전의 공포에 기여한 것으로 여겨졌으며 분류학, 우생학 및 인간에 대한 인간의 지배에 대한 집착은 논리적으로 그리고 궁극적으로 홀로코스트로 이어지는 것으로 추측되었다. 가부장제 사회 질서에 대한 페미니즘의 도전은 헛된 노력이 되었다.

1970년대에는 전통적 가치관에 의문을 제기했지만 새로운 목적의식, 정부, 교육, 노동조합, 직장 및 가족과 같은 사회와 기관을 형성하는 새로운 원동력은 아직 통합되지 않았다. 페미니즘은 경제 시스템의 필요성에 부합하는 대안적 가치를 분명히 밝혀내는 것만큼 낡은 논쟁을 물리치는 것이 아니라 빈틈을 채우기 위한 도덕적 틀을 제공했다. 자본주의의 황금기, 전쟁 이후의 호황, 육체노동, 경쟁력, 지적 위험 부담을 요구하고 노동자들이 기계화되고 소외된 생산 과정에서 감정적으로 분리되도록 요구한 반면에, 1970년대 초반의 경기 침체는 경제 성장의 한계를 수용하고, 일보다는 여가에 중점을 두고 생산보다는 소비에 중점을 두었다. 신흥 경제 환경은 사람들이 고객 중심, 공감 및 환경 의식이 있어야 했다. 이러한 새로운 가치관은 남성들에 대한 여성의 본질적 차이를 강조하는 페미니즘 안에서 그들의 가장 명확한 표현을 발견했고, 그들의 보살피는 모성주의와 본성에 대한 명백한 친밀감을 맞이했다.

이 시기에 페미니즘에 대한 도전은 주로 잃을 것이 있는 사람들로부터 비롯되었는데, 이는 그들의 생계와 사회적 지위가 위협을 받고 있다고 인식한 모든 사회 계층의 남성들뿐만 아니라, 보다 사회적으로 보수적인 여성들에게서 비롯되었다. 1970년대 내내 점점 더 영향력을 발휘한 미국의 종교적 권리는 전통적인 가족 가치와 낙태 반대를 강조했다.

그러나 제2세대 페미니즘에 대한 중요한 도전은 여성 운동 자체에서 나타났다. 이는 다음 장에서 주로 다뤄질 주제이다.

9장

개인은 정치적이다

　　이전 장에서 보았듯이 페미니즘은 종종 모순적이다. 남성과 여성은 평등하고 잠재적으로 현재와 다른 사회화를 가지고 있으며, 동일하다는 가정이 있다. 반면에 남성과는 다른 여성으로서의 장점도 있는데, 특히 여성적인 가치관을 지니고 있어, 여성들을 더욱 양육하고 배려하게 만든다. 한편으로는 교육과 직장에서의 여성의 개인적 업적에 중점을 두며, 다른 한편으로는 여성이 협력적인 자매 관계라는 가정에 초점을 둔다. 성별에 초점을 맞추고, 여성이 된다는 것이 무엇을 의미하는지 탐구하고, 동시에 성별을 넘어서는 욕망을 탐구하고, 가장 최근에는 그것을 생물학보다 사람이 어떻게 느끼는 지와 더 관련이 있는 유동적인 개념으로 정의한다. 여성은 공통 관심사가 있는 부류지만 여성의 경험은 나이, 인종, 사회 계층, 장애 및 성에 따라 다르다는 인식이 있다고 논의된다. 이러한 모순의 대부분은 여성 운동의 초기 구체화에 존재했다. 1970년대부터, 특히 개인이 정치적이라는 두 번째 물결의 진언에서 벗어나는 것과 함께, 이러한 긴장감은 표면화될수록 더욱 커졌다.

오늘날 운동가들과 이론가들은 페미니즘이 하나가 아닌 대신 급진주의에서 자유주의 페미니즘, 흑인 여성주의에서 레즈비언 페미니즘까지, 교차에서 비하적인 '백인'페미니즘에 이르기까지 많은 다른 형태가 있다고 언급한다. 그것은 특정 호칭이 모두 중요한 것처럼 보인다. 그것은 단지 정치적 입장을 묘사하는 것 이상이며 여성의 정체성에 대해 호소하고 있다. 이러한 다양한 페미니즘의 대부분은 선거 운동과 정치적인 충성심을 재구성하는 방식이 아닌 대학 내의 학술적 논쟁을 통해 나타났다. 고등교육은 페미니스트 이론의 발달을 위한 주된 장소가 되었고, 회의장과 세미나실에서 생성된 아이디어는 아카데미 외부의 페미니즘에 대한 실천과 토론에 영향을 미쳤다. 이 장에서는 1970년대에 등장한 페미니즘이 제3세대 및 제4세대 페미니즘으로 이어지는 교차성 및 정체성 정치에 대한 현재의 사고에 어떻게 영향을 주었는지 탐구한다.

• 학계에서의 여성

영국에서는 고등 교육에 입학하는 여성 학생 수가 제2차 세계대전 후 수십 년 동안 꾸준히 증가했으며 1960년대 후반에는 여성이 대학원생, 연구원, 학자 및 고위 관리자의 상당 부분을 차지했다. 미국에서는 이 책의 첫 번째 부분에서 논의된 연유로, 여성 학생의 수는 1970년대 초반에 실제로 증가하기 시작했다. 1972년 교육 수정안Education Amendments Act과 타이틀 나인Title IX이 통과되었으며, 이는 연방 재정 지원을 받는 교육 프로그램에서 성에 근거한 차별을 방지하고 1974년 여성교육평등법WEEA, Women 's Educational Equity Act이 제정되었다. 그러한 법안은 의심의 여지없이 변화의 속도를 가속화 시켰지만, 여성은 이 시점에서 이미 한 번 가장 신중하게 지켜진 남성 학술 특권의 요새로 진입하고 있었다.

페미니즘과 동시에 대학의 여성 수의 증가는 점점 더 영향력을 발휘하여 여성해방 운동을 고등 교육으로 이끌었다. 그러나 이 개발은 확실히 두 팔 벌려 환영받지 못했다. 남성 지배적인 대학은 전통이 풍부했으며 많은 학자, 특히 인문학자들은 국가 문화유산을 보존하는 역할을 했다. 여성의 존재는 학문적 기준, 대학의 위상 및 국가의 지적 생활에 대한 위협으로 간주되었다. 여성을 인정하는 것은 관행이 바뀌기 시작한 대학의 최대 관심사로 간주될 때만 가능했다. 교육 기관이 변화하기는 어려웠지만, 젊은 세대의 학자들은 누가 대학에 가야 하는지 뿐만 아니라 무엇을 가르쳐야 하고 왜 사용해야 하는지에 대해 의문을 제기하기 시작했다. 이것은 상류 계층의 문화적 자본을 객관적으로 우월한 지식으로 인정하고 사회적 엘리트를 재생산하는 대학의 역할이 널리 논의되는 교육의 사회학 분야에서 가장 명백했다.

1960년대에 시작된 학문적 전통에 대한 의문은 실증주의의 신빙성에 의한 계몽적 가치에 대한 도전이 점점 커지는 만큼, 페미니즘에 의해 촉발된 것이 아니라 사람과 사회를 논리적인 과학적 원리에 따라 이해할 수 있는 연구 방식이었다. 테오도어 아도르노Theodor Adorno, 막스 호르크하이머Max Horkheimer, 위르겐 하버마스Jurgen Habermas와 같은 프랑크푸르트 학파 학자들과 중요한 이론가들은 인문학 분야에서 점점 더 영향력을 발휘하여 문화, 특히 문학을 사회, 정치 및 이념적 맥락과 관련하여 이해하도록 요구했다. 이 이해에 따르면, 문화적 지식은 그것을 야기한 권력 관계를 단순히 반영한 것이었다. 연구의 목적은 문화 산업이 자본주의 현상 유지에 공모한 방식을 폭로하는 것이 되었다. 실증주의 비평가들은 지식이 사람들을 진실에 더 다가가게 하고 연구에서 객관성의 바람직함에 도전하는 반면, 비판적 이론가들은 마찬가지로 진리가 권력의 환상적인 반영이라고 주장했다.[355] 학문이 진리, 객관성 및 합리성과 같은 계몽주의 가치와 분리되었을 때, 그것은 공허하게 버려졌고 목적을 찾았다. 이것은 페미니스트적 사고에 수용하도록 만들었다.

• 남성 중심의 커리큘럼

여성해방 운동의 영향은 처음으로 대학들에서 커리큘럼의 내용에 대한 도전으로 느껴졌다. 여성들은 문학에서 근본 원리의 구성에 의문을 제기하고 여성 작가들에 대한 더 큰 대표성을 요구했다. 남성과 동등한 우수성을 주장했지만 인정받지 못했던 '잊힌' 여성들을 밝혀내기 위한 움직임이 있었다. 이것은 문학적 소양, 근본 원리의 당연한 특성 및 국가 문화유산을 보존하는 고등 교육의 역할에 대한 유용한 토론을 촉발시켰다. 여성평등에 대한 이러한 초기의 요구는 교육 기관들에게 '자유주의 교육의 약속을 이행'하는 도전이었다.[356] 학계 밖의 제2세대 페미니즘은 여성 억압 유지에 사적인 영역의 역할에 중점을 두었고 결혼, 가사 노동, 가족 관계, 성욕 및 정신 건강과 같은 주제에 더 큰 비중을 두도록 하는 사회 과학 분야에 대한 요구로 이어졌다. 이 커리큘럼에 대한 질문은 유용했고 사회학과 같은 주제의 범위를 넓혔다.[357]

많은 기존의 학자들은 변화를 받아들이기를 꺼려했고 교과과정에 관심을 갖는 것은 고등 교육 내에서 페미니스트들이 바라던 변화를 가져오는 데까지 갈 수 있었다. 이러한 이유 때문에 여성학은 전통적인 분야를 벗어나 발전했다. 1969년 코넬 대학Cornell University에서 시작하여 1970년대에는 미국 전역의 대학으로, 1980년대에는 영국으로 빠르게 확산되었다. 기존 학과의 관행을 벗어나 개발함으로써 여성 연구에 참여한 사람들은 새로운 주제뿐만 아니라 새로운 연구 방법을 조사할 수 있는 자유가 훨씬 더 커졌다.

• 학계의 페미니즘

대학 내의 페미니스트들은 개인이 정치적이라는 제2의 교훈을 학업의 핵심으로 가져왔다. 이것은 여성에 대해 더 큰 대표성을 추구하거나 광범위한 주제를 다루는 것을 넘어서서 지식으로 간주되고 지식이 대학 내에서 정당화되고 있는 것에 대한 훨씬 더 근본적인 질문을 던지게 했다. 비판적 이론에 영향을 받은 페미니스트 학자들은 지식에 대한 기존의 가정이 보편적이고 가부장적인 권력 관계로서 고정적이고 자연스러운 남성적 표준을 제시했거나 페미니스트 학자들이 지적했듯이 '말풍선의 이해와 지식 구조가 헤게모니일지도 모른다.'라고 주장했다.[358] 지적 풍토 속에서 발전하여 이미 진리와 객관성에 대한 학문의 열망이 가능했는지 또는 바람직한지에 대해 의문을 갖기 시작했다.

페미니스트 학자들은 연구와 판단에서 객관성을 겨냥하는 것이 보편적인 남성적 신념, 가치 및 가정을 제시하는 것은 아니라고 주장했다. 이 주장에 따르면 여성의 이익은 객관성과 중립성에 대한 거짓 주장을 포기함으로써 더 나은 객관적인 연구가 아닌 최선의 결과를 낳았다. 대신 페미니스트들은 연구자들을 성별이 있는 '상황 속에 놓인 지식인'으로 간주할 새로운 인식론을 주장했다. 여기서 알려진 것과 상당히 알려진 방식은 '알고 있는 자의 상황이나 관점을 반영한다.'[359] 관점에 대한 이러한 강조는 학문적 작업에 새로운 주관성을 가져다준다. 그것은 여성의 경험을 전면적으로 가져오는 데 도움이 될 뿐만 아니라, 학문의 성격 때문에 훨씬 더 중요한 결과를 낳는다. 진리는 맥락과 개인의 관점에 따라 결정된다. 객관성, 진리, 중립성에 대한 주장은 단순히 권력 관계의 반영으로 거부된다.

진리를 여러 가지 관점으로 이해하려면 개인적인 경험과 이해의 핵심에 도달할 수 있는 연구 방법이 필요하다. 이로 인해 질적 연구 방법, 특히 연구원과 주제 간에 존재했던 권력 관계를 뒤엎을 수 있는 방법을 모색하는 데 새로운 강조점을 두었다. 인터뷰는 구조화가 덜 되어 학자들이 이전에 학술 연구에 합당하지 않은 것으로 간주되었던 그룹에 '목소리를 내는' 기회가 되었다. 서사, 생활사 및 전기傳記 연구 방법은 여성이 자신의 이야기를 말할 수 있게 하는 중요한 수단으로 인식되었다. 연구에서 주관적인 요소를 인식하는 것은 그것을 능가하는 자극이 아니었다. 객관성은 남성적인 장치로 여겨졌다. 대신, 음성이나 이야기를 하는 것은 그 자체로 끝이 났다. 교실에서 주관적인 방향으로의 이러한 변화는 학계 밖에서 시작하는 의식 제기 그룹을 모방한 교육적 접근의 발전으로 이어졌다. 학생들은 자신의 개인적인 경험, 느낌과 감정을 다시 말해달라는 요청을 받았고, 결과적으로 이러한 주관적 상태는 객관적인 데이터 분석보다 더 중요하다고 교육되었다.

객관성에 대한 주장이 가부장적 권력을 은폐하는 가면이라는 가정은 모든 지식이 이데올로기이고 모든 문화가 본질적으로 정치적이라는 믿음을 이끌어냈다. 따라서 문학은 '창조주의 관점과 이상'을 반영한 것으로 간주되었다.[360] 이런 사고방식에 따르면, 남성의 일은 지적으로 우월했기 때문이 아니라 학교 시험 계획서와 대학 커리큘럼을 구성하는 데 책임이 있는 사람들의 이데올로기적 편견과 일치하기 때문에 규범을 지배했다. 이것은 규범의 내용뿐만 아니라 문학작품 중 일부가 다른 작품보다 질적으로 더 나은 것으로 판단될 수 있다는 견해에 의문을 제기했다. 필요한 것은 남성적 기준보다는 여성적 관점에서 여성의 작품을 평가할 수 있도록 하는 여러 가지 기준이었다. 페미니스트 기준은 정치적으로 덜 정치적이지는 않을 것이지만, 이전에 소외된 목소리를 증폭시킬 것이라고 주장했다. 밀레의《성의 정치학》에서 텍스트는 문학적 장점을 토대로 한 것이 아니라 가부장제의 작동에 대해 독자들에게 제공할 수 있는 교훈에 따라 가치 있는 것으로 판단되었다.

전통적인 지식 체계에 대한 페미니즘의 도전과 새로운 주제와 새로운 저자, 새로운 연구 방법 및 교육 방법에 대한 새로운 접근 방법에 대한 연구를 합법화하려는 추진으로 인해 교육학에 대한 새로운 접근법은 교육 목표가 보다 명시적으로, 정치적 목표로 쉽게 흐려지는 것을 의미했다.

실제로, 교육과 정치를 분리하려는 시도는 솔직하지 않은 것으로 간주되었다. 페미니즘의 강점은 솔직함에 있었다. 그것은 중립성에 대한 거짓 주장을 하지 않았다. 그것은 '남성과 여성 사이의 깊은 권력 관계'를 폭로하는 것을 목표로 했다.[361] 실제로, 교육에서 정치를 분리하려는 시도는 부도덕한 것으로 간주되었다. 한 페미니스트 학자는 여성 연구의 목표를 '정치적 아이디어에 도전하고 사회 및 공공 생활에서 여성의 입장을 변화시키며 가족에 대한 감금에 의문을 제기하는 것'이라고 설명한다.[362]

• 페미니즘과 포스트모더니즘

객관성과 진실성에 의문을 제기한 페미니즘은 학계 내에서 포스트모더니즘을 향한 전환과 함께 입장을 나란히 했다. 둘 다 '아카데미와 지식 주장의 정치력을 밝혀냈다.'[363] 모두 보편주의의 계몽주의 개념에 대한 경멸을 같이 했다. 미국 철학자이자 성性 이론가인 주디스 버틀러Judith Butler는 다음과 같이 주장했다. 나는 "보편성"이라는 주장을 전적으로 부정적이고 배제적인 용어로 생각하는 경향이 있다.[364] 계몽주의의 합리성은 페미니즘의 영향으로 사상과 자아의 분리를 요구했지만, 이는 연구자의 위치를 차지하고 있는 좋은 연구와 그녀의 정서적 반응에 대한 그러한 분리가 연구 내에서 확고하게 자리 잡은 훌륭한 연구에 대한 열망이었다는 견해에 영향을 미쳤다.

모든 지식은 창작자의 반영이라는 주장은 남녀가 같은 방식으로 세상에 대해 이해한다는 견해에 도전한다. 대신 페미니스트들은 성차별이 성별에 따라 다르며 남성과 여성은 세상에 대해 여러 가지 방식으로 이해하고 주관적인 경험을 통해 다양한 이해에 이르게 된다고 주장한다. 여성이 '특별히 성차별 의식'을 가지고 있다는 가정은 주관적이고 정서적인 영역에서 확고하게 자리 매김한다.[365] 양적, 합리적, 논리적인 것은 구식이며 본질적으로 솔직하지 않은 것으로 거부된다. '논리, 논증 분석, 양적 추론, 객관적인 증거 평가, 지적 생활의 중심에 있는 사고방식에 대한 반대 관점을 공정하게 고려한 것은 남성주의적 행위로 치부되어 여성을 비하하고 억압하는 데만 기여했다.'[366]

학문적 페미니스트들은 남성과 여성이 서로 다른 삶의 경험을 가질 뿐만 아니라 더 크게, 그들이 세상을 경험하는 질적, 주관적 방식도 다르다고 주장한다. 남성과 여성이 공유하는 공통적인 또는 객관적인 현실은 없다. 대신, 여성의 세계에 대한 이해와 해석은 그들을 다른 현실로 인도하지만, 호주 페미니스트 데일 스펜더Dale Spender가 '남성이 만든 언어manmade language'라고 부르는 것으로 영원히 표현될 운명이다. 스펜더는 자신의 지식을 재발견하기 위해서는 여성들이 '언어를 되찾을' 필요가 있다고 주장한다. 사회주의 페미니스트 린 시걸Lynne Segal이 씁쓸하게 바라보고 있듯이, 여성들이 평등의 길에서 마주친 현실적인 장애물을 극복하는 데 많은 시간이 걸린다.[367] 대신 여성의 억압은 일련의 생각의 표현으로 전락한다.

남성과 여성이 세상을 이해하는 방식이 다르다는 주장에서 여성의 인식 방식이 우월하다고 주장하는 것은 짧은 도약이었다. 에이드리언 리치Adrienne Rich와 같은 급진적인 페미니스트들은 여성의 신체, 월경 주기와 출산, 아기를 먹여 살리는 능력은 남성보다 천성에 더 가깝다고 주장한다. 다른 사람들은 남성에게 특권을 부여하는 가부장적인 사회관계가 현실에 대한 편견 없는 견해를 갖지 못하게 한다고 주장한다. 산드라 하딩Sandra Harding은 '페미니스트의 유리한 관점은 "기존의 어떤 유리한 관점"보다 더 빛난다.'라고 주장한다.[368] 생산적인 노동뿐만 아니라 생식을 경험한 여성들은 '진실을 숨김으로써 더 많은 것을 얻고 제한된 경험을 가진 남자들보다 더 객관적인 관점'을 발전시킬 수 있다.'[369]

여성의 종속 경험 속에서의 지적 통찰에 대한 주장을 발견하는 데 있어서, 페미니스트 학자들은 억압과 지식 접근에 사이의 직접적인 연계를 그리고 있었다. '자리 잡은 지식인'으로서의 여성의 지위는 '남근이성중심주의 phallogocentrism에 의해 지배된' 지식을 추구하는 사람들과 비교하여 환영받는다. 대신 페미니스트 연구자들은 '지식을 가능하게 하는 연결과 예기치 않은 개방이 가능한 곳에 접근하기 위해 부분적인 시각과 제한된 목소리로 지배되는 사람들을 찾는다.'[370] 가부장제의 희생자로서의 여성의 지위는 여성에게 탁월한 통찰력을 제공한다. 샌드라 리 바트키 Sandra Lee Bartky는 페미니즘 의식을 '희생 의식'이라고 묘사한다.[371] 이 논리에 따르면, 사회에서 가장 희생된 부분은 세계를 가장 잘 이해하는 부분이다.

지적 통찰력과 억압 사이의 연결고리를 확립하는 것은 보다 억압받는 집단이 정체성에 의한 일사불란한 과정에서 페미니스트 학자들의 주장을 능가할 수 있는 길을 열어준다. 결과적으로 페미니스트 학자들은 여성의 지위를 피해자로 유지하기 위해 노력하고 모든 사회적, 정치적 진보와 함께 그들은 새로운 불평등한 영역을 찾아야만 한다. 파타이Patai와 코어지Koertge는 이러한 논리는 '성차별주의에 무력감을 느끼지 않는 여성들은 실제로는 이러한 문화적 범죄의 피해자이며 자신이 피해자라는 사실을 "배워야" 한다는 것을 의미한다.'라고 주장한다.[372]

· 언어가 젠더를 만든다

언어를 현실의 해석뿐만 아니라 현실 자체를 형성하는 것으로 보는 포스트모더니즘의 시각은 성별 자체가 사회적 구성이라는 학문적 페미니즘의 주요한 지적知的 주장으로 이어졌다. 성별sex에서 젠더gender를 분리하는 것은 1980년대 후반과 1990년대 초반에 페미니스트 학계를 지배하게 되었다. 크리스티나 호프 소머스는 '"성/젠더 시스템"은 학술적 페미니즘에 대한 "지배하는 통찰력"을 갖게 되었고, 일단 눈에 띄면 모든 곳에서 볼 수 있다.'라고 언급했다.[373] 문학과 언어는 성별의 사회적 구성과 관련되어 있었다. 버틀러는 1990년 그녀의 저서 《젠더 트러블Gender Trouble》에서 생물학적 성차별이라는 개념 전체가 자연, 문화적 구별과 그 구별이 뒷받침하는 지배 전략의 귀화 기반 역할을 하

는 담론적인 형성이라고 주장한다.[374]

버틀러는 '자연스러운' 섹스에 대한 이원 개념의 존재에 의문을 제기하고 '인공적'인 젠더를 지지한다. 버틀러는 젠더를 사회적으로나 자연적으로 결정되는 고정된 범주로 보기 보다는 '전체성이 영구적으로 지연되는 복잡성'과 관련해서만 정의되는 유동적 개념으로 간주한다.[375] 젠더가 성性에 대치할 수 없는 것처럼, 남성도 여성에게 대치될 수 없다. 버틀러는 '성별과 성의 모방적 관계에 대한 믿음을 암묵적으로 간직하고 있다.'라고 생각하는 '이원적인 젠더 시스템'에서 벗어나고 싶어 한다.[376] 그녀는 '젠더 표현에는 성 정체성이 없다.'라고 주장한다. 이를 위해 버틀러는 젠더를 고정된 위치가 아니라 '언제나 행동하는 것'으로 본다. 이 주장의 결과는 10장에서 살펴볼 것이다.

학문적 페미니즘은 두 가지의 상반된 입장을 가지고 있다. 우리는 여성들이 남성들과는 다르게 세상을 경험한다고 말하며, 또한 이러한 종속적인 경험은 그들에게 우수한 통찰력을 제공한다. 동시에 '여성'이라는 범주는 사회적 구성이고 개인의 이해는 관점에 따라 다르다고 한다. 이 주관적인 전환은 필연적으로 여성들이 서로 공통점이 거의 없다는 것을 깨닫게 한다. 생물학에 근거한 공유된 정체성이 있을 뿐만 아니라, 무엇보다 여성의 이해는 그들의 사회적 계층, 정치적 전망, 인종 및 성에 따라 다르다. 이것은 페미니즘에 문제를 제기했다. 미첼과 오클리는 다음과 같이 설명한다. '여성이 생물학적 여성을 넘어서는 정체성으로 고정될 수 없다면 페미니즘도 통일된 정의를 가질 수 없다.'[377] 주관적 특권과 모든 여성의 집단적 이익을 대표하는 목표 사이의 긴장을 해결하려는 시도는 1970년대와 1980년대에 페미니스트들을 흡수했다.

여성의 경험이 다양하다는 인식은 단일한 여성 운동의 가능성을 효과적으로 종식시킨다. 실제로 페미니즘은 (호프 소머스가 '공정한' 페미니스트라고 칭한) 항상 성性 평등을 주장하는 사람들과 남성과 여성의 차이를 강조하는 사람들, '젠더' 페미니스트로 나뉘어 있다. 선거권과 생식권 운동은 그러한 차이를 성공적으로 감췄다. 입법은 평등의 실현을 허용하거나 여성의 우월한 여성 미덕이 사회를 개선할 수 있게 할 수 있다. 페미니즘은 사회를 이해하는 일관된 이념적 접근방식을 나타낸 적이 없었으나 1970년대 말에 이르러서는 더는 이러한 목표를 가진 것으로 가장할 수도 없게 되었다.

• 분열된 페미니즘

　자유주의, 사회주의 및 급진주의 페미니즘의 차이는 여성 억압의 다양한 원인을 주장하고 대안적인 해결책을 촉진한다는 점에서 처음으로 드러났다.[378] 이 분열은 새로운 것처럼 보였지만, 여러 가지 면에서의 분류는 처음부터 여성 운동 내에 존재했던 명백한 차이를 만들었다. 자유주의 페미니즘이 기존의 자본주의 사회에서 개별 여성에 대한 권리를 증진한 반면, 사회주의 페미니스트들은 여성이 경험한 집단적인 억압을 바라보았고 사회주의 원칙에 따라 조직된 사회 내에서만 성평등을 성취할 수 있다고 주장했다. 급진적인 페미니즘은 사회 계층보다는 성별을 사회 내의 주요 분열로 간주했다. 그것은 여성의 우월한 미덕과 영성을 축하하고 '남성' 폭력과 기술을 비판했다.[379]

　1970년대 후반과 1980년대 초반의 페미니스트들 모두에게 정의定義는 중요한 것이 되었다. 그러나 여성의 개인적인 경험과 관련하여 페미니즘이 더 많이 정의될수록 더 많은 페미니즘이 형성되었다. 로잘린드 델마Rosalind Delmar와 같은 일부 사람들은 '내부적 담론 대신 급진주의 페미니스트, 사회주의 페미니스트, 마르크스주의 페미니스트, 레즈비언 분리주의자, 유색 인종 여성 등이 존재한다고 명명한

이 내부 분열에 좌절감을 표시했다.'380 그러나 주관성의 특권으로 이 분열은 막을 수 없는 것처럼 보였다.

1980년대에도 같은 비난이 여성 운동의 내부와 외부에서 발생했다. 자유주의, 급진주의 및 사회주의 페미니즘은 백인 여성들의 경험을 보편적으로 제시하면서 이 좁은 엘리트 외부의 여성들이 직면한 또 다른 단점을 설명하지 못하는 혐의를 받았다.381 낸시 코트Nancy Cott는 '문화적 헤게모니 가치와 지위를 지닌 여성들, 즉 미국에서는 백인, 이성애자, 중산층, 정치적으로 중류층인 여성들만이 자신의 상태를 "여성"으로 보고 그들의 다른 특성을 얼버무리고 넘어가는 특권(또는 기만)을 가지고 있다.'라고 설명한다.382

전통적인 페미니즘은 덜 선진화된 나라에서의 여성의 억압에 대한 제국주의의 경험이나 서구의 흑인 여성들이 직면한 성차별주의와 인종 차별의 결합된 영향을 설명할 수 없다는 이유로 비판을 받았다. 오드리 로드Audre Lorde는 메리 데일리Mary Daly에게 보내는 공개서한에서 '여성에 대한 억압은 인종적, 인종적 경계를 모른다. 그러나 그것이 그러한 경계 내에서 동일하다는 것을 의미하지는 않는다. 또한 우리의 오래된 힘의 축적도 이러한 경계를 알지 못한다. 다른 한 가지를 언급하지 않고 나머지 하나를 다루는 것은 우리의 차이뿐만 아니라 우리의 공통점을 왜곡하는 것이다.'라고 그녀는 주장했다.[383] 흑인 페미니스트들은 인종과 계층 모두를 성별과 복합적인 억압과 교차하는 페미니스트 문제로서 인식하는 운동을 만들었다.

대학 내에서의 주관적 전환은 처음에는 사람들이 어떻게 그리고 왜 다른 방식으로 세상을 경험했는지에 대한 의문을 크게 풀어냈다. 정치 이론가 아이리스 매리언 영Iris Marion Young은 '개인의 역사에 대한 특별한 감각, 사회적 관계와 개인적 가능성에 대한 이해, 여성 또는 남성의 추론, 가치관, 표현 방식이 적어도 부분적으로 여성이나 남성의 집단적 정체성에 의해 구성된다.'라고 제안한다.[384] 집단 정체성에 대한 집중은 여성이 모두 같은 방식으로 세계를 경험한다는 견해로 돌아간다. 영의 대답은 개인이 속할 수 있는 그룹의 범위와 수를 늘리는 것이었다.

페미니즘에 수용적인 학문적 분위기는 인종에 대한 새로운 아이디어를 환영했으며, 합법적인 학문 분야에서 비판적인 인종 이론이 처음으로 나타났다. 비판적인 인종 이론은 합법적인 학문에 대한 전통적인 접근법, 특히 시민권의 자유주의 개념에 도전했다. 그것은 자유주의가 백인 헤게모니 하에서 사회의 '정상적인' 국가라기보다 오히려 일탈로서 인종 차별을 제시했음을 비판했다. 이 '정상성'은 한 비판적 인종 이론가가 말했듯이, '백인은 시민권 법의 주요 수혜자였다.'[385] 비판적 경쟁 이론과 페미니즘은 종속된 삶의 경험이 자신의 삶을 중심으로 밝혀질 수 있다는 가정을 공유하며 학술 연구에서 주관적이고 개인적인 내러티브를 특권으로 삼는다. 또한, 객관성의 거부는 두 경우 모두에서 공언된 정치적 목표를 이끌어낸다.[386]

• 교차성

살아있는 경험에 초점을 둔 것은 흑인들만 인종 차별에 대한 '경험적 지식'을 가질 수 있다는 것을 가정한다. 남녀가 현실에 대한 공통적인 인식을 공유하지 않는다고 페미니즘이 주장하는 것처럼, 비판적인 인종 이론은 흑인과 백인 또한 공통된 현실을 가지고 있지 않다고 가정한다.

한 중요한 인종 이론가는 1980년대 말에 '좌파 유색인종 학자들은 백인 동료들에게 인종 차별주의를 조사하고 인종과 인종 차별에 대한 지배적인 개념뿐만 아니라 좌파 내 인종 대우에 대한 상반되는 비판을 개발하도록 요청하기 시작했다.'[387] 특히 사회적 계층에 대해 아무런 설명도 하지 않을 때 인종과 성별을 상호 배타적인 범주로 두는 것은 '유색 인종 여성들에 대한 배제와 왜곡의 복잡한 문제'를 창출했다. 비판적 인종차별주의자들은 의식 차단의 의사 결정이나 편견을 가진 실천의 고립된 사례가 아니라 깊이 있고 심리적이며 사회적으로 뿌리 깊은 체계적이고 구조적이며 문화적인 인종 차별주의를 제시했다.[389]

교차라는 용어는 아프리카계 미국인인 비판적 법률학자 킴벌리 크렌쇼Kimberlé Crenshaw가 유색 인종 여성들이 겪는 '이중 취약성'을 분명히 정의하기 위해 작성되었다. 크렌쇼는 '가장 단순한 차원에서 교차적인 틀은 여성으로서, 그리고 종속된 인종 집단의 구성원으로서, 여성의 이중적 위치가 우리에게 자행되는 폭력을 어떻게 견디는지 보여준다.'라고 언급했다.[390] 그녀는 처음에는 정치와 포스트모던 이론을 결합시키는 잠정적인 수단으로 교차성을 생각했다. 정치적 편의성은 '인종과 성별에 관한 정치적, 대표적 관행'이 어떻게 상호 관련되어 있는지에 대한 설명에 달려있다.[391] 크렌쇼는 구조적 교차성, '유색 인종 여성의 삶에서 이러한 여러 계층 구조의 상호 작용의 물질적 결과', 표현적 교차성 또는 인종과 성별 이미지가 수렴하여 여성에게 적절하다고 여겨지는 독특하고 구체적인 서사를 만드는 방식을 구별한다.[392] 구조적 및 표현적 교차성의 결합된 영향은

흔히 '유색 인종이 아닌 여성'을 의미했다.[393]

교차성에 대한 이론은 학자와 운동가가 성, 인종 및 계층 뿐만 아니라 성별, 연령 및 능력의 교차점을 탐색하고자 하는 것으로 채택되었다. 사람의 정체성에 대한 이러한 모든 특징이 반드시 영구적인 것은 아니다. 일부는 임시 또는 과도 상태일 수 있다. 중요한 것은 이 교차점들이 간단히 합쳐진 것이 아니라 서로 결합되어 서로를 구성한다는 것이다.[394] 이런 방식으로, 교차적 페미니즘은 여성에 초점을 유지하는 동시에 여성은 동질 그룹이 아니라는 핵심 주장을 실천한다. 교차주의 페미니스트들은 장애 여성, 트랜스 여성, 흑인 여성, 노동 계층 및 LGBTQ 여성들이 세계를 다양한 방법으로 경험할 뿐만 아니라 더 중요한 것은 교차 억압의 여러 층에 직면해 있다고 주장한다.

인기 있는 웹 사이트 〈에브리데이 페미니즘Everyday Feminism〉은 교차성의 매력을 '우리의 삶과 경험을 풍부하게 해주는 정체성의 여러 측면을 인식하고 억압과 소외를 결합시켜 복잡하게 만드는 틀'이라고 설명한다. 여성은 더 이상 동일한 집단으로 간주될 수 없으며 노력해야 할 보편적 권리에 대한 개념이 없지만 모든 여성은 이 억압의 프리즘 내에서 스스로를 찾을 수 있다. 모든 사람들은 정체성의 여러 측면을 가지고 있다. 실제로, 정체성의 우위는 여성으로서의 신분 확인이 여성 (또는 시스 젠더cis-gendered)의 생물학적 지위보다 뚜렷하고 더 중요하다는 사실을 의미한다. 결정적으로, 교차가 아닌 페미니즘은 인종, 계층, 민족, 종교 및 성적 지향을 포함한 여성의 중복되는 정체성과 그들이 억압과 차별을 경험하는 방식에 어떻게 영향을 미치는지를 간과했다는 비난을 받았다.[395] 이를 통해 우리는 '영혼 살인'이라는 개념으로 돌아가고, 이를 막기 위해 교차 페미니즘의 실천은 경청 행위에 가장 몰두하게 된다.

페미니즘과 같이, 교차성의 전제는 그것이 우리에게 관찰해야 할 문제에 대한 해결책을 결코 제공할 수 없다는 것을 의미한다. 개개인의 억압적 경험에 대한 강조에서, 그것은 장벽, 즉 사람들이 자신의 경험을 초월하거나 그렇지 않은 사람들의 해방 운동을 방해하는 교차 구조를 구성한다. 대신, 특정 교차점 외부에 있는 모든 사람들은 자신의 중첩된 억압 체제를 구성하면서 모든 것을 경청한다. 모든 여성을 하나로 모으는 집단적 열망이나 공유된 정치적 목표는 없다. 공통적인 인류 또는 '자매'는 없지만 자유주의의 견고한 개인도 없다. 대신 헬렌 플럭로즈Helen Pluckrose가 탐구했듯이 그 집단이 있고, 모든 중요한 것은 집단 정체성이다.[396]

교차성은 집단 분류에서 '인간'이라는 공유 범주의 구성원으로 독립될 것을 약속하지 않는다.

• 교차성의 문제

그룹 정체성은 모든 구성원이 공통의 경험을 공유하고 이에 따라 자신을 나타내기를 원할 뿐만 아니라 정치적인 전망을 공유한다는 가정에서 개성을 제거한다. 그룹에 초점을 맞추면서, 교차 성은 사람들 사이의 중요한 차이점을 제거시킨다. 생물학은 다시 한 번 사람의 정의적인 특징이 되고 그들의 사회적 지위에 대한 인과적 설명이 된다. 이것은 논리적으로 캐서린 맥키넌의 1979년 주장을 따른다. '백인 남성들은 인종과 성별을 이유로 오랫동안 정확히 격리되어왔으며, 고용과 교육에서 차별적으로 선호되어왔다. 이 이익의 균형을 바꾸기 위해 개입하는 것은 역차별이 아니라 처음으로 동등한 고려를 할 수 있는 기회다.[397] 이것은 극복할 수 없는 인간들 사이의 생물학적 차이를 수반하는 평등을 위한 주장이다. 그것은 특히 백인들이 말하기 전에, 또는 다시 말해서 입을 다물기 위해 '특권을 확인해야 한다.'라는 대중의 요구를 야기한다. 별도의 교차 구조를 통한 대화는 불가능해진다.

맥키넌은 '오도'와 권력 사이의 관계를 분명하게 한다. 다프네 파타이_{Daphne Patai}는 남성이 항상 강력하다면 대조적으로 '피해자'는 항상 결백하며 정의상 취약하다고 지적한다.[398] 이것은 교차성 페미니즘의 또 다른 문제점을 지적한다. 억압의 여러 척도에 따라 사람들을 정의함에 있어서 어떤 정체성은 다른 정체성보다 인정받을 가치가있는 것으로 판단되는 계층 구조를 설정한다. '백인 페미니즘'에 대한 모욕은 한 작가의 말에 따르면 '정말로 백인만을 돕는다.'라는 비非교차성 페미니즘에 포함되어 있다. 비평가들은 '여성들이 평등하다는 것은 계층, 인종, 성별을 간과하고 인종적 정체성에 관계없이 모든 여성들이 동일한 투쟁에 직면한다는 것을 의미한다.'라고 주장하는 비판론자들의 주장을 뒷받침한다.[399] 여기서 우리는 교차성 페미니즘의 한계를 분명히 볼 수 있다. 그것은 이데올로기적일 뿐만 아니라 생물학적 순수성을 요구하며, 따라서 순응된 차이에 대한 구식의 편견을 갖게 된다. 그것은 사람들을 그룹 정체성과 관련된 피해자로 연결시킨다. 그것은 보편적인 인간 경험과 동시에 개인의 자유와 자율성을 과소평가한다.

교차성 페미니즘은 여성 간의 차이가 여성의 일반적인 경험보다 더 두드러지게 되었을 때 발생했다. 페미니즘이 생존하기 위해서는 특별히 성별에 따른 억압된 경험을 제시하는 것과 동시에 차이점을 설명할 수 있는 방법을 찾아야 했다. 페미니즘은 남성이 아닌 남성 심리학, 남성성, 가부장제를 통해 행사되고 문화로 표현된 여성에 대한 공공의 적을 처음 발견함으로써 성공했다. 그 후, 교차성에서 페미니즘은 여성을 서로 다른 방식으로 결합하고 복합적인 억압을 할 수 있는 그들의 정체성의 중첩된 측면을 동시에 인정하면서 공통의 이해관계를 가진 집단으로 보는 방법을 발견했다. 그러나 일부 여성, 심지어 페미니스트라고 생각하는 사람들조차도 여성 억압에 대한 이 내러티브를 믿고 교차하는 근거 내에서 자신을 찾는 것을 거부한다. 교차성 페미니즘이 이것을 설명할 수 있는 유일한 방법은 성별과 젠더의 연관성에 대해 논쟁하는 것이다. 이것은 여성의 범주를 여성의 정체성을 가진 남성까지 포괄하는 추가적인 이점을 가지고 있다.

결국, 정체성이 아닌 여성 언어의 감시를 위한 관점에 근거한 교차성 페미니즘과 백인 페미니즘 사이에 반발이 나타난다. 나이지리아 작가 치마만다 느고지 아디치에Chimamanda Ngozi Adichie가 트랜스 여성이 여성으로 태어난 여성과 동일한 삶의 경험을 하지 못했다고 논평했을 때 그녀는 교차성 페미니즘의 정통성을 지키려는 페미니스트들로부터 비판을 받았다.[400] 그녀가 흑인이고 개발도상국 출신이라는 전제하에 교차성 페미니즘 내에서 이전에 높았던 그녀의 지위는 서둘러 취소되었다.

• 제3세대 페미니즘

킴벌리 크렌쇼Kimberlé Crenshaw의 1989년 논문인 〈인종과 성의 교차성 파괴Demarginalizing the intersection of race and sex〉이후[401], 학계 내의 교차점에 관한 아이디어의 연구는 대학 외부의 광범위한 페미니스트 운동에 반영되었다. 페미니즘에 대한 새로운 사고는 1980년대 후반과 1990년대 초반에 '제3의 물결'이라는 이름을 중심으로 합쳐지기 시작했다. 저자 앨리스 워커의 딸인 레베카 워커는 1992년 에세이에서 "나는 포스트 페미니즘 페미니스트가 아니다. 나는 제3세대 페미니스트이다.'라는 선언으로 끝을 맺는다.[402]

그녀가 22세였을 때 작성된 워커의 에세이는 그녀가 운동에 대한 반발로 묘사한 것에 직면하여 페미니즘에 대한 지속적인 필요성을 탐구한다. '미국 여성에 대한 반발은 현실이다. 남녀평등에 대한 오해가 더욱 보편적으로 변함에 따라 여성의 개인적, 정치적 권력의 경계를 제한하려는 시도도 마찬가지다.' 게다가 워커는 민권 운동에 대한 좌절감을 다음과 같이 말한다. '진보적인 흑인 남성이 언제 나의 권리와 복지를 우선시할 것인가? 그들은 언제 "인종"에 대해 오로지 자기들 주위에서만 맴도는 것처럼 그토록 빌어먹을 이야기를 그만둘 것인가?'[403] 1990년대 초반에는 성별과 인종 간의 관계를 억압의 중복된 원천으로 반영하는 작업이 증가했다. 1994년 선집인 〈제3의 물결: 인종 차별주의에 대한 페미니스트 관점〉은 페미니스트의 관점에서 인종 차별에 도전하고 특히 유색 인종 여성에게 목소리를 내는 전략에 중점을 두는 데 전형적이었다.

워커는 페미니즘과 시민권 운동에 대한 필요성을 인식했지만 젊고, 이성애자가 아닌 여성으로서 그녀는 자신의 경험의 특이성에 대해 말하지 않았다고 주장했다. 그 결과, 그녀는 제3의 물결이라는 행동주의자 집단을 창설했다.

제3세대 페미니즘은 페미니스트와 청소년 운동에 전념하는 회원 중심의 다인종, 다문화, 다양한 성을 지닌 국가 비영리 단체이다. 개인의 이익을 위해 법적 변화를 가져오는 특정 목표에 초점을 맞추기보다는 주로 포괄적인 것을 목표로 삼는다. 경험을 출발점으로 삼아 우리는 다양한 공동체를 만들고 의미 있는 반응을 이

끌어낼 수 있다.[404]

제3세대 페미니즘은 두 가지의 아주 솔직하지 못한 가정에서 시작된다. 첫째, 페미니즘의 초기 모습은 흑인 여성의 경험에 대해 아무런 언급도 하지 않았다고 가정한다. 그러나 이것은 사실이 아니다. 미국에서 최초의 여성 운동은 노예 제도 폐지를 위한 캠페인과 함께 출현하여 긴밀히 협력했다. '페미니스트의 현재'에 대한 글을 쓴 라켈 로사리오 산체스Raquel Rosario Sanchez는 다음과 같이 설명한다. '여성의 권리 운동은 1세기 이상 존재해왔으며 국가와 기간을 통해 확대되었다. 미국에서 "교차성 페미니즘"이라는 용어가 등장하기 전까지는 여성 운동이 백인, 서양, 상류층 여성의 필요와 관심사에 대해서만 신경을 썼다고 가정하는 것은 정확하지 않다.'[405] '제3세대 페미니즘'이라는 이름에서 명백하게 드러난 두 번째 오해는 페미니즘 사상이 여러 학계 사이에 뚜렷한 단절이 있었다는 것이다. 제1세대와 제2세대 페미니즘 사이의 붕괴라는 개념이 여성 운동에 대한 페미니즘의 방정식을 전제로 한 신화인 것처럼, 제2세대와 제3세대 사이의 페미니즘 활동이나 이론에도 차이가 없다.

페미니즘은 1980년대에 중단되지 않았다. 그것은 계속

되었다. 미국의 드워킨과 맥키넌과 영국의 사회주의적 페미니즘에 의해 주도된 음란물에 대한 급진적인 페미니스트 운동에서 가장 두드러진다. 레즈비언 페미니즘과 흑인 페미니즘 역시 10년 동안 잘 확립되었다. 우리가 보았듯이 학계 내에서 포스트모더니즘과 페미니즘의 만남은 문화와 언어의 작동에 초점을 맞추었다. 1980년대의 페미니즘은 훨씬 더 분열되었고 10년이 끝날 무렵에는 일관된 페미니즘 운동에 대해 이야기하기가 어려웠지만 페미니즘 사상이 일시 중지되었다는 것을 의미하지는 않았다.

• 반발의 신화

우리가 워커Walker에서 볼 수 있듯이 제3세대 페미니스트들은 종종 페미니즘에 대한 반발에 대한 반응으로 자신들을 묘사한다. 수전 팔루디Susan Faludi는 1992년《백래시 Backlash》에서 1980년대 말까지 여성의 이익이 뒤바뀌는 것 같은 느낌이 들었다고 주장했다. 그녀는 여성을 불행하게 만들고 있었던 것은 그 당시에 제시되었던 것처럼 평등이 아니라 초기 평등을 중단하라는 증가하는 압력이었다고 말한다. 이 시기에 페미니즘에 대한 반발이라는 개념에는 실제로 진실이 있다. 비판은 특히 페미니즘을 전통적인 가부장제 가족에 대한 위협으로 보았던 사회적으로 보수적인 종교적 권리에서 나왔다. 팔루디는 다음과 같이 말했다. '가장 최근의 반발은 1970년대 후반 복음주의자들 사이에서 처음 표면화되었다. 여성 권리에 대한 저항이 정치적, 사회적 수용성을 획득함에 따라, 그것은 대중문화로 전해졌다.'[406] 이 아이디어는 영국의 보수당 정치인들이 '기본으로 되돌아가는back to basics' 가족 가치와 낙태 반대로 정치 자본을 만든 미국 공화당을 중심으로 캠페인을 벌였다. 이 시기에 일부 언론 매체에서는 페미니즘이 그 목적을 달성했다는 인식이 있었다. 여성들은 직장과 대학에 갈 수 있었고 적어도 이론적으로는 평준화 된 분야에서 남성과 경쟁 할 수 있었기 때문에 동등한 권리를 가졌다.

그러나, 팔루디가 묘사한 반발은 여성들이 계속해서 교육, 직장, 정치에 상당한 진출을 하고 있을 때 동시에 일어나고 있었다. 페미니스트 사상은 그 어느 때보다 훨씬 더 많은 영향력을 미치고 있으며 노동 운동, 주요 정당, 각국 정부 및 학교, 대학과 같은 기관의 경영진 사이에서 널리 수용되었다. 여러 면에서 그 반발은 처음으로 페미니즘이 현 상태에 대한 심각한 위협으로 인식되는 이 성공에 대한 반응으로 볼 수 있다.

제3세대 페미니즘은 반발에 대한 반응으로 보일 수 있지만, 여러 가지 면에서 이 발표는 오해의 소지가 있다. 그것은 페미니즘에 대한 반대를 과장하고 여성이 성취한 성공을 경시한다. 제3세대 페미니즘은 법의 평등을 우선시하고 백인, 중산층, 이성애자 및 유능한 여성의 이익을 위해 일하는 것으로 비난받은 제2세대 페미니즘의 형성에 대한 반발로 볼 수 있다. 이것은 여성이 급진적인 페미니즘이 아니라고 주장하는 케이티 로이프, 카밀 파글리아, 크리스티나 호프 소머스와 같은 '자유주의' 페미니스트에 대한 제3세대 페미니즘의 거부의 목소리에서 가장 분명하게 나타난다.

• 세대 간의 인식

　　제3세대 페미니즘은 젊고 이성애자가 아닌 여성, 유색인종 여성, 노동자 계층 여성 및 트랜스여성의 경험을 우선시했다. 그러나 여러 여성 집단의 경험을 위한 공간을 창출할 때, 제3세대 페미니즘은 후기의 페미니스트들에 의해 확립된 많은 사상, 특히 주관성과 개인적 경험의 중심을 토대로 만들어졌다. 따라서 제3세대 페미니즘은 더 오래된 페미니즘과의 깨끗한 결별을 의미하지는 않지만, 그것은 뚜렷한 세대 의식을 발달시키고 있는데, 바바라 핀들렌Barbara

Findlen이 편집한 2001년 선집의 제목 〈다음 페미니스트 세대의 목소리를 경청하라Listen Up: Voices from the Next Feminist Generation〉에서 아마도 가장 간결하게 표현되었을 것이다.

〈제3세대 페미니즘의 안건Third Wave Agenda〉의 편집자들은 페미니즘의 역사적 특이성과 우리 시대(1970년대 후반부터 1980년대 후반)의 도래와 관련하여 어려움을 겪고 있는 젊은 운동가들의 목소리를 모으는 것으로 여기에서 '제3세대'라는 용어는 1963년과 1973년 사이에 태어난 여성을 가리키는 데 아주 구체적으로 사용된다. 다른 곳에서는 제3세대 페미니즘이 제4세대로 대체된 반면 제3세대 페미니즘은 여전히 '젊은 사람들의 페미니즘'과 동의어로 쓰이고 있다.[407]

많은 자긍심을 가진 제3세대의 작가들은 페미니즘과 관련하여 세대 경험의 특이성을 재빨리 강조한다. 그들은 호프 소머스의 용어인 여성과 남성이 평등하다는 의견인 '평등 페미니즘'을 사용하기 위해 자랐지만 대학에서는 포스트구조주의와 함께 '피해자 페미니즘'을 얻었다. 제3세대 페미니스트들은 둘 중 하나를 선택하는 대신 '흑인 페미니즘, 노동계층 페미니즘, 섹스를 지지하는 페미니즘 등과 함께 페미니즘의 요소들을 전략적으로 결합하는 페미니즘'을 창조하기 시작했다.[408] 그 밖의 세대 경험은 노동 시장과 관런하여 표현된다. 초기 제2세대 페미니스트들은 직업을 갖는 것이 가정에 대한 거부와 관련된 의식적인 선택으로 간주되었고 따라서 페미니스트적인 행동이며, 반면에 젊은 여성들에게는 일은 재정적인 필요일 뿐 선택이 아니다. 그러나 오늘날 대다수의 여성들이 일하고 있지만, 그들이 가지고 있는 직업은 주로 보수가 낮으며 불안정하다는 주장이 있다.

제2세대 및 제3세대 페미니즘 사이에서 일어난 직장으로의 여성 집단 이동은 가정에서의 여성의 지위 및 주부 역할의 재정 의존과 고달픔 속에 놓여 있는 여성 억압의 근원에서 벗어나 관심을 옮겼다. 청소년에 대한 제3세대 페미니즘은 나이 든 여성과 어머니에 관한 특별한 이슈가 종종 간과되었다는 것을 의미했다. 대신에 억압은 문화와 개인적 관계의 결과로 더 많이 보일 수밖에 없었다. 다시 말해, 제2세대 페미니즘 아래에서 발전하기 시작한 생각들, 정치적 활동주의와 문화적 생산의 현실 사이의 분리가 논쟁되었고 문화는 본질적으로 정치적인 것으로 보게 되었다.[409] 성 정치는 문화 전쟁의 핵심 특징이 되었다. 이러한 사고방식에 따르면 공예, 예술, 음악, 패션 및 메이크업조차도 정치적 표현의 형태로 해석되었다. 여성들은 사회 계층에 의해 덜 분열되고 그들이 만든 생활 방식 선택에 의해 더 많이 분열된 것으로 간주되었다.

제3세대 페미니즘은 제2세대 페미니즘과 남성과 여성의 관계에서 펼쳐지는 권력에 초점을 맞추고, 초기 세대에서는 자본주의에 대한 비판으로 번역되었지만 이제는 자본주의가 여성의 억압에 기여하는 많은 요인 중 하나로 간주된다. 가부장제에 대한 초점은 여성이 공통적으로 경험하고 남성과 구별되는 정복의 원천으로 더욱 지배적이 되었다. 이런 식으로 제2세대와 제3세대 페미니즘은 여성에 대한 독점적인 초점을 공유한다. 그것은 인권이 아닌 증진된 여성의 권리이다.

• 객체와 주체로서의 여성

제2세대에서 제3세대 페미니즘으로의 이동은 단지 페미니즘의 대상만이 아닌, 페미니즘의 주체이기도 한 여성의 개념을 통합한다. 학계 내에서 등장한 주관적인 특권으로 인해 제3세대 페미니즘은 성별에 따른 사고방식과 세상을 경험하는 방식과 더욱 밀접하게 관련된다. 제3세대 페미니스트가 된다는 것은 단지 여성의 권리를 옹호하는 것이 아니라 성별에 따른 경험으로부터 특별한 의식을 얻는 것이다. 제3세대 페미니즘은 '정체성의 상호 침투하는 여러 축들과 관련하여 억압의 기반을 끊임없이 변화시키면서 복수적 다수와 타협할 수 있는 사고방식의 발달과 관련이 있다.'라고 주장된다.[410] 그러나 이러한 사고방식의 발전이 살아 있는 억압의 경험에 달려있을 때, 그것은 단지 일부만이 이룰 수 있는 성취이다.

시몬 드 보부아르는 페미니스트들을 여성의 입장을 바꾸기 위해 싸우는 여성이나 남성으로 묘사했었지만, 1980년대 중반까지 페미니즘은 여성에 의해, 여성을 위해, 그리고 여성을 대신하여 창조된 '젠더 특유한' 사고방식이 되었다. 로버트 린드마Robert Lindmar 는 여성을 주체이자 대상으로 인식하면서 '순환적이고 자기 확인적인 수사학과 밀폐된 사고'를 일으킬 수 있다고 지적한다. 여성 주체는 거울 이미지의 나르시시즘 내에서 자기 반사의 역학에 의해 갇히게 된다.[411] 이러한 나르시시즘적 자기 성찰의 산물은 제3세대 페미니스트들이 '확정적이고 논쟁적인 전략을 위해 개인적인 일화에 의존한다.'라는 것을 서면으로 볼 수 있다.[412]

제2세대 페미니즘은 여성 운동과 관련이 있다. 제3세대 페미니즘에서는 여성주의가 여성과 동일시되었다. 여성이 되는 것은 페미니스트가 되고 페미니즘에 반대하거나 적어도 하나의 지배적인 아이디어는 여성을 반대하는 것anti-women이었다.

주체성과 제3세대 페미니즘이 포함시키는 것에 초점을 맞춘 것은 살아있는 경험과 집단 구성원의 정치적 이익이 서로 다른 경우에 정치 활동에 문제를 일으킨다. 제3세대 페미니즘에 대한 주도적인 빛인 벨 훅스Bell hooks는 한 정체성에 근거한 유대감에서 '여성'으로 모일 것이라고 생각하는 대신 오히려 감정의 공통성으로 함께 이끌어 낼 수 있다고 한 해결책을 논의하고 있다.[413] 감정은 여성의 삶에 대한 사실이 여성이 피해자라는 견해에 거의 영향을 미치지 않는 이유를 설명한다. 임금 격차와 강간 문화의 존재는 페미니스트들이 '느끼는' 신앙의 글이 되었다. 감정적인 반응에 대한 강조는 개인의 일화와 협동을 통한 행동주의와 이론화에 대한 제3세대적 접근 방식을 형성한다. '페미니스트 정치적 실천feminist praxis'이라는 일부 구성원을 배제시킬 수 있는 구체적인 캠페인 목표를 구성하기보다는 '무엇을 아는 것'이 단순히 '무엇을 아는 것'으로 정의되는 것이 아니라 '연합 정치'를 통해 '지식'으로 발전시키는 정치적 입장이다. 의식 제고 그룹의 치료적 윤리는 복제되어 정치적 행동의 모델로 변모한다.[414]

더 많은 제3세대 페미니즘이 여성들 간의 차이를 인정하면 할수록, '감정의 공통성'을 공유하는 사람들의 결합이 형성될 수 있는 통일 범주로 젠더를 홍보할 수밖에 없다. 교차점은 노동자 계층 여성, 유색 인종 여성과 트랜스여성, 비非 이성애자인 여성들이 겪는 복잡하고 중첩되는 억압에 대한 경의를 표해야 할 필요성을 통해 여성의 보편성을 분열시킨다. 성별의 사회적 구성에 초점을 두는 것은 여성이 생물학이 아닌 정체성으로 이해된다는 것을 의미한다. 주디스 버틀러는 '새로운 종류의 페미니스트 정치는 이제 성별과 정체성의 구체화에 대해 이의를 제기하는 것이 바람직하며, 이는 정치적 목표는 아니더라도 방법론적이고 규범적인 전제조건으로 정체성의 가변적 구조를 취할 것이다.'라고 주장한다.[415]

공통된 경험의 부재는 페미니즘의 종말을 의미하는 것이 아니라 명확하게 그 반대이다. 여성이 더 분열되고 우발적이 될수록 이 세상에 존재한다는 정체성, 느낌, 방법으로 방어해야 할 필요가 있다. 제3세대 페미니즘은 우리에게 '여성'을 성차별적 억압의 공통된 경험에서 비롯된 다양한 사회적 구성 범주로 보도록 요구한다. 여성에 대한 우스갯소리를 불러일으키거나 여성의 삶이 더 좋게 변했다고 주장하면서 페미니즘에 대한 필요성에 도전할 뿐만 아니라 여성으로서의 정체성 확인에 대한 공격으로 인식된다.

성의 프리즘을 통해 세상을 보고 이해하려는 결심은 한때 극복하고자 했던 성별 페미니즘 사이의 반감을 고조시킨다. 라쉬는 이렇게 성에 대한 집착이 단순하게 남녀 간의 반대에 대한 모든 문제를 감소시킨다고 주장한다. 따라서 '감각을 다듬는 것보다는 감각을 강화하는 경향이 있다. 그것은 역사적 설명을 공식으로 바꾸고, 맥락에서 아이디어를 끌어내고, 종종 신용을 떨어뜨리는 고정 관념을 강화시킨다.'[416] 인간 경험의 총체성을 영원히 끝나지 않는 성 전쟁으로 축소하는 데 있어 남성은 끊임없이 여성의 억압에 대한 자신의 역할을 설명해야 한다. 제3세대 페미니즘 또한 개인의 자율성이라는 개념에 도전한다.

주디스 버틀러는 '행위의 배후에는 '행위자'가 있다.'라고 가정해온 페미니스트 이론과 문학의 초기 화신에 대해 비판적이다.[417] 버틀러의 관점에서 볼 때, 자율적인 관계자도, '행위자'도 없으며, 단순히 억압하거나 억압당하는 문화적 대본을 통해 만들어진 정체성은 없다. 여성을 남성과 같은 기준으로 세상에 참여할 수 있는 능력이 있는 것으로 여겨졌던 성평등에 대한 제2의 페미니즘의 열망은 여성을 행위자가 아닌 연약한 존재로 보기 위해 버림받으며 자신의 억압을 지탱하는 가부장적 이데올로기를 내면화한다. 여성이 된다는 것이 의미하는 것은 우리를 다시 한 번 피해의 경험으로 되돌려준다.

• 제4세대 페미니즘

제3세대 페미니즘의 유산은 어린이 장난감 및 옷에서부터 직장 복장 규정, 조각상, 지폐 및 문학에 이르기까지 오늘날 교육에 관한 모든 문제는 성별의 프리즘을 통해 검토된다는 것이다. 젠더의 유동성과 성 중립 화장실 및 교복, '분홍색은 구리다.pink stinks' 와 '장난감을 장난감으로 놔두자.let toys be toys'와 같은 이니셔티브의 모든 홍보를 위해서, 젠더는 그 어느 때보다도 세상을 분열시키고 이해시키는 방법으로 확고하게 자리 잡은 것 같다.

한 성별, 가장 흔히 남성들의 성공은 다른 성별, 대개 여성의 희생으로 나타난다. 이것은 여성들에게 특히 가부장제와 남성의 피해자임을 상기시켜야 할 필요성을 제기한다. 한 페미니스트 작가가 말하듯이 '우리가 일반적으로든 어떤 특정 요소에서든 가부장제에 대해 이야기할 때마다, 우리는 주요 문제가 남성이라는 것을 명심해야 한다. 남성

의 선택, 남성의 여성을 보고 대하는 태도 말이다.'[418] 이런
식으로 페미니즘은 남녀를 서로 대립하게 만든다.

　페미니즘이 제4세대에 진입했는지 여부에 대해서는 거
의 공감대가 형성되어 있지 않다. 뉴욕 타임스와의 2009년
인터뷰에서 유명한 페미니스트 기자인 제시카 발렌티Jessica
Valenti는 소셜 미디어와 블로그를 통해 제4세대 페미니즘이
온라인으로 부상하고 있다고 제안했다. 발렌티는 세대 의
식으로서의 '물결'에 대한 아이디어를 강화시킨다. '나는 나
보다 나이가 20살 더 많은 제3세대 페미니스트로 여겨지는
사람들을 알고 있다.'라고 그녀는 주장한다.[419] 페미니스트
웹 사이트인 〈버슬Bustle〉은 제4세대 페미니즘을 '성별과 젠
더에 기초한 별난 이원화의 기반'으로 규정한다. 그것은 섹
스에 긍정적이고, 트랜스를 포함하고, 반反 남성혐오적이며,
신체 긍정적이며 디지털 방식으로 이루어진다.[420] 이러한
특징의 정의 목록은 제4세대 페미니즘이 특정 문제에 대한
일관성 있는 이념이나 정치적 대응보다는 정체성 정치의
한 분야라는 것을 보여준다. 사실, 정체성 정치는 오늘날 페
미니즘에서 가장 명확하고 구체적으로 표현된다.

　제3세대 페미니즘이 제2세대 페미니즘으로부터 완전히
단절된 것을 나타내지 않고 대신 그 핵심 아이디어들을 일

부 발전시켰듯이, 따라서 제4세대 페미니즘도 제3세대 페미니즘에서 비롯됐다. 특히, 제4세대 페미니즘은 제3세대 페미니즘의 개념의 교차성에 크게 의존한다. 제4세대 페미니스트들에게는 모든 사람의 정체성을 위조하는 것이 교차 억압이다. 젠더는 이러한 특징들 중에서 가장 중요하지만, 생물학보다는 유동적이고, 구성되며, 선천적인 감정에 더 바탕을 두고 있다. 오늘날 제3세대 페미니즘에서 제4세대 페미니즘의 뿌리를 찾을 수는 있지만, 정체성 정치의 영향은 좌우의 이항적 정쟁의 맥락 안에서 전개된 1970년대 이전에 존재했던 페미니즘과는 뚜렷한 단절감을 나타낸다.

나이 든 페미니스트들은 남성과 여성이 평등하거나 모든 여성이 공통적으로 경험을 공유할 수 있다고 생각했지만, 이제는 완전히 사라졌다. 제2세대 페미니즘이 여성이라는 생물학적 경험을 강조한 반면, 제4세대 페미니즘은 여성으로 식별되는 남성 또는 여성을 포함한다. 제2세대 페미니스트들은 여성 생물학이 우월한 이해에 이르렀으며 종속적인 경험에서 더 많은 통찰력이 나왔다고 주장했지만 제4세대 페미니스트들은 트랜스여성에게 높은 지위를 부여한다. 억압된 특징이 많아질수록 다른 사람들은 그것들로부터 배워야 할 것 같다.

제4세대 페미니즘의 결속은 정체성, 특히 억압의 경험에 근거하여 구축되기 쉬운 정체성들이 경계심을 가지고 방어되어야 한다는 것이다. 정체성에 대한 위협은 어디서나, 특히 문화와 이미지에서 가장 많이 발생한다. 2013년 여름, 영국의 운동가들은 경제적 부조리에 관심을 기울였다. 부자와 빈곤한 자의 재정적 차이가 아니라 지폐로 대표되는 여성의 부족이었다. 2015년에는 새로운 영국 여권 디자인이 단 두 명의 여성만을 대상으로 한다는 유사한 불만이 있었다. 미국에서는 운동가들이 뉴욕의 센트럴 파크에 더 많은 여성 동상을 요구했다. 런던에서는 비키니를 입은 여성이 '해변으로 갈 몸매가 준비되었습니까?'라는 질문을 하는 광고에 반대하는 캠페인으로 2016년 여름에 광고판 포스터를 성공적으로 제거했다. 행동이나 물질적 불평등보다 단어와 이미지에 초점을 맞추는 것은 부분적으로는 남녀 간의 진정한 불평등이 거의 없는 반면, 언어와 이미지가 우리 모두가 살고 있는 현실을 창조한다는 대단히 중요한 가정이 남아 있기 때문이다.

이러한 캠페인의 영향은 사람들이 그들의 젠더, 성별 및 피부색에 따라 사람들을 더욱 명확하게 정의되도록 만드는 것이다. 이전 세대의 운동가들이 극복하려고 했던 특성을 구현하는 행위는 모두 소비하게 된다. 젠더와 성의 유동성을 축하하기보다 사람들이 변화하고 스스로를 새롭게 할 수 있는 끝없는 가능성에 대한 확고한 의지에 대한 강박 관념은, 비록 그들이 태어나는 것이 육체적인 상태가 아니라 정신적인 상태이며 점점 더 관용적이지 않은 사회에 직면하여 미리 결정된 대본을 용감하게 실행하고 있음에도 불구하고, 사람들은 자신을 '본래 이렇게 태어났다.'라고 보게 된다. 이것은 확인을 추구하는 더 많은 정체성의 확산으로 이어질 뿐이다. 어떤 정체성 집단이 인지할 수 있는 가장 효과적인 방법은 피해자라는 주장을 하고 스스로를 점점 더 취약하고 연약한 존재로 드러내는 것이다.

• 계급 정치의 종말

정체성 정치는 효과적으로 계급 정치의 종말을 나타낸다. 이전 세대의 운동가들이 경쟁적인 계급의 이익을 통해 세상을 이해한 반면, 정체성 정치의 맥락에서, 사회 계급은 직업이나 수입을 통해서 만큼이나 음식, 옷, 텔레비전 프로그램을 둘러싼 문화적 선택을 통해 상징되는 단지 또 다른 정체성과 신분으로 재인식된다.

페미니스트들은 계급과 성별의 관계에 대해 결코 동의하

지 않았다. 1973년 사회학자 앤서니 기든스Anthony Giddens는 "여성 노동자들은 대체로 계급제도에 지엽적이다."라고 주장했다.[421] 가정 내에서 여성의 억압이 형성되는 위치는 사회 계급과의 공식적인 관계 외부에 있다고 가정되었다. 반면, 앤 오클리는 몇 년 후 '계급 불평등과 성 불평등이 공존한다.'라고 집필했다.[422] 일부 페미니스트들은 사회 계급이 여성을 분열시키고 집단적 경험을 부정하는 수단으로 사용되는 반면 다른 사람들은 여성 자체가 계급이라고 주장한다. 이것은 여성이 어떤 남자와 보다 서로 더 공통점이 있다고 가정하는 것이다. 캐나다 페미니스트 메간 머피Meghan Murphy가 표현한 견해인, 여성이 어떤 남성보다 더 많은 공통점을 가지고 있다고 가정하기 위한 것이다. '가부장제가 하는 일은 억압받는 집단(여성)에 대한 체계적이고 개인적인 힘을 지닌 지배적인 집단(남성)을 창출하는 것이다. 성차별주의가 여성을 계급으로, 취약하고 종속적인 위치에 머물게 되는 시스템을 만든다.'[423]

오늘날 일부 페미니스트들이 공통의 관심사를 가진 계층으로 여성을 제시하는 것과 동시에, 다른 이들은 사회적 계급의 개념을 비판하는데, 이것이 여성을 충분히 분열시키지 않기 때문이다. 그들은 사회 계층은 일부 여성들의 삶을 다른 사람들보다 더 어렵게 만드는 인종, 젠더, 성별, 그리고 장애의 교차점을 무시한다고 주장한다. 시인이자 운동가인 디디 델가도DiDi Delgado가 말했듯이 '노동계급이 잘못된 명칭이라고 생각한다. 일은 사회경제적 공통의 지위의 표시가 아니기 때문이다. 예를 들어 불법 성매매업자와 엣시 스토어Etsy Store를 운영하는 백인 주부는 공통점이 별로 없다. 둘 다 노동자 계층이라고 말하는 것은 특권의 위치에 있는 사람들의 양심을 완화시키는 데 많은 도움이 된다.' 그녀는 '노동계급과 같은 용어는 종종 억압의 교차점을 지우고 가상의 공유된 경험으로 대체한다.'라고 설명한다.[424]

　　노동 계층이 일하는 사람을 포괄할 정도로 광범위하게 정의될 때, 그것은 실제로 의미가 없다. 그러나 비숙련, 불안정 및 저임금 고용에 종사하는 여성과 더 나은 보수와 보다 안전한 직업을 가진 여성의 경험에는 여전히 차이가 있다. 특권적인 삶을 영위하고 오늘날 페미니즘의 주요한 추진력이 되는 편견과 불평등을 찾아낼 시간을 갖는 것은 중산층 페미니스트인 경향이 있다. 그러나 이것은 인종, 젠더, 장애, 성별 및 무수한 다른 정체성 기호에 초점을 맞춘 것으로 인정되지 않는다. 사회 계층에 대한 집중은 개인보다 더 나아가 인종, 젠더, 성별을 초월하는 고결성을 기르기 위한 정치적 프로젝트에 대해 말한 반면, 정체성 정치는 그러한 보편적인 목적을 포기한다. 그 대신, 자아도취적인 정의의 행동에서 자기 자신에게만 초점을 맞춘다. 정체성 정치는 세상을 내다보기보다는 우리가 내부를 들여다보기를 요구한다. 우리는 다른 사람들과의 연대를 맺기보다는, 우리를 특별하게 만드는 것에 대해 우리 자신에 대한 인정을 요구한다. 정체성에 대한 집중은 정치와 인간성에 대한 냉소주의로 나타난다.

• 결론

온라인과 주류 미디어에서 페미니즘은 그 어느 때보다 지배적인 것처럼 보인다. 그러나 오늘날 페미니즘은 과거와는 아주 다른 것을 의미한다. 사적 영역에 대한 집중은 제2세대 페미니즘을 남성과의 평등을 달성하기 위해 여성들이 직면하는 법적, 실질적인 장애로부터 멀어지게 했다.

결국, 그것은 모든 여성들이 결합할 수 있는 공통적인 문제, 즉 가부장제와 남성의 행동과 동시에 여성의 경험이 분열된다는 것을 발견했다. 페미니스트 운동은 급진적, 사회주의, 흑인, 레즈비언적 페미니즘에 굴복했다. 페미니즘은 평등에 대한 요구보다는 이제는 여성의 이질적인 정체성을 전면에 내세우고 차이를 인정받는 주장이 된다.

오늘날의 정체성 중심, 제4세대 또는 교차성 페미니즘은 전통적인 좌파 대 우파 사회 계층 기반 정치의 죽음으로 남겨진 빈자리를 채운다. 이전 시대의 정치는 기껏해야 보편적 요구에 따라 이질적인 사람들을 단결시킬 수 있었지만 정체성 정치는 선택된 그룹의 특정 이익에 대해서만 말할 수 있다. 오늘날의 페미니스트들에게 이 그룹은 여성으로 확인되는 사람들이다. 그것은 동일한 정서적 반응, 취향, 정치적 관점 및 라이프 스타일을 공유하는 사람들을 위한 모임이다. 이 책의 마지막 장은 페미니즘이 오늘날 여성이 되는 것이 의미하는 바에 미치는 영향을 탐구하면서 이 움직임의 결과를 받아들인다.

10장

여성으로 산다는 것

오늘날의 페미니스트들에게 개인은 더는 정치적인 것이 아니다. 정체성 정치는 전통적으로 이해되어온 정치를 대체하고 새롭게 한다. 20세기의 대부분 동안 정치는 공산주의 대 자본주의, 좌파와 우파와 같이 경쟁적 이데올로기와 관점을 의미했다. 정치적 견해는 단순히 인구 통계학으로 축소될 수 있는 것이 아니었다. 정치는 사람들을 일련의 사상으로 이끌기 위한 시도였다. 시민권과 같은 정치적 이익이 사회의 좁은 영역 이상으로 확대되어 보편적인 이익이 될 수 있다는 가정이 있었다.

페미니즘은 항상 여성의 특별한 이익에 대해 이야기했기

때문에 정치와 문제가 있는 관계를 유지해왔으며, 사회의 모든 사람들의 집단적 이익보다는 중산층 여성의 적은 비율에 대해 종종 이야기했다. 메리 울스톤 크래프트, 존 스튜어트 밀, 실비아 팽크허스트, 시몬 드 보부아르가 발전시킨 페미니스트들의 주장은 일부 여성의 특별한 관심사를 초월하여 남녀, 노동 계층의 모든 국적의 사람들에게 성평등이 어떻게 도움이 되는지를 탐구했다. 오늘날 보편주의의 표현은 기껏해야 시대에 뒤떨어지고 최악의 경우에는 구제할 수 없을 정도로 엘리트주의자, 인종차별주의자, 성차별주의자 및 동성애혐오주의자로 조롱받고 있다. 정치적인 것은 잊어야 한다. 이제 '개인적인 것이 모든 것이다.'

오늘날의 페미니스트들은 '여성으로서', 또는 더 좁게는 '유색 인종 여성으로서' 혹은 '양성애자 여성으로서'라고 말한다. 제4세대 페미니즘은 정체성 정치의 고유한 나르시시즘 안에서 안식처를 찾는다. 그것은 사람들이 그들의 주장의 도덕적 또는 지적 우월성보다는 누구인지에 대한 인식을 요구한다. 이 장에서는 정체성 정치와 페미니즘의 교차점과, 여성이 된다는 것이 무엇을 의미하는지에 대한 질문과 관련하여 이것이 어떻게 작용하는지 탐구한다.

회의, 신문 칼럼 및 소셜 미디어 전기에서, 이제 의식화된 '…와 같이 말하기'로 진술을 미리 표현하는 방식은 지식이 개인적인 경험에서 파생된다는 믿음에서 비롯된다. 오늘날 흑인들만이 인종 차별을 이해할 수 있다고 여겨지며 여성들만이 관련된 삶의 경험을 가진 유일한 사람들이기 때문에 여성 혐오를 진정으로 이해할 수 있다고 종종 가정한다. 게다가 특정 사람들만 특별한 통찰력을 갖기 때문에, 그들만이 이 문제에 대해서 말할 수 있다. 다른 모든 사람들은 입을 다물고 들어야 한다. 이 설명에 따르면, 사람들을 정치적 관점으로 이길 수 있다는 생각은 쓸데없는 것이다. 남성은 여성의 경험을 결코 이해할 수 없다. 백인은 결코 흑인이 될 수 없다. 정체성 정치의 목적은 모든 사람의 삶을 개선하는 사회에 대한 대안적인 비전을 제안하는 것이 아니라 집단 정체성을 정의하고 경계를 단속하는 것이다.

정체성 정치 시대에 여성이라는 것이 무엇을 의미하는지 정의하려는 시도는 여성의 신체 부위와 신체 기능에 대한 집착을 불러왔다. '지긋지긋한 페미니즘gross-out feminism'이라는 명칭을 붙인 것은 신체에 초점을 맞추어 여성을 '정상화'하는 것을 목표로 한다. 한 찬성론자는 그 의도는 '여성이 성교와 같은 생체적 기능 없이 허풍에 사로잡혀 있거나 불온한 월경 시기를 가지고 있지 않다는 생각을 여전히 가지고 있는 사람들에게 일종의 충격 요법을 제공하는 것'이라고 주장한다.[425] 이러한 금기 사항의 결과로, 중국 수영 선수 푸 위안후이Fu Yuanhui는 2016년 올림픽 릴레이 대회에서 그녀가 경기 중 생리 기간이었기 때문에 기록이 저조하다고 세계 언론에 말한 것으로 축하를 받았다.[426] 마찬가지로 운동가이자 육상선수인 키란 간디Kiran Ghandi는 2016년 런던 마라톤 전에 생리를 시작했을 때 생리대를 사용하지 않는 대신 '자유로운 출혈'을 결정했다. 그녀는 '시대에 뒤떨어진 남성 선호 사회의 월경을 부끄럽게 만드는 규범을 확립함으로써, 인류 인구의 50%가 매달 공유하는 경험을 통해 유대감을 형성할 수 있는 능력을 효과적으로 차단한다.'라고 주장했다.[427] 우리가 간디의 그 말을 신중하게 회피한 것을 지적할 수는 있지만, 두 여성 모두 그들의 용기로 인해 보도되었다.

• 음부陰部에 대한 논의

금기시되는 모든 이야기에도 불구하고, 요즘 여성의 음부vagina과 같이 공개적으로 논의되는 신체 부위는 거의 없다. '다른 입술도 거칠어지기 때문에' 상점들은 이제 질에 사용하는 립밤을 판매하고 성형외과 의사는 질과 외음부를 위한 '페이스' 리프트를 판매한다. 기네스 펠트로Gwyneth Paltrow, 클로에 카다시안Khloe Kardashian과 같은 유명 인사들은 질에 대한 미용 루틴을 잘 알리고 있다. 25세의 설립자는 '우리는 질에 대해 충분히 이야기하지 않으며 여성들은 동의와 그들의 건강에 대해 배우는 데 도움이 필요하기' 때문에 질 박물관의 설립이 필요하다고 주장한다. 미국 대통령으로 도널드 트럼프Donald Trump가 선출된 이후 음부는 정치적 항의의 상징이 되었다. 트럼프의 취임식에는 주요 국제 도시의 여성 행진이 뒤따랐다. 시위대는 트럼프의 10년 전 '음부를 이용해 여성들을 사로잡으라.'라는 발언을 상기시키는 음부 모양의 귀를 가진, 직접 손으로 짠 핑크색 모자를 착용했다. 트럼프의 피임과 낙태에 대한 여성의 접근성에 관한 공격을 규탄하기 위해 작성된 편지들은 거대한 외음부 모양의 종이로 된 모형으로 백악관에 전달되었다.

제4세대 페미니즘이 정체성 정치의 파생물로 가장 잘 간주된다면 음부는 그것의 상징이 되었다. 사회 계층이 음식, 의류, TV 프로그램 및 신문 선택과 관련하여 개인적인 취향과 문화적 선호의 문제로 간주되는 것처럼 페미니스트가 되는 것은 어떤 정치적 입장을 통해서나 태도, 가치관, 취향을 통해 표현된다. 여성의 생물학을 축하하는 것은 그들의 신체와 관련하여 여성에게 권한을 부여하는 방법으로 간주된다. 그것은 집단 정체성의 가장 기본적인 지표이다. 단순히 음부를 소유하는 것만으로는 충분하지 않다. 오늘날의 페미니스트 파벌의 회원 자격을 보장하기 위해서는 그것에 대해 논의하고 작성하며 모델링되고 수행되어야 한다.

음부에 초점을 맞춘 한 가지 문제점은 여성을 자신들의 신체의 일부분으로 효과적으로 감소시킨다는 것이다. 2016년 미국 대통령 선거를 앞두고 일부 페미니스트들은 '나는 내 음부로 투표한다.'라고 자랑스럽게 선언하면서, '나는 내 음부로 투표한다.'라는 여성들의 권리와 잘못에 대해 많은 논의가 있었다.[428] 더 레이트 쇼The Late Show에 실린 인터뷰에 따르면, 배우 케이트 블란쳇Cate Blanchett은 이러한 질문을 받았다. '당신의 도덕적 나침반은 무엇인가? 친절함과 인간성은 잔인한 세상 속에서 어디에 있는가?' 블란쳇은 '내 음부에서'라고 대답하는 데 한 박자도 놓치지 않았다.[429] 그들 자신의 생식기에 대해 생각하는 남성을 조롱하는 것은 오랫동안 특정 여성 집단 내에서만 통하는 농담이었지만, 이제는 일부 여성들이 이것을 하고 싶어 하고 세상에 자랑스럽게 말하는 것처럼 보인다.

해부학에 의해 정의된 것에 대해 이전 세대의 페미니스트들은 격렬하게 투쟁해왔다. 상징으로서의 음부는 무의미하다. 그것은 단순히 신체 부위에 불과하다. 금기 파괴의 논리는 그것이 다른 어떤 것과 마찬가지로 신체 부분으로만 취급되어야 하며 신화적인 지위를 부여받지 않아야 한다는 것이다. 정체성 정치는 집단이 공통된 특징을 공유하도록 요구하지만 여성 자체는 정치, 인종, 사회 계층, 성별, 연령 및 장애로 나누어지기 때문에 음부에 대한 집착은 사라졌다. 음부를 소유하는 것은 여성들이 공통적으로 지니고 있는 한 가지가 된다. 신체 기능에 초점을 맞추는 것은 또한 공공과 사적 경계의 상실을 나타낸다. 자유 출혈free bleeding 은 사적인 것을 공개하는 극단적인 행위이다. 하지만 오늘날의 페미니즘은 모순으로 가득 차 있다. 한편으로는 여성을 생물학으로 축소하지만 동시에 출생한 성별과 동일시하지 않는 사람들을 포함하도록 성별 범주를 확대하려고 한다. 모든 여성이 음부를 가지고 있는 것은 아니며, 마찬가지로 음부를 가진 모든 사람이 여성으로 식별되는 것은 아니다. 때로는 여성의 신체를 축하하고 여성다움을 선천적인 느낌에 지나지 않는 것으로 정의하는 것 사이의 모순이 인정되고 도전받기도 한다. 음부를 주제로 한 반反트럼프 시위는 트랜스여성을 배제한 것으로 인해 비난을 받았다. 어떤 경우에는 모순은 얼버무려지고 넘어가게 된다. 음부 박물관의 설립자는 '여성은 그녀의 바지 속에 무엇이 있는지와 상관없이 원하는 사람이 될 수 있다. 여성들은 바지 속에 있는 것에 의해 정의되는 것보다 더 많은 존경을 받을 자격이 있다.'고 주장한다.[430] 그렇다면 왜 여성들이 그들의 바지 속에 무엇을 가지고 있는지에 전념하는 박물관이 있어야 하는가에 대한 명백한 질문은 회피된다.

여성들의 신체에 대해 이야기하는 것이 너무나 금기시되어 일부 여성들이 '허리 아래에서부터'의 문제에 대한 의학적 도움을 구하지 않은 시기가 있었다. 안젤라 홀즈워스Angela Holdsworth는 《인형의 집 밖Out of the Doll's House》에서 '에드워드가家의 여성들은 그들의 몸에 대해 말하는 것을 꺼려했다. 이러한 당혹감 중 일부는 자녀와 손주들에게 영향을 미쳤으며, 여성 문제에 대한 침묵의 베일을 세기 후반까지 이어나갔다.'라고 언급했다.[431] 1960년대와 1970년대의 페미니스트들은 그러한 금기에 도전하기 위해 싸웠지만 동시에 그들은 여성들이 단지 그들의 신체 부위 이상이라고 주장했다. 오늘날, 질, 외음부, 월경 등에 대한 대중적인 논의는 현대 페미니스트들이 그 말을 크게 내뱉은 용기로 박수 갈채를 받을 수 있게 하는 것처럼 보일 수 있다.

• 본질적인 차이

시몬 드 보부아르는 1949년에 집필한 《제2의 성性,The Second Sex》에서 사람들이 세상을 이해하도록 하는 데 있어서 신체의 역할을 고려했다. '소년들과 마찬가지로 소녀들의 신체는 주관성의 모든 방사선, 즉 세상의 이해를 가능하게 하는 도구들 중 첫 번째 것이다. 아이들이 우주를 파악하는 것은 눈과 손을 통해서일 뿐, 성적인 부분을 통해서가 아니다.'[432] 음부에 대한 집착, 특히 여성이 되기 위해 그것을 소유해야 하는지 여부는 오늘날 여성이라는 것이 무엇을 의미하는지에 대한 혼란을 말해준다. 드 보부아르의 유명한 '여성은 태어나는 것이 아니라 만들어지는 것이다.'[433]라는 주장이 오늘날 종종 잘못 해석되는 것처럼, 남성과 여성의 생물학적 차이를 부정하는 것은 아니다. 드 보부아르에게 여성은 '단순히 여성이라는 단어가 임의로 지정한 인간' 그 이상의 존재'이다.[434] 그녀는 남녀의 차이가 '피상적'이거나 '사라질 운명'이라고 주장하지만, '확실한 것은 그것이 가장 명백하게 존재한다는 것이다.'[435]

드 보부아르와는 달리, 오늘날 페미니스트들은 생물학이나 사회화만으로는 여성이 되는 것이 무엇인지 설명할 수 없다고 받아들이는 사람이 거의 없는 것처럼 보일 수 있다. 오늘날에는 여성의 신체에 대한 축하와 동시에 여성을 생물학적으로 정의하려는 시도가 성별과는 무관하고 젠더란 전적으로 사회적으로 구성되었다는 가정이 함께 있다.

• 젠더의 발명[436]

드 보부아르의 분리는 여성으로 태어나는 것과 여성이 되는 것 사이에서 이루어지는데, 이는 《제2의 성性》이 이 출판된 지 불과 몇 년 후에 발생한 성별의 발명을 암시한다. 심리학자 존 머니John Money는 1955년에 생물학적 성별 또는 남성과 여성을 구별하는 신체적 속성, 그리고 사람이 경험하고 표현하는 행동과 역할을 성별로 구분한다. 이 시대 이전에 '성性'이라는 단어는 사람의 신체와 정체성을 묘사하는 데 사용되었으며 둘 사이에는 아무런 구별이 없었다. 1970년대에 페미니스트들이 남녀의 사회적 역할에 대한 엄격한 범주를 논의하기 시작했을 때 '젠더gender'라는 단어가 대중화되었다.[437]

드 보부아르도, 성별을 처음 정의한 사람들도, 그 사람의 성에 대한 근본적인 생물학적 현실을 부정하려 하지 않았다. 실제로, 육체는 물리적 실체로서 여성의 존재가 여성의 본질보다 우선한다고 주장하는 실존주의자인 드 보부아르를 매료시키지만 이 생물학적 사실이 제정된 방식은 사회적으로 결정되었다. 저메인 그리어는 후에 '여성은 본질적이고 여성적인 사회 구성체이다.'라고 설명했다.[438] 이후의 젠더 이론가들은 한 발 더 나아가 사회적으로 구성된 여성과 동시에 존재하는 생물학적 여성의 존재를 부인한다. 주디스 버틀러는 '자연적이거나 생물학적인 여성이 사회적으로 종속된 "여성"으로 변모하고, 그 결과 '성性'은 '자연스러운' 것이거나 '날것'으로, 젠더는 '문화에 관한' 것이거나 '조리된 것'이라는 아이디어에 비판적이다. 그녀는 이것이 '자연/문화적 구별과 그 구별이 뒷받침하는 지배 전략을 위한 자연의 법칙을 따르는 기반 역할을 하는 담론적 형성'이라고 주장한다.[439]

오늘날 성性은 많은 페미니스트들에 의해 시대에 뒤떨어진 생물학적인 결정론적 범주로 거부당한 것으로 보인다. 젠더는 사회적 구성 요소로서 사고를 지배하게 되었다. 사회는 사람들이 출생시 할당된 성별에 따라 특정 방식으로 사고하고 행동하도록 사회화한다고 가정한다. 이것은 남성과 여성, 남자와 여자의 엄격하게 이원화된 범주에 대한 질문을 이끌어냈다. 젠더는 고정 범주가 아니라 유동적이며 이원화된 범주가 아닌 다양한 것으로 여겨진다. 이 견해에 따르면, 사람들을 두 범주 중 하나로 나누는 행위는 전적으로 임의적인 부과이며, 출생시 수행되는 상징적인 폭력 행위이다.

아이들은 부모, 친구 및 교사에 의해 일부 젠더의 삶의 방식의 선택이 적절한 반면 다른 것들은 그렇지 않다고 배운다. 종종 눈에 띄지 않게 행해지는 그러한 교훈은 여성 사회화의 근본이 되는 '젠더화 된 "온화한" 폭력의 구조적이고 상징적인 뿌리'를 형성한다고 한다.[440] 사회적으로 구성된 성별을 결코 가정할 수 없기 때문에 페이스북Facebook은 사람들이 선택할 수 있는 72가지의 성별 옵션을 제공한다. 학생들은 강사와 급우에게 선호하는 성性 대명사를 선언하고 일부 아주 어린 아이조차도 자신들을 트랜스젠더로 간주하게 되었다.[441]

• 여성처럼 느낀다는 것

모든 사람들이 생물학의 중요성을 부인하는 것은 아니다. 어떤 사람들은 드 보부아르와 함께 사회와 생물학이 상호 작용한다고 주장한다. '경험이 우리의 호르몬 수치와 사춘기 이후를 포함하여 우리의 뇌가 발달하는 방식에 중요한 역할을 한다는 것은 충분히 그럴듯하다.'[442] 확실히 성별 간의 '자연스러운' 신경학적 차이를 밝혀내는 것으로 제시되는 심리 검사 참가자들이 기대하는 바를 미리 가정한 결과의 영향을 받는 것은 분명하다.[443] 예를 들어, 1983년에 여성들은 심리학자 낸시 아이젠버그Nancy Eisenberg와 랜디 레넌Randy Lennon이 발견한 공감을 측정하는 연구에서 여성들이 어떤 연구가 공감을 측정하고 있다는 것을 들었을 때 그들은 남성들보다 공감할 수 있는 이점을 가지고 있는 것처럼 보인다. 이것이 분명히 연구의 초점이 아닐 때. 이 차이는 사라진다. 다시 말해, 여성들은 연구자들이 그들에 대해 가지고 있다고 생각하는 성별 기대치를 행동으로 옮기고 다른 사람들에게 어떻게 나타나길 원하는지를 조절한다.[444]

남녀 간에 존재하는 차이점은 본성과 양육, 생물학적 및 사회적 상호 작용의 조합일 가능성이 크다. 우리는 아기들이 이미 존재하는 세상에서 태어나 이미 성별에 대한 태도와 가정을 가지고 있기 때문에 이 둘 사이의 정확한 균형을 결정할 수 없을 것 같다. 사람은 자신의 사회화를 받아들이거나 거부할 수 있지만 그것을 완전히 피할 수는 없다. 파인

Fine이 언급했듯이 '우리가 하는 모든 일들, 수학, 체스, 육아, 운전 등은 주변 사회 환경에 대한 정교하고 섬세한 생각을 가지고 이루어진다.'[445]

오늘날 젠더는 생물학과는 관련이 없고 개인이 스스로 결정한 선천적인 느낌과 관련이 있으며, 물리적 생물학을 '진정한' 성 정체성과 일치시키려고 노력해야 한다고 종종 주장된다. 젠더 유동성의 개념은 치료적이고 상대적인 문화에서 비롯된다. 사람들은 그들의 감정이 매우 중요하고 제약을 받아서는 안 된다는 말을 듣는다. 그들은 자신이 되고 싶은 사람이 될 수 있다. 더 나르시시즘적인 것은 그들이 마주하는 다른 모든 사람들이 생물학적 현실을 부정하고 그들이 지시하는 어떤 방식으로든 사람들을 언급해야 한다는 요구다. 젠더가 유동적이라는 가정은 젠더 옵션의 확산을 초래한다. 사람들은 '팬젠더pangender', '폴리젠더polygender', '에이젠더agender'로 식별할 수 있다. 성 유동성은 페미니스트들에게 젠더를 범주로서 폐지하고 사람들의 삶에 놓여 있는 모든 제약과 제한을 폐지할 희망이 있기 때문에 매력적이다. 그러나 유동성이라는 개념은 젠더를 초월하기보다는 반대의 효과를 가져온다. 단순히 다른 상자에 사람들을 들어가게 하는 것이다. 정치 철학자인 레베카 라일리 쿠퍼Rebecca Reilly Cooper는 젠더가 억압적이지 않기 위해서는 '인간이 지구상에 존재할 수 있는 만큼의 많은 성별 정체성'을 가질 필요가 있다고 주장했다.[446] 젠더가 타고난 느낌 이외의 다른 것에 근거한 것으로 간주될 때, 그 감정은 개인에게 이러한 감정이 무엇인지 결정하고, 구현하고, 공개적으로 규정한다. 생물학이나 사회적 관습에 의지할 수 없을 때, 젠더는 패션, 음악, 메이크업 및 헤어스타일을 통해 수행되는 라이프 스타일 선택에 불과하다.

• 젠더 수행하기

우리가 본 바와 같이 주디스 버틀러는 젠더는 '항상 활동 중'이며, 문화, 생물학 또는 사회가 아니라 성과에 있다고 주장한다. 버틀러의 단서는 이 공연이 '행위에 앞서 존재한다고 할 수 있는 주체에 의한 행위가 아니다.'라는 것이 드 보부아르의 실존주의를 뒤집어놓는다. 드 보부아르의 자기 결정적 여성보다는 여성성을 연기하는 행동, 젠더를 가진 주체를 수행하는 행동이다. 그녀는 다음과 같이 주장한다. '젠더 표현 이면에는 젠더 정체성이 없다. 그 정체성은 그 결과라고 불리는 바로 그 "표현"에 의해 수행적으로 구성된다.[447] 이 주장은 학계 내의 제4세대 페미니스트 활동가들과 성性 이론가들에 의해 널리 받아들여지고 있다. 《젠더 여성Gendering Women》의 저자는 '우리는 끊임없이 적극적으로 젠더 정체성을 수행하고 연기하며 창조와 재창조를 하고 있다.'라고 집필했다.[448] 버틀러에게 젠더는 주로 성性적 특질을 통해 수행된다. 그녀는 묻는다. '어떻게 특정한 성性이 질문을 강요하는가? 여성은 무엇이고 남성은 무엇인가?'[449] 이러한 방식으로 버틀러는 드워킨과 맥키넌과 같은 초기 세대의 페미니스트들에게 동의하며 그녀는 여성을 남성에 종속된 것으로 간주하는 것은 이성애라고 주장한다. 버틀러에게는 '젠더를 갖는다는 것은 이미 종속적인 이성애 관계에 들어선 것을 의미하는' 것이다. 이성간 사랑의 수행을 통해 여성은 남성보다 못한 존재가 된다. '여성이란 무엇인가?'라는 질문에 대한 그녀의 대답은 이성애적 틀 안에서 복종적인 입장을 취하는 존재이다.

이성애가 '이치에 맞는 것이' 되었다는 버틀러의 주장은, 심지어 '강박'까지도 에이드리언 리치Adrienne Rich의 1980년 작품 《강박적 이성애와 레즈비언 존재Compulsory Heterosexuality and Lesbian Existence》에 뿌리를 두고 있다. 버틀러는 성별을 이원 구조로 규정하고 여성의 사회적 지위를 사회에서 종속적인 위치로 강등시키는 것이 이성애의 규제라고 제안한다. 이 견해에 따르면, '성희롱은 젠더 생산을 위한 패러다임의 우화이다.'[450] '사람을 특정 젠더로 "만들어 내는 것"은 괴롭힘의 행위이다. 남성은 독재적이고 공격적이며 남성적이다. 여성들은 복종적이고 수동적이며 여성적이 된다. 성희롱과 강간 문화, 특히 대학 캠퍼스에 대한 현재의 선입관은 이 견해가 받아들여지는 정도를 보여준다.

성희롱에 초점을 맞춘 버틀러의 수행으로서의 젠더의 개념은 울스톤 크래프트와 드 보부아르의 사상과는 판이하다. 세 명 모두 여성성에 대한 생물학적 이해에 도전하며, 전통적으로 여성성을 이해하게 된 것처럼 젠더 차이를 만드는 데 있어 아동기, 교육, 가족, 직장 등의 역할을 살펴볼 것을 요구한다. 드 보부아르는 '모든 여자인 사람이 반드시 여성인 것은 아니다. 그렇게 생각하려면 여성스러움이라고 알려진 신비하고 위협적인 현실을 공유해야 한다.'라고 주장한다.[451] 여기서 중요한 말은 '그녀는 반드시 공유해야 한다.'라는 것이다. 드 보부아르는 여성이 여성으로서 자신을 구성하는 데 적극적으로 참여한다고 제안한다. 그녀는 '잘못된 믿음'을 실천하고 자신의 삶에 대한 책임을 받아들이기를 거부하는 여성들을 비판한다. 그러나 드 보부아르의 여성들은 그들의 젠더 행동에 적극적으로 참여하지만 버틀러에게는 그러한 수행을 할 수 있는 행위자가 없다. 젠더를 수행하고 자신을 '만드는' 대신 버틀러의 여성은 강요받는 공연을 통해 '만들어진다'.

드 보부아르가 여성의 운명을 결정할 때 여성의 개별 행위를 특권화 하는 것은 여성의 생물학적 여자다움의 구성에 대한 반박이다. '여성을 정의하는 것은 본성이 아니다. 그녀의 정서적인 삶에서 자신의 본성의 근거를 다루면서 자신을 정의하는 것은 바로 그녀다.'[452] 그러나 오늘날 이 행위의 특권화는 여성이 사회에 의해 만들어졌다는 주장에 동등한 도전 과제를 제시한다. 물론 드 보부아르의 여성들이 자신의 운명에 대한 책임을 맡는 데 직면한 어려움을 깨닫지 못하는 것이 아니다. 여성은 '살아 있는 인형처럼 취급되고 자유를 거부당하며 악순환이 발생한다. 그녀가 자신에 대한 세계를 이해하고, 파악하고 발견할 수 있는 자유를 덜 행사할수록 자신 안에서 찾을 수 있는 자원이 적을수록 자신을 주체로서 확언할 용기는 줄어든다.'[453] 그러나 드 보부아르는 여성이 가진 선택을 강조한다. '나는 그녀의 탁월성의 단언과 대상으로서의 소외 사이에서 선택할 수 있는 힘이 있다고 믿는다.' 반면 버틀러에게 여성들은 적극적으로 참여하는 행위보다는 행동하고 해나감으로써 구성된다.

버틀러는 생물학과 젠더 사이의 모든 연관성을 배제하고 남성과 여성을 이원화시키는 것을 거부함으로써 표면적으로는 더 자유로워 보인다. 사람들은 이제 생물학과 사회의 억압적인 폭정으로부터 해방되었다. 우리는 더는 관습을 준수하거나 확실한 범주에 적합하지 않아도 된다. 그 결과 우리는 아이들을 포함하여 남자로 태어났지만 여성(또는 여성과 일치한다고)이라고 밝히는, 또는 남성으로 식별되지만 여성인, 트랜스젠더라고 밝히는 사람들의 수가 증가하는 것을 보게 된다.

그러나 이 유동성은 대가를 치르게 된다. 성性에서 젠더로의 전환이 여성의 행위를 강조한 드 보부아르와 그리어와 같은 페미니스트들과는 달리, 버틀러의 젠더의 비非생물학화는 여성을 수동적으로 만든다. 성性적인 수행 이전에 '그들'은 없다. 버틀러의 여성들은 생물학적으로 여성이 아닐 수도 있지만 그 대가로 그들은 내면을 응시하고, '타고난 느낌'을 확인하고, 자기 선언된 정체성과 선호하는 대명사가 일치하도록 시간을 보내야 한다.

• 트랜스여성

성별이 이성애를 통해, 특히 성희롱 경험을 통해 수행될 때, 여성이 되는 것은 본질적으로 피해자의 경험과 결합된다. 이것의 증거로 가장 큰 고통을 겪은 사람들은 여성성을 가장 완벽하게 구현한다. 트랜스여성들은 타고난 성 정체성과 출생 시 정해진 성 사이의 모순을 조화시키기 위해 고군분투한다. 그들은 엄격한 이원화된 축을 따라 성별이 지정된 이질적인 사회에 맞닥뜨릴 때 독특한 도전 과제에 직면한다. 이 설명에 따르면, 트랜스여성은 자신이 식별하는 성별과 출생 시 정해진 성별 사이에 깔끔한 상관관계를 발견하는 여성보다 더 많은 고통을 겪는다. 트랜스여성은 여성성을 수행하고 전통적으로 '타고난' 여성과 관련된 여성 의류, 메이크업, 발화 패턴 및 몸짓과 같은 부분을 내재화하며 고통을 겪는다. 이런 이유로 트랜스 여성은 종종 축하를 받는다. 2015년에 전前 올림픽 선수이자 TV 사회자인 브루스 제너Bruce Jenner였던 케이틀린 제너Caitlyn Jenner는 올해의 〈글래머 잡지Glamour magazine's〉의 여성으로 선정되었다.[454] 마치 오늘날 여성적인 것을 가장 성공적으로 잘해내는 사람들은 한때는 남성이었던 사람들인 것처럼 보인다.

  일부 페미니스트들은 트랜스여성의 고지를 비난했다. 영국의 라디오 사회자이자 저널리스트인 제니 머레이Jenni Murray와 미국의 작가 치마만다 응고지 아디치에Chimamanda

Ngozi Adichie는 트랜스여성이 여성으로 태어난 여성들이 겪는 어린 시절에 형성되는 경험을 경험하지 않았기 때문에 '진정한' 여성이 아니라고 주장해 헤드라인을 장식했다. 어떤 면에서 이것은 현재의 성性 상대주의를 잘라내고 모든 근거를 잃을 위험이 있는 논쟁에 절실히 필요한 현실을 주입하려는 용감한 시도이다. 그러나 머레이와 아디치에는 고통과 불이익의 경험이 '진정한' 여성임을 선언의 전제로 했다. 궁극적으로 우리는 '누가 가장 어려움을 겪었는가?'를 선택하도록 요청 받고 있다. '진정한' 여성성이 더 큰 고통의 경험으로 요약될 때, 이는 결코 고무적인 제안이 아니다.

• 새로운 젠더에 대한 정설

　여성들을 지적으로 가난하고 비이성적이게 만든 숨 막히는 사회적 관습으로부터 해방시키려는 울스턴 크래프트의 바람과는 대조적으로, 버틀러는 새로운 성性 폭정을 강요한다. 우리는 우리 자신을 다양한 방식으로 정의할 수 있을지 모르지만, 우리 삶의 일은 우리 몸에 대한 우리의 감정에 대해 생각하고 우리의 성 정체성을 연구하는 것이 된다. 우리가 성별과 생물학 또는 사회 사이의 어떤 연관성으로부터 멀어질수록, 더 많은 개인은 그들이 말하는 그들 자신이라는 대중의 확언을 필요로 한다. 더는 여성이 되기에는 충분하지 않다. 당신은 다른 사람들로부터 인정받을 필요가 있다. 이것은 실제로 당신이 누구인지를, 그리고 당신은 공공장소에서 당신의 화려한 공연을 확인할 필요가 있다. 드레스와 공중화장실이 이렇게 중요한 문제가 된 것은 바로 이 때문이다. 삶의 그런 평범한 특징들을 통해, 성별은 수행되고, 주장되고, 공개적으로 지지된다.

젠더의 수행은 자기 구성의 지속적인 과정이 된다. 이것은 우리 자신을 가두어놓는다. 우리의 행복, 우리 자신에 대한 감각은 우리의 정체성을 주장하는 능력에 달려있다. 훨씬 더 급진적이고 진보적인 메시지는 드 보브아르가 선언한 것이다. '나는 행복의 관점에서가 아니라 자유의 관점에서 정의된 개인의 운명에 관심이 있다.'[455] 젠더 유동성에 대한 현재의 집착에 대해 긍정적, 진보적 또는 실험적인 것은 거의 없다. 그것은 성(性)과 젠더에 관한 오래된 생각만큼 빠르게 제한적이 된다.

오늘날 누구나 여자가 될 수 있다. 그러나 생물학으로부터 이 자유를 해방시키는 것은 거의 없는 것처럼 보인다. 대신, 새로운 정설은 소년이나 소녀로 식별되는 사람들의 '올바른' 행동과 외모에 대한 보수적인 태도를 내포하고 있다.

우리에게는 더는 톰보이tom boy나 여성적인 남성이 없다. 대신 트랜스젠더 아이들이 있다. 페미니스트 운동가들의 이전 세대가 싸운 고정 관념은 다시 한 번 엄격하게 강화되고 있다. 성 중립적인 방식으로 옷을 입고 행동하기 위해 호르몬 치료와 성 전환 수술을 받으러 가는 남자는 아무도 없다. 대신 예쁜 드레스와 구식 고정 관념의 여성성이 돌아온다.

• 생식권

젠더 유동성은 제한적인 이원화와 성차별적인 고정 관념을 끝내기 위한 급진적인 움직임으로 간주된다. 불행히도 그것은 사람들이 스스로를 넣을 수 있는 새로운 상자를 만드는 것으로 끝이 난다. 그것은 성차별적인 고정 관념을 강화하고 언어와 행동의 치안에 대한 필요성을 높인다. 아마도 이것보다 더 나쁜 것은 젠더가 성별에서 분리될 때 여성이 낙태, 피임 및 산전 및 산후 건강관리를 받을 필요성이 문제시되는 것이다.

여성은 출산의 경험과 가능성을 공유한다. 간단히 말하자면, 남성은 임신하지 않는다. 여성이 사회의 정회원으로 살기 위해서는 남성, 심지어 트랜스여성이라고 생각하는 사람들조차도 결코 하지 않는 방식으로 피임, 낙태 및 출산 서비스에 접근해야 한다. 산후 조리사와 낙태 제공자를 요구하는 캠페인은 '임신한 여성'을 대신에 '임신한 사람들'로 부르거나 모유 수유를 '가슴 수유'로 변경하여 여성의 특정한 요구를 단순화시킨다. 여성의 범주가 그러한 서비스를 필요로 하지 않을 뿐만 아니라 그 홍보를 실존적 위협으로 바라보는 남성을 통합해야 할 때 여성을 위한 의료 및 의료 제공을 주장하는 것이 어려워진다.

1960년대와 1970년대에 낙태에 대한 여성의 제한된 권리는 여성이 자율적인 시민으로 행동하고 공공영역에 전적으로 참여하도록 하는 데 있어 중요한 승리를 나타냈다. 그러나 그러한 승리는 부분적이었을 뿐이며 특히 트럼프 대통령 하에서 당연하게 받아들여질 수 없다. 트럼프의 글로벌한 '함구령'은 미국 정부로부터 의료 지원이나 기금을 받는 국가의 여성에게 낙태 서비스가 제공되거나 홍보되는 것을 금지한다. 이에 대한 약간의 반발이 있었지만 트럼프는 이전 행정부가 미국뿐만 아니라 영국에서도 낙태를 주요 의료 제공 범위에서 제외했기 때문에 이런 방식을 선택할 수 있었다.

미국에서는 임신 중절에 대한 로비가 우세한 반면 영국에서 구식 입법에 의해 계속 제한되고 있다. 프로 생활 로비가 우세합니다. 어디에서나 임신중절에 대한 접근성은 의료법 보다는 정치적 변덕에 달려 있다. 너무 오랫동안 낙태는 일상적인 의학적 개입뿐만 아니라 여성이 임신을 계속하면 육체적으로나 정신적으로 위험에 처한다고 주장하도록 요구하는 특별하고 도덕적으로 모호한 절차로 제시되었다. 이것은 임신 여부를 결정하거나 계속하기를 원하는 여성들이 강하고 유능하며 자신의 삶을 통제하기보다는 취약하고 무능력한 것으로 자신을 제시해야 한다는 요구이다. 낙태는 개별 여성이 개인적으로 경험하는 방식인데도 긍정적인 결정으로 공개적으로 축하받을 수 없다.

오늘날의 페미니스트들은 젠더를 타고난 감정, 유동적이고 사회적으로 구성된 범주로 간주하며 여성의 생식권을 주장할 강력한 입장에 있지 않다. 마찬가지로 모든 여성들이 가정에서, 직장에서, 거리에서 자신을 피해자로 간주하도록 장려하는 페미니즘은 여성에 대한 견해를 강하고 유능하며 합리적으로 투사하는 것을 더욱 어렵게 만든다. 취약한 여성들은 동정심과 특별한 보호를 받으며 그들은 권리를 얻지 못한다. 오늘날 낙태 권리를 지키기 위해, 우리는 여성들이 자신의 삶의 과정을 결정할 권리가 있는 자율적인 존재라는 주장을 이길 필요성이 있다. 우리는 '신체적 완전성'을 주장하거나, 앤 푸레디가 〈중절을 위한 도덕적 사례〉에서 쓴 것처럼, '우리의 몸은 우리 자신이 통제하며, 타인에게 아무런 해를 끼치지 않는다면 아무도 우리의 동의 없이는 우리를 방해하지 않을 것이라는 믿음'을 주장할 필요가 있다.[456] 우리는 사람들이 자신의 삶을 어떻게 가장 잘 운영할 것인지, 그리고 자신의 몸에 어떤 일이 일어나야 하는지 결정할 수 있는 능력이 있다고 볼 때만 이러한 주장을 할 수 있다.

낙태를 옹호하는 것은 여성들이 임신을 계속할 것인지 말 것인지를 스스로 결정할 수 있고 또 해야 한다는 주장을 할 필요가 있다. 낙태 합법화 운동을 한 제2세대 페미니스트들에게 여성의 몸을 통제할 수있는 능력은 자유롭게 자신의 삶의 방향을 결정할 수 있는 실용적이고 상징적인 신호였다. 오늘날 제니 브리스토우Jennie Bristow가 주장하듯, '여성들이 모성을 "선택"할 수 있는 능력은 "아직 태어나지 않은 그들의 아이들"을 위해 그것을 세세하게 계획할 책임과, 그들의 몸과 개인적인 삶을 감시와 규제에 맡길 의무가 함께 따르는 것으로 제시된다.'[457] 우리가 4장에서 탐구했듯이, 산모가 되기를 선택하는 여성들은 집중적인 육아에 대한 요구에 자신의 삶을 종속시킬 것으로 점점 더 기대된다.

• 이보다 더한 삶…

성 정체성에 대한 집착은 다른 사람들, 특히 나이든 세대와는 다른, 더 급진적이며 흥미로운 것으로 스스로를 표출하려는 욕구, 특히 젊은이들에게서 분명히 드러난다. 전통적으로 성역할에 따라 조직되고, 약속된 미래의 고용, 관계 및 양육과 함께 세계에 대한 불만을 나타낸다. 성차별과 교육과 직장에서의 평등이라는 페미니즘의 주요 이득은 새로운 좌절감을 드러낸다. 학교, 사무실, 침실에서의 평등은 그 자체로 만족을 가져오지 않는다.

페미니즘은 생활에 의미와 목적의식을 제공하기 위해 현재 구성되어있는 가사 노동, 양육 및 고용에 대한 제한된 가능성을 먼저 밝히는데 도움을 주었다. 베티 프리단Betty Friedan은 주로 주부로서의 역할을 중심으로 교외 생활 방식에서 발견되는 여성의 성취 부족을 '명명할 수 없는 문제'라고 묘사했다. 이에 따라 제2세대 페미니스트들은 여성의 삶에 대한 제약에 도전하고 완전한 사회 경제적 평등을 위해 투쟁했다. 이것은 일할 권리와 남성과 동등한 보수를 받을 권리를 요구하는 가장 명확한 형태를 취했다.

그러나 1960년대와 1970년대의 승리는 새로운 '명명할 수 없는 문제들'을 가져왔다. 《두 번째 교대》를 집필한 알리

호흐쉴드Arlie Hochschild는 '표면적 이데올로기는 평등 주의자'였던 앤 마이어슨Ann Myerson을 묘사한다. 우리는 마이어슨이 그녀의 남편과 같이 그녀의 직업에 종사하고 싶어 했다고 들었다. 이것은 그녀의 경력에 대한 "적절한 경험"에 대한 그녀의 견해였다. 그녀는 자신의 일을 사랑해야 한다고 생각했다. 그녀는 그것이 중요하다고 생각해야 한다. 사실 그녀가 괴로운 어조로 고백했듯이, '그녀는 자신의 일을 사랑하지 않았고 그것이 중요하다고 생각하지 않았다.'[458] 여성이 남성과 같은 기준으로 일할 수 있는 권리는 중요한 페미니스트적 승리였지만, 결과적으로 많은 여성들에게 그것은 목적의식이나 감정적 또는 지적 성취의 원천을 제공하기 위한 유급 고용의 제한된 능력을 드러낸다.

모성은 직장에서 발견될 수 있는 것보다 여성들에게 대안적이고 더 의미 있는 존재를 제공하는 것처럼 보일 수 있다. 특히 정책발언과 전문가의 조언을 통해 부모의 책임이 높아질 때, 새로운 세대를 육성하는 역할만큼 중요한 것은 거의 없어 보인다. 그러나 이 같은 지침은 무력하다. 부모들은 많은 의무를 가지고 있지만 권한은 거의 없다. 아이들을 키우는 것은 더 집중적일 뿐만 아니라 점점 더 개인화되었다. 각각의 부모들은 자식의 운명을 결정하는 무게를 지니고 있다. 비생산적인 국민경제와 같은 공공생활의 문제들이 개인의 관심사로 재해석되었다. 성공적이고 '사회적으로 이동하기' 위해서는 임신 중 술을 피하고, 모유를 먹이고, 아이의 식습관과 '스크린타임'을 감시하며, 자극적이고 교육적인 활동 범위를 제공하는 엄마가 필요하다고 가정한다. 결과적으로, 성인 여성은 그녀의 아이의 삶 안에 잠기게 된다. 케이티 로이프는 모든 것을 소모하는 모성의 매력을 이렇게 묘사한다. '아이들은 행복을 추구하지 않거나, 온전히 살거나 위험을 감수하거나 사랑하는 일을 시도하지 않는 최고의 변명이다. 우리가 하는 타협은 자녀의 사실에 의해 정당화되고, 고양되고 변형되며, 이는 안도감이 될 수 있다.'[459] 이것은 모성이 자기기만의 수단인 '나쁜 믿음'의 행위임을 시사한다. 모성애는 고용과 마찬가지로 개인에게 목적과 성취감을 주는 것으로 보이며 중요한 측면에서는 둘 다 그러하다. 그러나 주디스 워너가 '삶이 가진 것보다 더 많은 것을 이끌어냈어야 한다는 느낌'으로 묘사한 것은 남아 있다. 이것은 모든 노력을 다한 후에 개인으로서, 그리고 "포스트 페미니스트" 세대로서 우리의 모든 업적에 대해서, 이것보다 삶이 더 나아져야 한다는 감각이다.'[460]

오늘날 젊은이들은 직업, 육아, 심지어 친밀한 관계에서 미래에 대한 흥분과 목적의 원천으로 거의 희망을 갖지 않는다. 과거에는 이러한 불만의식이 정당에 가입하거나 집단 항의 운동을 통해 표출되었을 수도 있다. 페미니즘은 현재와 같은 삶의 한계를 우리에게 보여주지만, 현재의 화신은 해결책으로서의 자아와 개인의 정체성에만 초점을 맞춘다. 페미니즘이 정체성 정치와 결합할수록 그것은 우리를 막다른 골목으로 이끌고 다른 삶의 방식에 대한 욕구가 내부로 향하게 된다.

• 결론

오늘날 젊은이들은 세상을 변화시킬 수 있는 능력에 대한 신념이 없을 수도 있지만, 그들은 시대를 논하고 질에 대해 이야기할 수 있다. 그들은 세계의 빈곤, 기후 변화 또는 전쟁의 문제를 다루지 않을 수도 있지만, 그들은 가지고 태어난 성별을 거부할 수 있고, 옷을 다르게 입으며, 세계가 그들의 특수성을 인정한다고 주장할 수 있다.

페미니즘은 자유로운 행동으로 젠더를 초월하는 것을 판매한다. 엄격하고 제한적인 관습에 따라 옷을 입고, 처신하고, 행동할 필요가 없이, 이론적으로 남성과 여성 모두 그들 자신이 되는 것만으로도 자유롭다. 그러나 그 자체로 정체성의 축하는 해방이라는 경험과는 거리가 먼 성性유동성으로 이어지고, 그 자체로 지켜야 할 엄격한 지침이 따른다. 개인의 정체성에 대한 초점은 서로 다른 사람들이 함께 모여 공통의 관심을 찾고 집단적으로 사회의 미래 형태에 영향을 미칠 수 있는 가능성을 과소평가한다. 그것은 사람들이 삶에 의미를 부여하는 바로 그 활동에 참여하는 것을 막는다.

반反 트럼프 여성 시위나 '흑인의 목숨도 소중하다Black Lives Matter'라는 시위처럼, 시위가 한 번 더 집단적인 형태를 띠는 것처럼 보인다. 그러나 이러한 시위는 단체 회원들에게만 제한되며, 종종 고통을 견뎌내는 대중의 확언 이상의 것을 요구하지 않는다. 교차성 페미니즘은 다른 사람들 사이에서 하나의 경쟁적인 인식 요구로 전락했다. 오늘날의 페미니즘은 억압받는 사람들에 대한 가정된 옹호로부터 나온 분명한 가치 체계를 제공하는 것처럼 보이지만, 그것은 도덕적 권위주의와 함께 이루어지며 승자가 없는 젠더 전쟁에 나설 운명이다.

11장

결론

우리에게는 여전히 페미니즘이
필요한가?

영국 여성이 부분적으로 처음으로 투표권을 얻은 지 이제 100년이 되었다. 이 책에서 알 수 있듯이, 여성의 삶은 이 시기 이후로 모든 것을 알아볼 수 없을 정도로 변했다. 몇 십 년 전만 해도 여성들은 남편의 허락 없이 사업을 시작하거나 신용카드를 꺼내거나 집을 소유할 수 없었다. 여성은 살아 있는 기억 속에서 남성과 같은 직업에 지원할 수 없었고, 같은 일에 대해서도 남성과 동등한 보수를 받을 수 없었으며, 일단 임신을 한 후에는 직업을 유지할 수 없었다. 미혼 여성들은 피임약을 받을 수 없었고 낙태는 불법이었다. 오늘날 젊은 여성들이 이용할 수 있는 자유와 기회는 그들의 증조부모들에게는 상상조차 할 수 없는 것이었다.

• 이전과는 다른 오늘날의 삶

그러나 여성의 삶의 변화는 평탄하지 않았다. 특히 일부 젊은층, 중산층 그리고 특히 미국에서 백인 여성의 삶은 다른 사람들보다 훨씬 더 근본적으로 바뀌었다. 마찬가지로, 삶의 일부 영역에서는 변화가 훨씬 더 극적이었다. 학교와 대학에서, 여학생들은 남학생들을 따라잡았을 뿐만 아니라 이제는 그들을 훨씬 뒤에 남겨두고 있다. 반면에 가정에서는 남성들이 이전보다 더 많이 관여하고 있는데도, 여전히 집안일과 육아에 대한 대부분의 책임을 여성들이 떠맡는 경우가 많다. 역사적 불이익의 유산은, 특히 나이 든 여성들에게 계속 나타나고 있는 반면 이전 세대의 기대는 오늘날에도 여전히 아이들에게 영향을 미치고 있다.

여성의 삶은 변화되었지만, 세계의 다른 나라들이 여전히 구시대에 머물러 있는 동안 이러한 발전은 일어나지 않았다. 남성들의 삶도 변화했다. 한때 신체적, 정신적인 힘, 경쟁력, 용기, 독립성, 자기 확신 등의 속성을 보상했던 사회는 더는 존재하지 않는다. 학교, 직장, 심지어 가정생활까지 모두 1세기 전과 매우 다르며 오늘날의 성공은 새로운 기준을 충족시키는 것을 의미한다. 많은 계층에서, 오늘날의 여성들은 남성들보다 더 잘하고 있지만 과거와는 다른 기준과 기대에 따라 잘하고 있다.

페미니즘은 우리가 성별에 따라 성공을 거두도록 장려하지만 이것은 제로섬 게임이다. 삶의 한 영역에서 남성들의 성공은 여성들에게 재앙을 의미하지 않으며, 마찬가지로 여성의 이득이 반드시 남성들을 희생시키면서 이루어지는 것은 아니다. 여성은 남성으로부터 고립된 생활을 하지 않는다. 그들은 형제와 파트너와 아들이 있다. 여성과 남성은 서로 함께 살고, 자라고, 같이 일한다. 더 나은 삶에 대한 보편적인 열망은 서로를 쓰라린 경쟁자로 보기보다는 남녀가 함께 일하는 것을 통해 가장 잘 성취된다.

• 페미니즘 역시 변화해왔다

사회가 변했듯이 페미니즘도 변했다. 오늘날의 제4세대, 교차성 페미니즘으로 부각된 이슈들은 1960년대와 1970년대의 많은 제2세대 페미니스트들의 요구와는 매우 다르다. 페미니즘의 '황금기'는 없었다. '여성의 권리'에 대한 요구에 내재해 있는 것은 인권에 대한 훨씬 더 진보적인 생각에 대한 도전이다. 그러나 가장 초기의 페미니스트들 중에는 여성의 해방이 남성에게도 해방을 의미한다는 인식이 있었다. 여성들이 여전히 억압받고 있는 동안 남성은 결코 진정으로 자유로울 수 없었다. 이 페미니즘은 남성과 여성들에게 서로 반대하도록 하는 것이 아니라 자유와 평등에 대한 보편적인 열망을 실현하는 것에 대한 것이었다.

이전 시대에는 페미니즘이 명시적으로 보편적인 포부를 갖지 않았어도, 그것은 남성에 의해 수반되는 모든 도전들을 자유를 누릴 수 있을 만큼 강하고, 독립적이고, 이성적인 여성관을 장려했다. 여성은 남성이 할 수 있는 일은 무엇이든 할 수 있다는 믿음이 있었기 때문에 평등한 보수뿐만 아니라 성적 해방도 요구되었다. 1960년대와 1970년대의 페미니즘은 이전 시대의 참정권에서 시작된 성평등을 위한 투쟁을 계속하는 강력한 정치세력이었다.

페미니즘은 이 시기부터 먼 길을 걸어왔다. 오늘날의 페미니즘은, 여성들이 더 이상 엄밀하게는 어떤 의미에서도 억압받는다고 말할 수 없기 때문에 많은 여성들의 현실과 동떨어지게 되었다. 여성의 성공을 축하하기보다는, '일상 속의 성차별'을 찾는 것은 우리가 우려하는 점점 더 진부한 새로운 범죄로 나타나게 된다. 우리는 노래 가사, 광고판, 동화책 속의 등장인물, 아기 옷, 직장에서의 복장 코드, 그리고 우리가 사용하는 바로 그 단어들이 세상을 여성들에게 적대적인 장소로 만든다고 듣는다.

오늘날의 페미니즘은 평등에 대한 요구라기보다는 인정을 위한 호소다. 최근 세간의 이목을 끄는 캠페인은 지폐, 동상, 교통 신호등 표시에 대한 여성의 대표성 결여와 코미디 패널 쇼, 정치 토론, 이사회의 참여자들의 성별 균형에 초점을 맞추고 있다. 페미니즘은 (아마도, 지폐에 등장하는 여성 인물 수의 부족으로 인해) 은행 지폐에 억압을 당한 적이 없거나 신호등 불빛에 녹색 남자의 이미지가 보여 길을 건너지 못한다고 느낀 적이 없는 여성들의 생활과는 거리가 멀어졌다.

오늘날의 페미니스트 운동은 여성을 강인하다기보다는 연약한 존재로 보는 관점을 제시한다. 예를 들어, 광고에서 마른 모델들의 등장을 반대하는 캠페인은 모든 여성들이 아름답지만 영양실조에 걸린 듯한 여성을 본다면 섭식 장애에 걸릴 위험이 있다는 메시지를 전달한다. 많은 여성들이 학교나 직장에서 남성들보다 더 나은 삶을 살고 있을 때, 여성은 피해자라는 메시지는 현실과 직면하게 된다. 더욱이 그것은 이전의 페미니스트들의 승리에 대한 시대를 역행할 위험성이 있다.

한때, 여성들은 남성들과 동등한 공적인 삶에 관여할 자유를 위해 싸웠고 여학생들은 감시자를 없애기 위한 공모를 했다. 남성들로부터의 원치 않는 평가는 독립을 위해 치러야 할 작은 대가라고 여겨졌다. 희롱을 감수할 권리는 마침내 여성이 남성과 동등함을 의미했고 많은 여성들은 남성들이 원치 않는 그들만의 논평으로 되갚아주기를 열망했다. 오늘날, 대조적으로, 여성들은 취약하다는 페미니즘의 메시지는 남성들로부터 그들을 보호하기 위한 특별한 보호를 요구하는 결과를 낳는다. 그 가정은 여성들이 공적인 삶을 원상태로 다룰 것이라고 기대할 수 없다는 것이다.

여성, 특히 오늘날의 젊은 여성들이 모든 의미에 있어서 남성과 동등할 때, 페미니즘의 가치관은 분명히 풍부하고 도덕적인 것으로 재창조된다. 그것의 주된 관심사는 사람들이 상호작용하고, 말하고, 심지어 생각하도록 페미니스트가 승인한 방법에 반反하는 남녀의 행동을 수정하려는 것처럼 보인다. 과거의 '걸 파워'의 즐거움과 적극성은 언어와 태도, 행동에 대한 감시와 권위주의적인 연습으로 대체되었다. 페미니스트 에티켓을 강요하는 것은 우리의 자유와 독립을 희생시킨다.

소수의 엘리트 여성 집단의 고민에 몰두하는 오늘날의 페미니즘은 나이 든 노동자 계층의 여성들의 경험을 설명할 수 없다. 그러나 이미 성공한 사람들을 위한 특별한 특권에 대한 주장을 뒷받침하기 위해 이 여성들이 직면하고 있는 불이익을 합리화할 준비가 되어 있다. 그러나 이러한 특권은 막대한 비용이 든다.

　오늘날의 젊은 여성들은 학교, 대학, 직장에서 그들을 집에 머물게 하고 싶어 하는 가부장적인 아버지들에 의해서가 아니라 유행하는 페미니스트 운동가들에 의해서 위협받고 있음을 듣게 된다. 여성이 남성에게 희생당한다는 주장이 자주 되풀이되면 의도하지 않은 결과를 초래할 수도 있다. 2015년, 〈걸 가이딩Girl Guiding UK〉은 75%의 소녀들과 젊은 여성들이 잠재적으로 성희롱을 경험하는 것에 대한 불안감이 어떤 식으로든 그들의 삶에 영향을 미친다고 말했다는 것을 발견했다.[461] 2016년 조사에 따르면 젊은 여성의 41%가 직장에서 차별을 받을 것으로 예상한다고 한다.[462] 이 젊은 여성들은 괴롭힘이나 차별을 당하지 않았으며, 미래에 발생할 수 있는 잠재적인 문제를 근심하고 있었다. 오늘날 여성들을 다시 붙들고 있는 것은 현실보다 더한 성희롱에 대한 두려움일 수 있다. 그렇다면 여성들은 이제 페미니즘에서 해방될 필요가 있다.

여성이 남성과 동등한 생활을 계속하며 미래 세대를 위한 세상을 만드는 데 전적인 역할을 하려면 페미니즘의 족쇄를 벗어던질 필요가 있다. 페미니즘이 여성을 지배적이고 탐욕적인 남성성의 피해자로, 한편으로는 얼굴 없는 가부장적인 힘의 희생자로 제시하는 것은, 다른 한편으로는 여성과 남성 모두에게 도움이 되지 않는다. 이제 우리는 1960년대에 페미니스트들 사이에서 인기 있는 단어인 해방이라는 단어를 재활성화할 때가 되었다. 여성과 남성이 진정으로 자유로워지고 오늘날 그들의 완전한 잠재력을 실현할 수 있도록, 우리 모두는 페미니즘과 젠더 전쟁으로부터 해방될 필요가 있다.

• 미주

1 Topping (2017).

2 Adams (2016).

3 Turner (2017).

4 Leach (2016).

5 Turner (2015).

6 Ratcliffe (2013).

7 U.S. Department of Education, National Center for Education Statistics (2016).

8 Department for Education, National Statistics (2015).

9 Busby (2016).

10 California Department of Education (2016).

11 Gershenson (2016).

12 Ibid.

13 Daubney (2016).

14 Woodfield and Thomas (2012).

15 Perry (2016).

16 Ibid.

17 U.S. Bureau of Labor Statistics (2015).

18 Read (2016).

19 National Education Association (2011).

20 Daubney (2016).

21 See the University of Edinburgh: Educated Pass.

22 Palejwala (2015).

23 Fine (2012), p. xix.

24 Fine (2012), p. 136.

25 Fine (2012), p. xxvi.

26 Fine (2012), p. 178.

27 Pine (2001), p. 12.

28 Hoff Sommers (2013), p. 35.

29 Rosin (2013), p. 86.

30 Hoff Sommers (2013), p. 41.

31 Shepherd (2010).

32 Davis (2017).

33 Furedi (2016b).

34 Makel, Wai, Peairs, and Putallaz (2016).

35 Leake (2016).

36 Didau (2016).

37 Conversation with author (28 November 2016).

38 Mitchell (1986), p. 45.

39 Hillman and Robinson (2016).

40 Hoff Sommers (2013), p. 36.

41 Niemtus (2016).

42 Raffray (2014).

43 National Union of Teachers (2017).

44 True Tube (2017).

45 Brighton and Hove Equality and Anti–Bullying School Strategy Group (2017).

46 Issadore (2015).

47 Bell (2015).

48 Pierre (2017).

49 Arnett (2014).

50 Institute of Physics (2012).

51 HESA (2014).

52 Equality Challenge Unit website.

53 Conversation with author (23 February 2017).

54 Catalyst (2016).

55 Court (1995).

56 Office for National Statistics (2016a, 2016b).

57 United States Department of Labor (2015).

58 U.S. Department of Labor (2017a, 2017b, 2017c).

59 Status of Women in the States (2017).

60 Catalyst (2016).

61 United States Department of Labor (2017a, 2017b, 2017c).

62 Department for Professional Employees (2017).

63 Office for National Statistics (2013).

64 Office for National Statistics (2015).

65 Veterinary Woman (2015).

66 Hillman and Robinson (2016).

67 Marshall (1982), p. 47.

68 Catalyst (2016).

69 Miller and Alderman (2014).

70 United States Department of Labor (2017a, 2017b, 2017c).

71 Miller (2017).

72 Rivers and Barnett (2016).

73 Bennett (2016).

74 Jeapes (2016).

75 Pryce (2015), p. 44.

76 Rankin (2015).

77 Bennett (2016), p. 11.

78 Pryce (2015).

79 Brearley (2016).

80 Wolf (2013), p. xv.

81 Morris (2016).

82 Wolf (2013), p. 9.

83 Williams (2016a, 2016b, 2016c).

84 The 3% Movement (2016).

85 Cory and Stirling (2015).

86 Wang, Parker, and Taylor (2013).

87 Moss (2015).

88 Atler (2015).

89 Barrett (2016).

90 Wolf (2013), p. 34.

91 Wolf (2013), p. 26.

92 Office for National Statistics (2016a, 2016b).

93 Wolf (2013), p. 241.

94 Cliff (2014).

95 The Fawcett Society. The Gender Pay Gap.

96 The Fawcett Society. Equal Pay Day.

97 Wolf (2016).

98 Mason and Treanor (2015).

99 Smothers (2016).

100 Smith (2015).

101 Gettell (2016).

102 GirlTalkHQ (2014).

103 Mayer (2016).

104 O'Brien (2015).

105 Allen (2016a).

106 Hoff Sommers (2012).

107 Maybin (2016).

108 Allen (2016a).

109 Office for National Statistics (2016a, 2016b).

110 Press Association (2015).

111 Belfield, Cribb, Hood, and Joyce (2017).

112 Catalyst (2016).

113 Ibid.

114 Maybin (2016).

115 Office for National Statistics (2016a, 2016b).

116 Ibid.

117 Packham (2015).

118 Belfield et al. (2017).

119 Friedman, Laurison, and Macmillan (2017).

120 Swinford (2015).

121 Grove (2016a).

122 Grove (2016b).

123 Costa Dias, Elming, and Joyce (2016).

124 Ibid.

125 Wolf (2013), p. 49.

126 Office for National Statistics (2013).

127 Slaughter (2012).

128 Oakley (1990), p. 61.

129 Marshall (1982), p. 9.

130 Kenny (1979).

131 Marshall (1982), p. 42.

132 Marshall (1982), p. 48.

133 Stone–Lee (2005).

134 Slaughter (2012).

135 Rivers and Barnett (2015), p. 199.

136 Lyonette and Crompton (2015).

137 Slaughter (2012).

138 Rosin (2013), p. 221.

139 Rosin (2013), p. 224.

140 Kenny (1979), p. 17.

141 Lee (2014), p. 3.

142 Lee (2009), p. 109.

143 Lee (2014), p. 7.

144 NHS Choices (2016).

145 NHS Choices (2017).

146 Downey (2017).

147 Roiphe (2013).

148 Schiller (2016).

149 Phillips (2017), p. 170.

150 Faircloth (2014), p. 26.

151 Conversation with author (8 January 2017).

152 Macvarish (2016), p. 2.

153 Macvarish (2016), p. 5.

154 Biddulph (2017).

155 Bristow (2009), p. 50.

156 Greer (2012), p. 110.

157 Warner (2006), p. 55.

158 Pryce (2015).

159 Rosin (2013), p. 195.

160 Shriver (2010), p. xi.

161 Khomami (2016).

162 Leftly (2017).

163 Laville (2016).

164 Hunt (2016).

165 Cooper (2016).

166 Phillips (2017), p. 103.

167 Violence Against Women (2016).

168 http://www.shiftingsands.org.uk/

169 Bentham (2017).

170 Williams (2017).

171 Moore (2017).

172 Press Association (2016).

173 http://www.lennyletter.com/

174 https://everydaysexism.com/

175 February 19th 2017.

176 Livingston (2017).

177 Paul (2015).

178 Parker (2016).

179 Soave (2016).

180 Students for Life of America (2016).

181 O'Brien (2016).

182 Ibid.

183 Stanley (2014).

184 McIntyre (2014).

185 Greer (2007), p. 81.

186 Quinn (2015).

187 Penny (2014).

188 Flaherty (2014).

189 Moore (2016).

190 Millett (1999), p. 55.

191 Hynde (2015), p. 119.

192 See https://books.google.com/ngrams/graph?content=victim&case_insensitive=on&year_start=1800&year_end=2017&corpus=15&smoothing=7&share=&direct_url=t4%3B%2Cvictim%3B%2Cc0%3B%2Cs0%3B%3Bvictim%3B%2Cc0%3B%3BVictim%3B%2Cc0

193 Edelman (2015).

194 See Williams (2016b).

195 Cosslett (2016).

196 Oakley (1981), p. 68.

197 Beauvoir, de (1997), p. 378.

198 In Thorpe (2016).

199 Lorde (1988).

200 Ahmed (2014).

201 Thorpe (2016).

202 Tran (2016).

203 Thorpe (2016).

204 Ahmed (2014).

205 Wolf (2013), p. 152.

206 Hynde (2015).

207 Wolf (2013), p. xiii.

208 Hynde (2015), p. 39.

209 Kenny (2015).

210 Millett (1999), p. 20.

211 Dworkin (2007), p. 91.

212 Roiphe (1994), p. 12.

213 Roiphe (1994), p. 15.

214 Mackinnon (1979), p. xi.

215 Mackinnon (1979), p. 26.

216 Patai (1998), p. 79.

217 Mackinnon (1979), p. 55.

218 Mackinnon (1979), p. 35.

219 Mackinnon (1979), p. 28.

220 Mackinnon (1979), p. 101.

221 Citizens Advice (2017).

222 Ibid.

223 Trades Union Congress (2016).

224 Butler (2014).

225 Morgan (1978).

226 Kaminer (1992).

227 Ibid.

228 Dworkin (2007), p. 21.

229 Patai (1998), p. 130.

230 Patai (1998), p. 117.

231 Strossen (2000), p. 33.

232 Strossen (2000), p. 39.

233 Campbell (1988), p. 72.

234 Campbell (1988), p. 78.

235 McElroy (2016).

236 Solnit (2014), p. 121.

237 McElroy (2016).

238 Gittos (2015), p. 22.

239 Gittos (2015), p. 24.

240 Reece (2013).

241 Gittos (2015).

242 Levin (2016).

243 MacKinnon (1989), p. 245.

244 Patai (1998), p. 69.

245 Roiphe (1994), p. 9.

246 Washington Post–Kaiser Family Foundation (2015).

247 Stanton (2014).

248 Krebs et al. (2007).

249 Schow (2014).

250 Krebs and Lindquist (2014).

251 National Union of Students (2011).

252 Hoff Sommers (2014).

253 Gershman (2016).

254 Suk Gersen (2014).

255 Roiphe (1994), p. 80.

256 Gianini (2016).

257 Strossen (2000), p. 20.

258 Tarzia (2015), p. 115.

259 Solnit (2014), p. 24.

260 Tarzia (2015), p. 121.

261 Solnit (2014), p. 6.

262 Matsuda et al. (1993), p. 1.

263 Matsuda et al. (1993), p. 24.

264 Desanctis (2017).

265 Furedi (2017).

266 Shibley (2016), p. 42.

267 Shibley (2016), p. 72.

268 Shibley (2016), p. 84.

269 Twenge, Sherman, and Wells (2017).

270 Kuperberg and Padgett (2017).

271 Ibid.

272 DiDomizio (2016).

273 Bromwich (2016).

274 Allen (2016b).

275 Greer (2007), p. 112.

276 Kipnis (2015).

277 In Segal (1987), p. 18.

278 Segal (1987), p. ix.

279 Hoff Sommers (2013), p. 4.

280 New (2014).

281 Silverman, Ough, and Dennis (2013).

282 Ticoll–Ramirez (2016).

283 Jackson, Dempster, and Pollard (2015).

284 Jackson et al. (2015).

285 Temple (2013).

286 Alcorn (2016).

287 Hughes (2016).

288 Lasch (1997), p. 139.

289 Rousseau (1991).

290 Wollstonecraft (1996), p. 13.

291 Wollstonecraft (1996).

292 Wollstonecraft (1996), p. 9.

293 Banner (1980), p. 8.

294 In Engels (1994), p. 50.

295 Engels (1994), p. 57.

296 Mill (1869).

297 Oakley (1981), p. 1.

298 Banner (1980), p. 40.

299 Lasch (1997), p. 83.

300 Truth (1851).

301 Lewis (2017).

302 Mill (1869), p. 14.

303 Friedan (2010), p. 67.

304 Astin and Hirsch (1978).

305 Robinson (2010), p. 66.

306 Evans (2016).

307 Oakley (1981), p. 11.

308 In Delmar (1986).

309 Banner (1980), p. 80.

310 Lasch (1997), p. 82.

311 Wollstonecraft (1996), p. 34.

312 Beauvoir, de (1997), p. 428.

313 Greer (2012), p. 78.

314 Delmar (1986), p. 21.

315 Engels (1994), p. 65.

316 Greer (2012), p. 25.

317 Bristow (2008).

318 Beauvoir, de (1997), p. 147.

319 Department for Professional
Employees (2017).

320 Hudson (2011).

321 Lasch (1997), p. 96.

322 Oakley (1981), p. 9.

323 Lasch (1997), p. 102.

324 Holdsworth (1988), p. 82.

325 Friedan (2010).

326 Wolf (2013), p. 4.

327 U.S. Bureau of Labor Statistics (2015).

328 Lasch (1997), p. 105.

329 Friedan (2010), p. 7.

330 U.S. Bureau of Labor Statistics (2015).

331 Friedan (2010), p. 5.

332 Office for National Statistics (2016a,
2016b).

333 Marshall (1982).

334 Delmar (1986), p. 23.

335 Friedan (2010), p. 6.

336 Williams (2016a, 2016b, 2016c), p.
138.

337 Delmar (1986), p. 11.

338 Napikoski (2017).

339 Napikoski (2016).

340 In Oakley (1981), p. 30.

341 Holdsworth (1988), p. 82.

342 Holdsworth (1988), p. 82.

343 Marshall (1982), p. 56.

344 Millett (1999), p. 21.

345 Millett (1999), p. 23.

346 Bristow (2015), p. 56.

347 Millett (1999), p. 25.

348 Ibid.

349 Oakley (1990), p. 156.

350 Millett (1999), p. 26.

351 Oakley (1981), p. 16.

352 Greer (2012), p. 130.

353 Greer (2007), p. 384.

354 Millett (1999), p. 38.

355 Fora fuller discussionof thisissue,
see Williams(2016a, 2016b, 2016c)
Chapter 6, 'TheImpactofFeminism'.

356 Solomon (1985), p. 188.

357 Nicholson (1990), p. 4.

358 Clisby and Holdsworth (2016), p. 4.

359 Clisby and Holdsworth (2016), p. 4.

360 Nicholson (1990), p. 3.

361 David (2004), p. 103.

362 David (2004), p. 106.

363 Nicholson (1990), p. 5.

364 Butler (2006), p. xviii.

365 Crowley and Himmelweit (1995), p. 5.

366 Patai and Koertge (2003), pp. xiii/xiv.

367 In Segal (1987), p. 23.

368 In Nicholson (1990), p. 7.

369 Crowley and Himmelweit (1995), p. 4.

370 Harraway (1988), pp. 590–592 in Clisby and Holdsworth (2016), p. 4.

371 Bartky (1975).

372 Patai and Koertge (2003), p. 77.

373 Hoff Sommers (1995), p. 26.

374 Butler (2006), p. 50.

375 Butler (2006), p. 22.

376 Butler (2006), p 9.

377 Mitchell and Oakley (1986).

378 Acker (1987).

379 Segal (1987) 3.

380 Delmar (1986), p. 9.

381 See Acker (1987).

382 Cott (1986), p. 58.

383 Lorde (1979).

384 Assiter (2016), p. 49.

385 Ladson–Billings (1998).

386 Lawrence, Matsuda, Delgado, and Crenshaw (1993), p. 3.

387 Lawrence et al. (1993), p. 5.

388 Crenshaw (1993), p. 112.

389 Lawrence et al. (1993), p. 5.

390 Crenshaw (1993), p. 112.

391 Crenshaw (1993), p. 112.

392 Crenshaw (1993), p. 116.

393 Crenshaw (1993), p. 115.

394 Assiter (2016), p. 51.

395 Dastagir (2017).

396 Pluckrose (2017).

397 Mackinnon (1979), p. 119.

398 Patai (1998), p. 37.

399 McClousky (2015).

400 Sanchez (2017).

401 Crenshaw (1989).

402 Walker (1992).

403 Ibid.

404 Heywood and Drake (1997), p. 7.

405 Sanchez (2017).

406 Faludi (1992), p. 13.

407 Heywood and Drake (1997), p. 2.

408 Heywood and Drake (1997), p. 3.

409 Heywood and Drake (1997), p. 52.

410 Heywood and Drake (1997), p. 3.

411 Delmar (1986), p. 27.

412 Heywood and Drake (1997), p. 2.

413 Heywood and Drake (1997), p. 50.

414 Stanley (1990), p. 12 in Clisby and Holdsworth (2016), p. 3.

415 Butler (2006), p. 8.

416 Lasch (1997), p. 144.

417 Butler (2006), p. 34.

418 Wishnant (2015), p. 3.

419 Solomon (2009).

420 Sollee (2015).

421 Oakley (1981), p. 281.

422 Oakley (1981), p. 281.

423 Murphy (2015), p. 17.

424 Delgado (2017).

425 Strimpel (2016).

426 Phillips (2016b).

427 Sanghani (2015b).

428 Harding (2015).

429 Brill (2017).

430 Gander (2017).

431 Holdsworth (1988), p. 88.

432 Beauvoir, de (1997), p. 295.

433 Beauvoir, de (1997), p. 295.

434 Beauvoir, de (1997), p. 14.

435 Beauvoir, de (1997), p. 15.

436 Much of the following section is reproduced from a 2016 essay I wrote for Spiked-Online, 'The Prison-House of Gender' and is reprinted here with permission.

437 Garbacik (2013), p. 13.

438 Greer (2007), p. 294.

439 Butler (2006), p. 50.

440 Clisby and Holdsworth (2016), p. 117.

441 Phillips (2016a).

442 Garbacik (2013), p. 21.

443 Garbacik (2013), p. 23.

444 Garbacik (2013), p. 21.

445 Fine (2012), p. 39.

446 Reilly-Cooper (2016).

447 Butler (2006), p. 34.

448 Clisby and Holdsworth (2016), p. 58.

449 Butler (2006), p. xi.

450 Butler (2006), p. xiii.

451 Beauvoir, de (1997), p. 13.

452 Beauvoir, de (1997), p. 69.

453 Beauvoir, de (1997), p. 308.

454 Bayley (2015).

455 Beauvoir, de (1997), p. 29.

456 Furedi (2016a).

457 Bristow (2017).

458 Hochschild and Machung (1990), p. 16.

459 Roiphe (2013).

460 Warner (2006), p. 53.

461 Girlguiding (2015), p. 19.

462 Inman (2016).

463

· 참고문헌

Acker, S. (1987). Feminist theory and the study of gender and education.
International Review of Education, 33(4), 419–435. Adams, R. (2016).
Brighton College alters uniform code to accommodate transgender pupils.
The Guardian, January 20.

Ahmed, S. (2014). Self–care as warfare. Feminist Killjoys, August 25. Retrieved
from https://feministkilljoys.com/2014/ 08/25/selfcare–as–warfare/.
Accessed on May 6, 2017.

Alcorn, C. L. (2016). How millennials in the workplace are turning peer
mentoring on its head. Fortune, July 26. Retrieved from http://fortune.
com/2016/07/26/reverse–mentoring–target–unitedhealth/. Accessed on
May 5, 2017.

Allen, K. (2016a). Gender pay gap: Women earn £300,000 less than men over
working life. The Guardian, March 7.

Allen, S. (2016b). The unsexy truth about millennials: They're poor. Daily
Beast, August 6. Retrieved from http:// www.thedailybeast.com/
articles/2016/08/05/the–unsexytruth–about–millennials–they–re–poor.html.
Accessed on May 7, 2017.

Arnett, G. (2014). A–level results 2014: The full breakdown. The Guardian,
August 14.

Assiter, A. (2016). Why universalism? Feminist Dissent, 2016(1), 35–63.

Astin, H., & Hirsch, W. (1978). The higher education of women: Essays in honor
of Rosemary Park. New York, NY: Praeger.

Atler, C. (2015). Here's the history of the battle for equal pay for American
women. Time, April 14.

Banner, L. W. (1980). Elizabeth Cady Stanton a radical for woman's rights.
Boston, MA: Little, Brown and Company.

Barrett, E. (2016). The true heroes of Grunwick. SpikedOnline. Retrieved from http://www.spiked-online.com/newsite/article/the-true-heroes-of-grunwick/19105#. WH83fFOLTX4. Accessed on April 27.

Bartky, S. L. (1975). Towards a phenomenology of feminist consciousness. Social Theory and Practice, 3(4), 425–439. Bayley, L. (2015). Caitlyn Jenner won big at Glamour's Woman of The Year Awards. Glamour, November 10.

Beauvoir de, S. (1997). The second sex. London: Vintage Books.

Belfield, C., Cribb, J., Hood, A., & Joyce, R. (2017). Two decades of income inequality in Britain: The role of wages, household earnings and redistribution. IFS Working Paper W17/01. The Institute for Fiscal Studies.

Bell, D. (2015). We must stop indoctrinating boys in feminist ideology. The Telegraph, July 20.

Bennett, J. (2016). Feminist fight club: An office survival manual for a sexist workplace. London: Penguin Random House.

Bentham, M. (2017). Doctor cleared over FGM says women should be free to have intimate surgery. Evening Standard, February 28.

Biddulph, S. (2017). The goal is a strong woman. The Sunday Times, April 16.

Bourdieu, P., & Passeron, J.-C. (2000). Reproduction in education, society and culture. London: Sage Publications.

Brearley, J. (2016). Maternity discrimination is pushing women out of work and it's time to shout about it. The Telegraph, March 23.

Brighton and Hove Equality and Anti-Bullying School Strategy Group. (2017). A brief guide to challenging sexist and sexual language and bullying. Retrieved from http:// brightonandhovelscb.org.uk/wp-content/uploads/ Challenging_sexist_language.pdf. Accessed April 26, 2017.

Brill, K. (2017). Cate Blanchet locates her moral compass in her vagina. Vanity Fair, March 8, 2017.

Bristow, J. (2008). Why we need a parents' liberation movement. Spiked-Online, June 27. Retrieved from http://www. spiked-online.com/review_of_books/article/5386#. WRLq7vkrLX4. Accessed on May 10, 2017.

Bristow, J. (2009). Standing up to supernanny. Exeter: Societas.

Bristow, J. (2015). Baby boomers and generational conflict. London: Palgrave

Macmillan.

Bristow, J. (2017). Policing pregnancy: The new attack on women's autonomy. Spiked-Online. Retrieved from http:// www.spiked-online.com/newsite/ article/policing-pregnancythe-new-attack-on-womens-autonomy/19765#. WRLpp_ krLX4. Accessed on May 10, 2017.

Bromwich, J. E. (2016). Some millennials are not having sex: But a vast majority are. New York Times, August 4.

Busby, E. (2016). GCSE results: Gender gap widens as girls pull further ahead. Times Educational Supplement, August 25.

Butler, B. (2014). The story behind that '10 hours of walking in NYC' viral street harassment video. The Washington Post, October 29.

Butler, J. (2006). Gender trouble. New York, NY: Routledge Classics.

California Department of Education. (2016). California Longitudinal Pupil Achievement Data System. May. Campbell, B. (1988). Unofficial secrets: Child abuse The Cleveland Case. London: Virago.

Catalyst (2016). Quick take: Women in the labour force in the UK. New York, NY: Catalyst..

Citizens Advice. (2017). Sexual harassment: What is sexual harassment? Retrieved from https://www.citizensadvice.org. uk/law-and-courts/ discrimination/what-are-the-differenttypes-of-discrimination/sexual-harassment/. Accessed on May 5, 2017.

Cliff, M. (2014). 'This is sexist bull****!': Potty Mouth Princesses are back in a new Christmas video ⋯ and all they want from Santa is equal pay for women. The Daily Mail, December 9.

Clisby, S., & Holdsworth, J. (2016). Gendering women, identity and mental wellbeing through the lifecourse. University of Bristol: Policy Press.

Cooper, Y. (2016). Why I'm campaigning to reclaim the internet from sexist trolls. The Telegraph, May 26.

Cory, G., & Stirling, A. (2015). Who's breadwinning in Europe? A comparative analysis of maternal breadwinning in Great Britain and Germany. London: Institute for Public Policy Research. Cosslett, R. L. (2016). This is modern Britain No wonder young women have PTSD. The Guardian, September 29.

Costa Dias, M., Elming, W., & Joyce, R. (2016). The gender wage gap. The Institute for Fiscal Studies.

Cott, N. (1986). Feminist theory and feminist movements: The past before us. In J. Mitchell & A. Oakley (Eds.), What is feminism? Oxford: Basil Blackwell.

Court, G. (1995). Women in the labour market: Two decades of change and continuity. Brighton: The Institute for Employment Studies.

Crenshaw, K. (1989). Demarginalizing the intersection of race and sex: A black feminist critique of antidiscrimination doctrine, feminist theory and anti-racist politics. The University of Chicago Legal Forum, 1(8), 139-168.

Crenshaw, K. (1993). Beyond racism and misogyny: Black feminism and 2 live crew. In M. J. Matsuda, C. R. Lawrence III, R. Delgado, & C. W. Crenshaw (Eds.), Words that wound: Critical race theory, assaultive speech, and the First Amendment. New Perspectives on Law, Culture & Society. Boulder, CO: Westview Press.

Crowley, H., & Himmelweit, S. (1995). Knowing women, feminism and knowledge. Cambridge, MA: Polity Press.

Dastagir, A. E. (2017). What is intersectional feminism? A look at the term you may be hearing a lot. USA Today, January 19.

Daubney, M. (2016). My son and Britain's boy crisis. The Times, October 15.

David, M. (2004). Feminist sociology and feminist knowledges: Contributions to higher education pedagogies and professional practices in the knowledge economy. International Studies in Sociology of Education, 14(2), 99-123.

Davis, N. (2017). Girls believe brilliance is a male trait, research into gender stereotypes shows. The Guardian, January 27.

Delgado, D. (2017). Befriending Becky: On the imperative of intersectional solidarity. Huffington Post, February 14. Retrieved from http://www.huffingtonpost.com/entry/ befriending-becky-on-the-imperative-of-intersectional_us_ 58a339efe4b080bf74f04114. Accessed on May 7, 2017.

Delmar, R. (1986). What is feminism? In J. Mitchell & A. Oakley (Eds.), What is feminism? Oxford: Basil Blackwell..

Department for Education, National Statistics. (2015). Phonics screening check and national curriculum assessments at key stage 1 in England. SFR 32/2015.

Department for Professional Employees (2017). Professional women: A gendered look at inequality in the U.S. workforce. Factsheet 2017. Retrieved from http://dpeaflcio.org/programs—publications/issue—fact—sheets/professional—women—agendered—look—at—occupational—obstacles—and—opportunities/. Accessed on May 6, 2017.

Desanctis, A. (2017). Day without a woman: Fake feminism, and doomed to failure. National Review, March 9. Retrieved from http://www.nationalreview.com/article/445643/whyday—without—woman—strike—failed—biggest—victim—contest. Accessed on May 5, 2017.

Didau, D. (2016). What causes the gender gap in education? The Learning Spy, September 25. Retrieved from http:// www.learningspy.co.uk/featured/gender—gap—perception—causality/. Accessed March 26, 2017.

DiDomizio, N. (2016). Millennials are having less sex because the internet is way more fun. Mic. Retrieved from https://mic.com/articles/150399/millennials—are—having—lesssex—because—the—internet—is—way—more—fun#.mTeIrRuKh. Accessed May 7, 2017.

Downey, A. (2017). Shop till you stop: Pregnant women can pocket £260 in shopping vouchers if they quit smoking. The Sun, February 15.

Dworkin, A. (2007). Intercourse. New York, NY: Free Press Paperbacks.

Edelman, S. (2015). Scholar: 'Grievance Feminism' crippling debate on gender politics. The Washington Free Beacon, June 5.

Engels, F. (1994). The origin of the family, private property and the state. London: Junius Publications.

Equality Challenge Unit. Athena Swan Charter. Retrieved from http://www.ecu.ac.uk/equality—charters/athena—swan/. Accessed on May 4.

Evans, M. (2016). Their privilege at stake: The elite pull no punches. Times Higher Education, October 13.

Faircloth, C. (2014). Intensive parenting. In E. Lee, J. Bristow, C. Faircloth, & J. Macvarish (Eds.), Parenting culture studies. London: Palgrave Macmillan.

Faludi, S. (1992). Backlash: The undeclared war against women. London: Vintage.

Fawcett Society, The. Equal pay day. Retrieved from http:// www.fawcettsociety.org.uk/our—work/campaigns/equal—payday—2/. Accessed April 27, 2017.

Fawcett Society, The. The gender pay gap. Retrieved from http://www.
    fawcettsociety.org.uk/policy-research/the-genderpay-gap/. Accessed on
    April 27, 2017.

Fine, C. (2012). Delusions of gender. London: Icon Books.

Flaherty, C. (2014). Law school trigger warnings. Inside Higher Ed, December
    17. Retrieved from https://www.insidehighered.com/news/2014/12/17/
    harvard-law-professor-saysrequests-trigger-warnings-limit-education-
    about-rape-law. Accessed on May 6, 2017.

Friedan, B. (2010). The feminine mystique. London: Penguin Modern Classics.

Friedman, S., Laurison, D., & Macmillan, L. (2017). Social mobility, the class pay
    gap and intergenerational worklessness: New insights from the Labour Force
    Survey. London: Social Mobility Commission.

Furedi, A. (2016a). The moral case for abortion. London: Palgrave Macmillan.

Furedi, F. (2016b). Boys have internalised the stereotype that they're not
    supposed to like books or learning. Times Educational Supplement, April 23.

Furedi, F. (2017). What's happened to the university? A sociological exploration
    of its infantilisation. London: Routledge.

Gander, K. (2017). Vaginas deserve their own museum to help women learn
    about consent and their health, says YouTuber. The Independent, March 29.

Garbacik, J. (2013). Gender and Sexuality for Beginners. Danbury: For
    Beginners.

Gershenson, S. (2016). Gender gaps merit more attention than they receive,
    January 1. Brown Center Chalkboard. Brookings.

Gershman, J. (2016). 'Jackie' from debunked rolling stone rape story in tussle
    over deposition demands. The Wall Street Journal, March 25.

Gettell, O. (2016). Patricia Arquette on gender pay gap: 'We've reached a
    breaking point'. Entertainment Weekly, April 12.

Gianini, L. (2016). I didn't say no — But it was still rape. Bustle, February 9.
    Retrieved from https://www.bustle.com/ articles/135171-i-didnt-say-no-
    but-it-was-still-rape. Accessed on May 5, 2017.

Girlguiding. (2015). Girls' Attitudes Survey 2015. London: Girlguiding.

GirlTalkHQ. (2014). A list of reasons why Laci Green is a feminist and you should be too, April 30. Retrieved from http://girltalkhq.com/list–reasons–laci–green–feminist/. Accessed on April 27, 2017.

Gittos, L. (2015). Why rape culture is a dangerous myth: From Steubenville to Ched Evans. Exeter: Imprint Academic.

Greer, G. (2007). The whole woman. London: Black Swan.

Greer, G. (2012). The female eunuch. London: Fourth Estate.

Grove, J. (2016a). Times higher education pay survey 2016. Times Higher Education, May 19, 2016.

Grove, J. (2016b). University of Essex hikes salaries for female professors to eliminate pay gap. Times Higher Education, June 2, 2016.

Harding, K. (2015). I am voting with my vagina: Hillary Clinton for president. Dame Magazine, April 14. Retrieved from https://www.damemagazine.com/2015/04/14/i–am–voting–my–vagina–hillary–clinton–president#sthash.IwyMoymA. dpuf. Accessed on May 10, 2017.

HESA. (2014). Introduction: Students 2012/13, Higher Education Statistics Agency. Retrieved from https://www. hesa.ac.uk/data–and–analysis/publications/students–2012–13/ introduction. Accessed on April 15, 2017.

Heywood, L., & Drake, J. (1997). Third wave agenda, being feminist, doing feminism. Minnesota: University of Minnesota Press.

Hillman, N., & Robinson, N. (2016). Boys to men: The underachievement of young men in higher education and how to start tackling it. Report 84. Higher Education Policy Institute.

Hochschild, A., & Machung, A. (1990). The second shift. New York, NY: Avon Books.

Hoff Sommers, C. (1995). Who stole feminism? How women have betrayed women. New York, NY: Touchstone.

Hoff Sommers, C. (2012). Wage gap myth exposed — By feminists. Huffington Post, November 4. Retrieved from http://www.huffingtonpost.com/christina–hoff–sommers/ wage–gap_b_2073804.html. Accessed April 27, 2017.

Hoff Sommers, C. (2013). The war against boys. New York, NY: Simon and Schuster Paperbacks.

Hoff Sommers, C. (2014). Rape culture is a 'panic where paranoia, censorship, and false accusations flourish'. Time, May 15.

Holdsworth, A. (1988). Out of the doll's house. London: BBC Books.

Hudson, P. (2011). Women's work. BBC History, March 29. Retrieved from http://www.bbc.co.uk/history/british/victorians/womens_work_01.shtml. Accessed on May 6, 2017.

Hughes, T. (2016). Firm where women train older men not to be sexists: Young female staff are combating the problem of out-of-touch male executives. The Daily Mail, April 16.

Hunt, E. (2016). Higher proportion of men than women report online abuse in survey. The Guardian, September 5.

Hynde, C. (2015). Reckless. London: Ebury Press.

Inman, P. (2016). Survey: 41% of young women expect to face discrimination at work. The Guardian, October 25.

Institute of Physics (2012). Physics students in UK higher education institutions. Research and Policy, March, Oxford.

Issadore, M. (2015). Feminism for first-graders, and other ways to support early gender equity. Noodle, December 1. Retrieved from https://www.noodle.com/articles/teach-feminism-in-elementary-school-with-these-tips. Accessed on May 10, 2017.

Jackson, C., Dempster, S., & Pollard, L. (2015). 'They just don't seem to really care, they just think it's cool to sit there and talk': Laddism in university teaching-learning contexts. Educational Review, 67(3), 300–314.

Jeapes, M. (2016). 83% of women think gender discrimination exists in the workplace. Investors in People, March 8.

Retrieved from https://www.investorsinpeople.com/press/83women-think-gender-discrimination-exists-workplace. Accessed on May 4, 2017.

Kaminer, W. (1992). Feminists against the first amendment. The Atlantic, November.

Kenny, M. (1979). Woman x two: How to cope with a double life. Middlesex: Hamlyn Paperbacks.

Kenny, M. (2015). The condom train is our story, including its misguided folly.

Irish Independent, September 28.

Khomami, N. (2016). Receptionist 'sent home from PwC for not wearing high heels'. The Guardian, May 11.

Kipnis, L. (2015). My Title IX inquisition. The Chronicle of Higher Education, May 29.

Krebs, C., & Lindquist, C. (2014). Setting the record straight on '1in5'. Time, December 15.

Krebs, C. P., et al. (2007). The campus sexual assault (CSA) study. Washington: National Institute of Justice.

Kuperberg, A., & Padgett, J. E. J. (2017). Partner meeting contexts and risky behavior in college students' other–sex and same–sex hookups. Journal of Sex Research, 54(1), 55–72. Ladson–Billings, G. (1998). Just what is critical race theory and what's it doing in a nice field like education? International Journal of Qualitative Studies in Education, 2(1).

Lasch, C. (1991). The culture of narcissism. New York, NY: Norton Paperback.

Lasch, C. (1997). Women and the common life. London: W. W. Norton.

Laville, S. (2016). Research reveals huge scale of social media misogyny. The Guardian, May 26.

Lawrence, III, C. R., Matsuda, M. J., Delgado, R., & Crenshaw, K. W. (1993). Introduction. In Matsuda, et al. (Eds.), Words that wound: Critical race theory, assaultive speech, and the First Amendment. New Perspectives on Law, Culture & Society. Boulder, CO: Westview Press.

Leach, A. (2016). 'It's all about democracy': Inside gender neutral schools in Sweden. The Guardian, February 2.

Leake, J. (2016). Factor this: Women are closing the maths gap. The Times, November 27.

Lee, E. (2009). The normalisation of parent training. In J. Bristow (Ed.), Standing up to supernanny. Exeter: Imprint Academic.

Lee, E. (2014). Introduction. In E. Lee, J. Bristow, C. Faircloth, & J. Macvarish (Eds.), Parenting culture studies. London: Palgrave Macmillan.

Leftly, M. (2017). Tesco cuts price of women's razors so they cost the same as men's. The Guardian, January 1.

Levin, S. (2016). Ex-Stanford swimmer gets six months in jail and probation for sexual assault. The Guardian, June 2.

Lewis, F. (2017). The National Association of Colored Women: Fighting for racial justice. Thoughtco, February 4. Retrieved from https://www.thoughtco.com/national-association-of-colored-women-45392. Accessed on May 6, 2017.

Livingston, E. (2017). When will universities wake up to this epidemic of sexual harassment? The Guardian, March 7.

Lorde, A. (1979). An open letter to Mary Daly. History is a Weapon. Retrieved from http://www.historyisaweapon.com/defcon1/lordeopenlettertomarydaly.html. Accessed on May 9, 2017.

Lorde, A. (1988). A burst of light. Ann Arbor, MI: Firebrand Books.

Lyonette, C., & Crompton, R. (2015). Sharing the load? Partners' relative earnings and the division of domestic labour. Work, Employment and Society, 29(1), 23–40.

MacKinnon, C. (1979). Sexual harassment of working women. London: Yale University Press.

MacKinnon, C. (1989). Towards a feminist theory of the state. Cambridge, MA: Harvard University Press.

Macvarish, J. (2016). Neuroparenting: The expert invasion of family life. London: Palgrave Pivot.

Makel, M. C., Wai, J., Peairs, K., & Putallaz, M. (2016). Sex differences in the right tail of cognitive abilities: An update and cross cultural extension. Intelligence (59), 8–15. Marshall, K. (1982). Real freedom. London: Junius Publications.

Mason, R., & Treanor, J. (2015). David Cameron to force companiesto disclose gender pay gaps. The Guardian,July14.

Matsuda, M. (Eds.) (1993). Words that wound: Critical race theory, assaultive speech, and the First Amendment. New Perspectives on Law, Culture & Society. Boulder, CO: Westview Press.

Maybin, S. (2016). Four ways the gender pay gap isn't all it seems. BBC, August 29. Retrieved from http://www.bbc.co. uk/news/magazine-37198653. Accessed May 5, 2017.

Mayer, C. (2016). Politics is a funny business But there's nothing funny about the failure to fix the gender pay gap. Huffington Post, March 23. Retrieved from http://www.huffingtonpost.co.uk/catherine–mayer/gender–pay–gap_b_9530482.html. Accessed on April 27, 2017.

McClousky, M. (2015). Here are 4 ways to navigate whiteness and feminism –Without being a white feminist. Everyday Feminism, June 29. Retrieved from http://everydayfeminism.com/2015/06/navigating–whiteness–feminism/. Accessed May 7, 2017.

McElroy, W. (2016). Rape culture hysteria: Fixing the damage done to men and women. CreateSpace Independent Publishing Platform.

McIntyre, N. (2014). I helped shut down an abortion debate between two men because my uterus isn't up for their discussion. The Independent, November 18.

Mill, J. S. (1869). The subjection of women. London: Longmans.

Miller, C. C. (2017). Why men don't want the jobs done mostly by women. New York Times, January 4.

Miller, C. C., & Alderman, L. (2014). Why U.S. women are leaving jobs behind. New York Times, December 12.

Millett, K. (1999). Sexual politics. London: Virago.

Mitchell, J. (1986). Reflections on twenty years of feminism. In J. Mitchell & A. Oakley (Eds.), What is feminism? Oxford: Basil Blackwell.

Mitchell, J., & Oakley, A. (Eds.). (1986). What is feminism? Oxford: Basil Blackwell.

Moore, S. (2016). Why did women vote for Trump? Because misogyny is not a male–only attribute. The Guardian, November 16.

Moore, S. (2017). Women in public life are now being openly bullied: How has this become normal? The Guardian, February 13.

Morgan, R. (1978). Going too far: The personal chronicle of a feminist. London: Random House.

Morris, S. (2016). UK company to introduce 'period policy' for female staff. The Guardian, March 2.

Moss, R. (2015). Gender pay gap reports extended to include bonuses and public sector. Personnel Today, October 26.

Murphy, M. (2015). I do what I want, fuck yeah!': Moving beyond a woman's choice. In M. Kiraly & M. Tyler (Eds.), Freedom fallacy: The limits of liberal feminism. Ballarat: Connor Court Publishing.

Napikoski, L. (2016). The second feminist wave. Thoughtco, March 3. Retrieved from https://www.thoughtco.com/the-second-feminist-wave-3528923. Accessed May 6, 2017.

Napikoski, L. (2017). How women became part of the Civil Rights Act. Thoughtco, March 25. Retrieved from https:// www.thoughtco.com/women-and-the-civil-rights-act3529477. Accessed May 6, 2017.

National Education Association. (2011). Race against time: Educating black boys. Focus on Blacks, February.

National Union of Students. (2011). Hidden marks: A study of women students' experiences of harassment, stalking, violence and sexual assault. London: National Union of Students.

National Union of Teachers. (2017). Challenging gender stereotypes through reading. Retrieved from https://www.teachers.org.uk/sites/default/files2014/childs-play-20pp-final-forwebsite_0.pdf. Accessed on April 26, 2017.

New, J. (2014). Banning frats? Inside Higher Ed, September 29. Retrieved from https://www.insidehighered.com/news/ 2014/09/30/should-colleges-ban-fraternities-and-sororities. Accessed May 7, 2017.

NHS Choices. (2016). What is preconception care? Retrieved from http:// www.nhs.uk/chq/Pages/2594.aspx? CategoryID=54&SubCategoryID=127. Accessed on May 5, 2017.

NHS Choices. (2017). Foods to avoid in pregnancy. Retrieved from http://www.nhs.uk/conditions/pregnancy-andbaby/pages/foods-to-avoid-pregnant.aspx#Herbal. Accessed on May 5, 2017.

Nicholson, L. J. (1990). Feminism/Postmodernism. London: Routledge.

Niemtus, Z. (2016). How to teach···.feminism. The Guardian, January 11.

O'Brien, J. (2016). Debating abortion on campus: The crisis of free speech. Conscience, XXXVII, No. 3.

O'Brien, S. A. (2015). 78 cents on the dollar: The facts about the gender wage gap. CNN Money. Retrieved from http:// money.cnn.com/2015/04/13/news/economy/equal-pay-day2015/. Accessed on April 27, 2017.

Oakley, A. (1981). Subject women. New York, NY: Pantheon Books.

Oakley, A. (1990). Housewife. London: Penguin Books.

Office for National Statistics. (2013). Full report Women in the labour market, September 25.

Office for National Statistics. (2015). Compendium participation rates in the UK 2014 –2. Women, March 19. Office for National Statistics. (2016a). Statistical bulletin: Annual survey of hours and earnings: 2016 provisional results. Retrieved from https://www.ons.gov.uk/employment andlabourmarket/ peopleinwork/earningsandworkinghours/ bulletins/annualsurveyofhoursande arnings/2016provisionalresults. Accessed April 27, 2017.

Office for National Statistics. (2016b). Statistical bulletin: UK labour market, September.

Packham, A. (2015). Men working in high–earning part–time roles reaches record high: Dads explain how it works for them. Huffington Post, November 9. Retrieved from http:// www.huffingtonpost.co.uk/2015/11/09/men– working–parttime–dads–family_n_8478862.html. Accessed May 5.

Palejwala, M. (2015). Gender differences in latent cognitive abilities in children aged 2 to 7. Intelligence (46), 96–108.

Parker, C. E. (2016). Occidental students protest Harvard Law Professor as commencement speaker. The Harvard Crimson, April 29. Retrieved from http://www.thecrimson. com/article/2016/4/29/occidental–students– criticize–kennedy/. Accessed on May 6.

Patai, D. (1998). Heterophobia sexual harassment and the future of feminism. Oxford: Rowman and Littlefield.

Patai, D., & Koertge, N. (2003). Professing feminism. New York, NY: Lexington Books.

Paul, E. (2015). Students protest Sommers' lecture. The Oberlin Review, April 24. Retrieved from https://oberlinreview.org/8088/news/students–protest– sommers–lecture/. Accessed on May 5, 2017.

Penny, L. (2014). Laurie Penny on trigger warnings: What we're really talking about. The New Statesman, May 21.

Perry, M. (2016). Women earned majority of doctoral degrees in 2015 for 7th straight year and outnumber men in grad school 135 to 100. AEIdeas: A

Policy Blog of the American Enterprise Institute, September 16.

Phillips, J. (2017). Everywoman: One woman's truth about speaking the truth. London: Hutchinson.

Phillips, M. (2016a). It's dangerous and wrong to tell all children they're gender fluid. The Spectator, January 30.

Phillips, T. (2016b). 'It's because I had my period': Swimmer Fu Yuanhui praised for breaking taboo. The Guardian, August 16.

Pierre, L. K. (2017). More evidence that sexism is a big problem in science. Popular Science. Retrieved from http://www. popsci.com/women-are-asked-to-review-fewer-studies-especially-by-men. Accessed on May 4, 2017.

Pine, M. (2001). How exams are fixed in favour of girls. The Spectator, 12, January 20.

Pluckrose, H. (2017). The problem with intersectional feminism. Aero Magazine, February 15. Retrieved from https:// areomagazine.com/2017/02/15/the-problem-with-intersectional-feminism/. Accessed on May 7, 2017.

Press Association (2015). Women in their 20s earn more than men of same age, study finds. The Guardian, August 29.

Press Association (2016). Mila Kunis rails against Hollywood sexism: Insulted, sidelined, paid less. The Guardian,November 3.

Pryce, V. (2015). Why women need quotas. London: Biteback Publishing.

Quinn, B. (2015). Petition urges Cardiff University to cancel Germaine Greer lecture. The Guardian, October 23.

Raffray, S. (2014). International Women's Day: How to empower female students in school. The Guardian, March 8.

Rankin, J. (2015). Fewer women leading FTSE firms than men called John. The Guardian, March 6.

Ratcliffe, R. (2013). The gender gap at universities: Where are all the men? The Guardian, January 29.

Read, C. (2016). The lost boys. London: Save The Children.

Reece, H. (2013). Rape myths: Is elite opinion right and popular opinion wrong?

Oxford Journal of Legal Studies, 33(3), 445–473.

Reilly–Cooper, R. (2016). Gender is not a spectrum. Aeon, June 28. Retrieved from https://aeon.co/essays/the–idea–thatgender–is–a–spectrum–is–a–new–gender–prison. Accessed on May 7, 2017.

Rivers, C., & Barnett, R. C. (2015). The new soft war on women. New York, NY: Penguin Random House.

Rivers, C., & Barnett, R. C. (2016). Commentary: 8 big problems for women in the workplace. Chicago Tribune, May 18.

Robinson, J. (2010). Bluestockings: The remarkable story of the first women to fight for an education. London: Penguin Books.

Roiphe, K. (1994). The morning after, sex, fear and feminism. London: Hamish Hamilton.

Roiphe, K. (2013). In praise of messy lives. Edinburgh: Canongate Books.

Rosin, H. (2013). The end of men and the rise of women. London: Penguin Books.

Rousseau, E. (1991). Emile, or on education. Middlesex: Penguin Books.

Sanchez, R. R. (2017). The third wave's tokenization of Chimamanda Ngozi Adichie is anything but intersectional. Feminist Current, March 20. Retrieved from http://www.feministcurrent.com/2017/03/20/third–waves–tokenization–chimamanda–ngozi–adichie–anything–intersectional/. Accessed May 7, 2017.

Sanghani, R. (2015). This woman ran the London Marathon on her period without a tampon. The Telegraph, August 10.

Schiller, R. (2016). The women hounded for giving birth outside the system. The Guardian, October 22.

Schow, A. (2014). No, 1 in 5 women have not been raped on college campuses. Washington Examiner, August 13.

Segal, L. (1987). Is the future female? London: Virago Press.

Shepherd, J. (2010). Girls think they are cleverer than boys from age four, study finds. The Guardian, September 1.

Shibley, R. L. (2016). Twisting Title IX. New York, NY: Encounter Books.

Shriver, L. (2010). Introduction. In B. Friedan (Ed.), The feminine mystique. London: Penguin Books.

Silverman, R., Ough, T., & Dennis, C. (2013). Oxford college rugby club relegated for drink-spiking email. The Telegraph, November 4.

Slaughter, A. M. (2012). Why women still can't have it all. The Atlantic, July/August.

Smith, N. M. (2015). Jennifer Lawrence expresses anger at Hollywood's gender pay gap. The Guardian, October 13.

Smothers, H. (2016). Hillary Clinton calls Donald Trump out for sexism at the first presidential debate. Cosmopolitan, September 27.

Soave, R. (2016). NYU cancels Milo Yiannopoulos, feared 'attacks' on Islamic and gay students, October 10. Retrieved from http://reason.com/blog/2016/10/23/nyu-cancels-miloyiannopoulos-feared-att. Accessed on May 6.

Sollee, K. (2015). 6 things to know about 4th wave feminism. Bustle. Retrieved from https://www.bustle.com/articles/ 119524-6-things-to-know-about-4th-wave-feminism. Accessed on May 7.

Solnit, R. (2014). Men explain things to me: And other essays. London: Granta Books.

Solomon, B. M. (1985). In the company of educated women. New Haven, CT: Yale University Press.

Solomon, D. (2009). Fourth-wave feminism. New York Times, November 13.

Stanley, T. (2014). Oxford students shut down abortion debate: Free speech is under assault on campus. The Telegraph, November 19.

Stanton, J. (2014). Lad culture & sexism survey: August September 2014. National Union of Students.

Status of Women in the States. (2017). Women's labor force participation. Retrieved from http://statusofwomendata.org/earnings-and-the-gender-wage-gap/womens-labor-force-participation/. Accessed on April 27, 2017).

Stone-Lee, O. (2005). Thatcher's role for women. BBC Online, November 22. Retrieved from http://news.bbc.co.uk/ 1/hi/uk_politics/4435414.stm.

Accessed May 5, 2017.

Strimpel, Z. (2016). Welcome to feminism's new gross out frontier. The New Statesman, September 29.

Strossen, N. (2000). Defending pornography, free speech, sex, and the fight for women's rights. New York, NY: New York University Press.

Students for Life of America. (2016). UPDATED: Catholic school hosting PP doc, uses Rosary with IUD to advertise, February 25. Retrieved from http://studentsforlife.org/catholic-school-hosting-pp-doc-uses-rosary-with-iud-to-advertise/. Accessed on May 6, 2017.

Suk Gersen, J. (2014). The trouble with teaching rape law. The New Yorker, December 15.

Swinford, S. (2015). David Cameron clashes with business over gender pay gap. The Telegraph, July 14.

Tarzia, L. (2015). A fine line between pleasure and pain? On the issue of 'choosing' sexual violence. In M. Kiraly & M. Tyler (Eds.), Freedom fallacy: The limits of liberal feminism. Ballarat: Connor Court Publishing.

Temple, K. (2013). Lad culture on campus. LSE Blogs, March 8. Retrieved from http://blogs.lse.ac.uk/ equityDiversityInclusion/2013/03/lad-culture-on-campus/. Accessed on May 7, 2017.

The 3% Movement. (2016). What women want: Results from our 3% community survey, March. Retrieved from http://www.3percentconf.com/sites/default/files/downloadfiles/WhatWomenWant%20-%20Final.pdf. Accessed on May 5, 2017.

Thorpe, J. R. (2016). Why self-care is an important feminist act. Bustle, December 14. Retrieved from https://www.bustle. com/articles/200074-why-self-care-is-an-important-feministact. Accessed on May 6, 2017.

Ticoll-Ramirez, C. (2016). 'Deconstructing masculinity': Duke Men's Project aims to facilitate discussions of male privilege and patriarchy. The Chronicle, September 26. Retrieved from http://www.dukechronicle.com/article/2016/09/deconstructing-masculinity-duke-mens-project-aims-tofacilitate-discussions-of-male-privilege-and-patriarchy. Accessed on May 7, 2017.

Topping, A. (2017). Campaigners hail school decision to let pupils choose gender identity. The Guardian, February 19.

Trades Union Congress (2016). Still just a bit of banter? Sexual harassment in the workplace in 2016. London: Trades Union Congress.

Tran, K. (2016). 5 self-care tips for activists —'Cause being woke shouldn't mean your spirit's broke. Everyday Feminism, April 17. Retrieved from http://everydayfeminism. com/2016/04/self-care-for-woke-folks/. Accessed on May 6, 2017.

True Tube. (2017). #ShoutingBack. Retrieved from https:// www.truetube.co.uk/resource/shoutingback. Accessed on April 28, 2017.

Truth, S. (1851). Ain't I a woman? Modern History Sourcebook. Retrieved from https://sourcebooks.fordham. edu/mod/sojtruth-woman.asp. Accessed on May 6, 2017.

Turner, C. (2015). Girls do better than boys at school, despite inequality. The Telegraph, January 22.

Turner, C. (2017). Teach toddlers about transgender issues: National Union of Teachers say. The Telegraph, April 17.

Twenge, J. M., Sherman, R. A., & Wells, B. E. (2017). Sexual inactivity during young adulthood is more common among U.S. millennials and iGen: Age, period, and cohort effects on having no sexual partners after age 18. Archives of Sexual Behavior, 46(2), 433–440.

U.S. Bureau of Labor Statistics. (2015). Women in the labor force: A data book. Report 1059. December.

U.S. Department of Education, National Center for Education Statistics. (2016). Status and trends in the education of racial and ethnic groups. NCES 2016-007.

U.S. Department of Labor. (2015). Latest annual data: Women of working age. Retrieved from https://www.dol.gov/ wb/stats/latest_annual_data.htm. Accessed on April 27, 2017.

U.S. Department of Labor. (2017a). Bureau of labor statistics, labor force statistics from the current population survey, February 8.

U.S. Department of Labor. (2017b). Employment characteristics of families 2016. Bureau of Labor Statistics.

U.S. Department of Labor. (2017c). Women's bureau: Latest annual statistics. Retrieved from https://www.dol.gov/wb/ stats/stats_data.htm. Accessed on

April 27, 2017.

University of Edinburgh: Educated Pass. Retrieved from http://www.ed.ac.uk/student–recruitment/widening–participation/projects/educated–pass. Accessed on April 26, 2017.

Veterinary Woman. (2015). Veterinary women: Past, present and future. Retrieved from http://www.veterinarywoman.co. uk/2015/02/veterinary–women–past–present–and–future/. Accessed on April 27, 2017.

Violence Against Women (2016). FGM prevalence rates decline in Africa as victims reach 200 million worldwide. Africa News, February 6. Retrieved from http://www.africanews.com/2016/02/06/fgm–prevalence–rates–decline–in–africaas–victims–reach–200–million–worldwide//. Accessed on May 5, 2017.

Walker, R. (1992). Becoming the third wave. Ms., 2(4), 39–40.

Wang, W., Parker, K., & Taylor, P. (2013). Breadwinner moms. Washington, D.C.: Pew Research Center.

Warner, J. (2006). Perfect madness, motherhood in the age of anxiety. London: Vermilion.

Washington Post–Kaiser Family Foundation (2015). Poll: One in 5 women say they have been sexually assaulted in college. The Washington Post, June 12.

Williams, J. (2016a). Academic freedom in an age of conformity: Confronting the fear of knowledge. London: Palgrave Macmillan.

Williams, J. (2016b). Saatchi's sexism row suggests feminists can't handle debate. The Spectator, August 2.

Williams, J. (2016B). Saatchi's sexism row suggests feminists can't handle debate. The Spectator, August 2.

Williams, J. (2016c). Why are rates of mental illness soaring among young women? Quillette, October 4. Retrieved from http://quillette.com/2016/10/04/why–are–rates–of–mentalillness–soaring–among–young–women/. Accessed on May 6, 2017.

Williams, J. (2017). The post–fact world suits feminism just fine. The Spectator, February 23.

Wishnant, R. (2015). Not your father's playboy, not your mother's feminist movement: Feminism in porn culture. In M. Kiraly & M. Tyler (Eds.), Freedom fallacy: The limits of liberal feminism. Ballarat: Connor Court Publishing.

Wolf, A. (2013). The XX factor. New York, NY: Crown Publishers.

Wolf, A. (2016). Theresa May is wrong about the gender gap. The Times, August 24.

Wollstonecraft, M. (1996). A vindication of the rights of women. New York, NY: Dover Publications.

Woodfield, R., & Thomas, L. (2012). Male students: Engagement with academic and pastoral support services. Equality Challenge Unit.

페미니즘은 전쟁이 아니다

초판 1쇄 발행 | 2019년 10월 7일

지은이 | 조안나 윌리엄스
옮긴이 | 유나영

펴낸이 | 이삼영
책임편집 | 티앤북스
디자인 | 데시그

펴낸곳 | 별글
블로그 | blog.naver.com/starrybook
등록 | 제2014-000001호
주소 | 경기도 고양시 덕양구 고양대로 1393, 2층 3C호(성사동)
전화 | 070-7655-5949   **팩스** | 070-7614-3657

ISBN 979-11-89998-12-7 03330

이 도서의 국립중앙도서관 출판예정도서목록(CIP)은 서지정보유통지원시스템 홈페이지(http://seoji.nl.go.kr)와 국가자료종합목록 구축시스템(http://kolis-net.nl.go.kr)에서 이용하실 수 있습니다. (CIP제어번호: CIP2019029670)

별글은 독자 여러분의 책에 대한 아이디어와 원고 투고를 기다리고 있습니다.
책 출간을 원하시는 분은 이메일 starrybook@naver.com으로 간단한 개요와 취지 연락처 등을 보내주세요.